职业教育

法律职业教育

精品系列教材

民事诉讼法原理与案例课堂

许晓峰　张华　主编

王文远　副主编

知识产权出版社

全国百佳图书出版单位

—北京—

图书在版编目（CIP）数据

民事诉讼法原理与案例课堂/张华主编.—北京：知识产权出版社，2022.6
ISBN 978-7-5130-8005-7

Ⅰ.①民…　Ⅱ.①张…　Ⅲ.①民事诉讼法—中国—教材　Ⅳ.①D925.1

中国版本图书馆CIP数据核字（2021）第272613号

责任编辑：赵　军　　　　　　　　责任校对：王　岩
封面设计：纵横华文　　　　　　　责任印制：孙婷婷

民事诉讼法原理与案例课堂
主　编　张　华

出版发行：知识产权出版社有限责任公司	网　　址：http://www.ipph.cn
社　　址：北京市海淀区气象路50号院	邮　　编：100081
责编电话：010-82000860转8127	责编邮箱：zhaojun99668@126.com
发行电话：010-82000860转8101/8102	发行传真：010-82000893/82005070/82000270
印　　刷：北京虎彩文化传播有限公司	经　　销：新华书店、各大网上书店及相关专业书店
开　　本：787 mm×1092 mm　1/16	印　　张：17.25
版　　次：2022年6月第1版	印　　次：2022年6月第1次印刷
字　　数：329千字	定　　价：68.00元

ISBN 978-7-5130-8005-7

法律职业教育精品系列教材
编 委 会

总 主 编

许传玺

编委会成员

内容简介

民事诉讼法学是一门实践性很强的学科，其基本原理、主要知识点，均体现在一个个具体生动的案例当中。本书根据民事诉讼法最新法律、司法解释的相关内容及应用型高职院校民事诉讼法学教学之需要而编写。本书共分为三编、十九章，每章内容分别由若干案例构成，分为"案情介绍""法律问题""法理分析与参考意见""法律索引"四个模块；每章内容最后设置阅读参考与文献和思考问题，通过相应的思考题回顾该章的重点内容，便于学生通过思考进一步吸收消化本章的重点知识。

本书是一本原理与案例相结合的实用型教材，将法理的阐释、法律的规范内容运用于实际案例，适应高职法学专业的学生对民事诉讼法学学习之实际需求。本教材可供普通高等院校法学专业学生使用，也可供从事民事诉讼相关工作人员作为参考书使用。

前　言

　　《民事诉讼法原理与案例课堂》是面向高校法学专业实务教学的教材，尤其可以满足高职高专法律教育需要。在编写过程中，根据最新修订的《中华人民共和国民事诉讼法》（下文简称《民事诉讼法》）及相关司法解释、规定，对有关内容做了调整完善，同时吸收了司法实践中的经验智慧。编者通过具体案例分析，以案说法，力求让学生真正认识、理解和掌握民事诉讼的基本原理和程序。可以说，要想掌握好程序法，必须要从案例入手。本书精选的真实案例具有代表性，并做了精当分析，可以让学生发现民事诉讼实践中存在的问题，激发对现实问题的思考，从而使他们能够积极探讨解决问题的途径。

　　《民事诉讼法原理与案例课堂》由张华担任主编，许晓峰、王文远担任副主编，并参与撰写。具体撰稿人和写作分工如下（以章节先后为序）：

　　第一编（第1—4章）：张华，北京政法职业学院应用法律学院副教授，中国政法大学诉讼法学硕士研究生。

　　第一编（第5—8章）：王文远，北京政法职业学院应用法律学院副教授，硕士研究生。

　　第一编（第9章）：张华。

　　第二编（第10—13章）：许晓峰，北京政法职业学院应用法律学院讲师，硕士研究生。

　　第二编（第14—16章）：孙慰，北京政法职业学院应用法律学院副研究员，硕士研究生。

　　第三编（第17—19章）：张华。

　　全书由主编张华老师策划、统稿、定稿，由许晓峰老师担任主审。本书的写作与出版得到了北京政法职业学院领导及教务处老师的关心和支持，得到了应用法律学院原院长陈浩老师的支持，也得到了知识产权出版社赵军编辑的大力支持，在此表示诚挚的谢意。本书的编写参考了民事诉讼法学界与实务部门的相关著作、教材、实务案例，在此一并表示衷心感谢。由于水平有限，书中不足之处在所难免，敬请读者提出宝贵意见。

编　者

2021 年 2 月

目　录

第一编　总　则

第二编　审判程序

第三编 执行程序

第一编　总　则

第一章　民事诉讼的基本理论

本章学习任务

学习民事诉讼的概念、民事诉讼法的适用范围、民事诉讼目的、诉与反诉等问题。通过本章学习重点掌握：

1. 民事诉讼的概念及特征
2. 民事诉讼目的
3. 民事诉讼法的适用范围
4. 诉与反诉
5. 民事诉讼法律关系

【案例一】民事诉讼法的受案范围

顾某诉上海交通银行储蓄合同纠纷案

原告顾某因与被告交通银行上海分行（以下简称上海交行）发生储蓄合同纠纷，向上海市黄浦区人民法院提起诉讼。上海市第二中级人民法院认为本案在辖区内有重大影响，依照《中华人民共和国民事诉讼法》（以下简称《民事诉讼法》）第20条、第40条的规定，决定提审。

原告诉称：原告在被告处办理了一张太平洋借记卡，与被告建立了储蓄合同关系。2003年6月，原告发现自己卡内的资金无端短少了10068元，因此向公安机关报案。经公安机关侦查，原来是犯罪分子在自助银行门禁系统上安装了盗码器，窃取了原告借记卡上的信息和密码，然后复制成伪卡，凭伪卡在异地盗取了原告卡内的资金。自助银行和ATM机是银行推出的交易场所和交易工具，银行有义务保障在这个场所使用这个工具进行的每一笔交易都是安全的，有责任防范这个场所和这个工具被犯罪分子利用。犯罪分子看到被告对自助银行的管理存在疏漏，就利用加装在自助银行门禁系统上的盗码器窃取储户的存款信息和密码，然后伪造银行借记卡提款。这不是银行与储户进行交易，而是犯罪分子利用伪卡欺骗银行，侵犯的是银行的财产权。银行不能识破犯罪分子的欺骗手段，损失应由自己承担。原告在使用借记卡的过程中没有过错，储蓄合同中所谓"凡是通过交易密码发生的一切交易，均应视为持卡人亲自所为，银行不应承担责任"的格式条款，是银行为加重储户责任而单方推出的，这个条款对储户不公平，因而是无效条款。请求判令被告给原告支付 10068 元及此款从 2003 年 6 月 9 日起至判决生效之日止的银行活期存款利息，并负担本案诉讼费用。❶

【法律问题】

本案是否属于民事诉讼的受案范围？

【法理分析与参考意见】

民事诉讼是指法院在当事人和其他诉讼参与人的参加下，以审理、判决、执行等方式解决民事纠纷的活动，以及由这些活动所产生的各种民事诉讼法律关系的总和。

当事人解决民事纠纷的方式是多种多样的，如和解、调解、仲裁或诉讼。民事诉讼是解决民事纠纷的重要方式之一，相比于其他解决方式，民事诉讼有三个基本特征：（1）民事诉讼具有公权性。民事诉讼是以司法方式解决平等主体之间的民事纠纷，是由法院代表国家行使审判权解决民事纠纷。（2）民事诉讼具有强制性。强制性是公权力的重要属性。民事诉讼的强制性既表现在案件受理上，又反映在裁判的执行上。只要原告起诉符合《民事诉讼法》规定的条件，无论被告是否愿意，诉讼均会发生。如果当事人不自动履行生效裁判确定的义务，法院可以依法强制执行。（3）民事诉讼具有程序性。民事诉讼是依照法定程序进行的诉讼活动，无论是法院还是当事人和其他诉讼参与人，都要按照《民事诉讼法》设定的程序实施诉讼行为，违反诉讼程序常会引起一定的法律后果。

民事纠纷是民事诉讼的主要受理范围。《民事诉讼法》第 3 条规定："人民法院受理公民之间、法人之间、其他组织之间以及他们相互之间因财产关系和人身关系提起的民事诉讼，适用本法的规定。"这里我们首先要搞清楚何为民事纠纷，它是我们判断事件是否属于民事诉讼受理范围的前提。所谓民事纠纷是指平等主体之间发生的，以民事权利义务为内容的一种法律纠纷和社会纠纷。它具有以下三个特点：（1）民事纠纷主体之间法律地位平等。民事纠纷主体即是民事主体，彼此之间

---

❶ 选编自上海市第二中级人民法院判决书 2004 年 12 月 20 日。

不存在服从或隶属关系，仅为法律地位平等关系，在诉讼中亦为平等的诉讼当事人。（2）民事纠纷的内容是对民事权利义务的争议，主体之间形成民事法律关系。民事主体一方未依法履行民事义务，给他方造成了伤害，受害方要求侵害方履行义务以恢复其权利，而侵害方对此不做出积极反应，甚至否认对方所享有的权利，由此两者之间便产生了纠纷。可见，对民事权利义务的争议构成了民事纠纷的内容。（3）民事纠纷具有可处分性。由于民事纠纷是对民事权利的享有和民事责任承担的争议，因而民事纠纷主体有权处分其民事权利。

在本案中，从主体上看，原告顾某系公民，有完全的诉讼行为能力，是交通银行上海分行的储户；被告交通银行上海分行系商业银行，是企业法人，原告与被告属于合同当事人的关系，双方在合同法律关系中处于平等的地位，构成了平等主体之间的民事纠纷。相对于储户来讲，商业银行有条件了解自助银行和ATM机的构造及工作原理，有机会及时掌握相关犯罪的情报，有能力改进和加强自助银行及ATM机的功能。我国《商业银行法》第6条规定："商业银行应当保障存款人的合法权益不受任何单位和个人的侵犯。"据此，商业银行应当根据自助银行和ATM机在被各种犯罪活动攻击后暴露出来的弱点，随时对其进行改进。在新的改进方法未出台时，商业银行可以通过采取不断巡查、明示使用自助银行和ATM机时的注意事项向储户通知犯罪手段甚至是暂停自助银行和ATM机使用等方法，来履行防范犯罪的义务。而本案原告顾某对自助银行的设施不具有专业知识，虽然注意到该自助银行的门禁处多了一个新装置，但在该自助银行没有操作规范、使用说明和风险提示的情况下，无法识破这个新装置究竟是银行门禁系统的设施，还是犯罪分子的犯罪工具。顾某发现资金短少后马上报警，对借记卡信息和密码的被盗是没有过错的，依法不应承担责任，理应由被告承担经济赔偿责任。

对本案，受诉人民法院应当以储蓄存款合同纠纷予以立案受理。

【法律索引】

1. 《中华人民共和国民事诉讼法》第3条。
2. 《中华人民共和国商业银行法》第6条。

【案例二】民事诉讼的目的

蔡某诉屋面防水胶场环境污染案 ❶

原告蔡某是贵阳公众环境教育中心的环保志愿者。贵阳公众环境教育中心是经贵阳市民政部门登记注册的民间环保组织。"贵阳市绿色江河全民保护行动"即是由这个组织发起的一项环保公益活动。这个活动以贵阳市行政辖区内的 98 条河流的环境保护与污染防治为目标。原告参加了此项公益活动，并与贵阳公众环境教育中心签订了《河流认领责任书》，认领了贵阳市所属清镇市辖区内的东门河及相应流域，每月定期进行巡查。

本案被告龙某系清镇市屋面防水胶厂负责人。2011 年 5 月 28 日，其将被工商部门查扣的 8 吨有毒化工废液排放至与东门河、猫跳河等水域相连的污水沟中。该废液按当地水域污染物排放标准，苯超标 147682 倍、苯酚超标 3180 倍、苯并芘超标 2771.4 倍。苯并芘是具有强致癌性的有机化合物，苯也是一种致癌物质，苯酚是具有腐蚀性的有毒物质，可抑制中枢神经系统或损害肝、肾功能。被告的行为给东门河及百花湖水体环境造成了严重污染。2012 年 6 月，清镇市环境保护法庭以污染环境罪和非法经营罪对其数罪并罚，作出执行有期徒刑两年半并处罚金 10 万元的判决。

原告提起民事诉讼，认为经有关部门作出的水污染治理方案，治理被告排放的有毒废液导致的水污染，需投资 117.3 万元。考虑到被告的实际情况，减除已处的罚金 10 万元，要求被告赔偿倾倒污染物造成的水环境污染损失 107.3 万元，将赔偿款付至清镇市环境保护局生态恢复公益金专门账户，用于治理被告所损害的水环境。

庭审中，清镇市人民检察院检察员宣读了支持起诉意见书。法庭进行了质证、辩论，在原告、被告作了最后陈述后，法庭宣布经合议庭合议后再行宣判。

【法律问题】

本案中原告提起民事诉讼的目的是什么？

【法理分析与参考意见】

民事诉讼目的就是国家根据其需要和对民事诉讼本质属性及规律的认识，以

---

❶ 选编自公民个人提起环境公益诉讼第一案。http://www.66law.cn/gongyi/info/54916. aspxhttp://news.icrb.com/ixsw/201209/t20120927 955507.htm，访问日期：2021 年 1 月 10 日。

及一定时期的社会历史环境而预先设定的通过民事诉讼活动所期望达到的结果，因而必然是国家意志的一种体现，反映的是国家的一种特定需要，而这种需要存在于一定时期、一定的历史背景之下。在不同时代、不同的社会历史条件以及不同民主程度的国家，这种需要可能是不相同的。因此，"目的"也是一个动态哲学范畴，具体目的与内涵因时而异。民事诉讼目的简言之，即是民事诉讼制度是为什么而存在或设立的。对这一点我们应该从两个方面进行理解：第一，当事人进行民事诉讼的目的；第二，国家设立民事诉讼要遵从当事人的诉讼目的，另外，国家还可能有诸如维护和实现法律秩序的其他目的。

民事诉讼的目的既有实体性目的，又有程序性目的，是多种目的的统一。民事诉讼主体的多元决定了民事诉讼的多元。人的活动具有目的性，当事人进行诉讼有其目的性，国家设立民事诉讼有其目的性，法院进行民事诉讼有其目的性，这就决定民事诉讼目的的多元性和复杂性。因此，不能以当事人的目的来代替国家的目的和法院的目的，也不能以国家的目的来代替当事人的目的。私权保护说有以当事人的目的代替国家的目的之嫌，而私法秩序说有以国家的目的代替当事人的目的之嫌，由此都无法实现民事诉讼设定的目的，应当在对民事诉讼法律关系主体，尤其是诉讼主体的目的综合的基础上予以设定，并有所侧重，从而达到各种目的的统一。

具体而言，民事诉讼既有实体性的目的，也有程序性的目的。通过民事诉讼程序，要达到事实清楚，适用法律正确的实体目的，同时促进实体法的发展，实现公共政策的目的；还要通过民事诉讼达到当事人的程序目标，实现当事人的程序利益，由此达到民事诉讼实体价值和程序价值的统一。比如要让当事人参与诉讼，从而使法官能充分听取当事人的意见，使当事人的程序主体地位得到尊重。由此，法院的裁判才能得以尊重，法院的权威才能得以树立。民事诉讼既有直接目的，也有间接目的，还有最终目的。民事诉讼直接的目的当然是解决民事纠纷，同时通过解决纠纷达到保护当事人的权利，维护社会秩序的间接目的，从而达到促进社会和谐稳定的最终目的。民事诉讼既有个人的目的，也有公共目的。就个人而言，其目的主要是保护和实现实体权利和程序权利。如果当事人无法通过民事诉讼达到其私人的目的，他就可能不会启动民事诉讼，例如公益诉讼就缺乏动力。对国家而言，通过民事诉讼，解决纠纷，保护当事人的合法权益，宣告权利的神圣性，从而达到维护社会秩序的目的，防止社会陷入混乱的状态。同时，不同级别的法院，其目的也有所侧重，基层法院，越是底层的法院，其诉讼目的更偏重于纠纷的解决；而最高法院，层级比较高的法院更多考虑公共目的，如维护法律适用的统一及实现公共政策等目的。

2012年《民事诉讼法》修正案确立了民事公益诉讼制度，民事诉讼的提起也可能是基于社会公益的目的，即原告提起民事公益诉讼的目的是为了保护社会公共利益，而非个人利益。这使得民事诉讼的目的更为多元。本案中的原告认为，作为"贵阳市绿色江河全民保护行动"志愿者，保护东门河、猫跳河等水域的水环境是自己的责任，对污染该环境的行为具有检举、控告的权利。原告同时诉求将被告应承担的环境污染治理损失费用的民事责任，通过提起环境公益诉讼的方式，由法院判决支付给清镇市环境保护局设立的环境生态恢复公益金专门账户，用于东门河、猫跳河等水域的水体生态环境的恢复治理。这充分说明原告提起诉求的目的并不是为了维护个人受损的合法权益。

本案是以公民个人为原告的环境公益诉讼，在全国尚属首次。按照《民事诉讼法》的规定，公民个人并非提起民事公益诉讼的适格主体。而本案中法院之所以予以受理，法院对原告公益诉讼资格的认定是基于其作为环保志愿者，认领了相关河流水域，对相关河流水域的环境保护负有责任。

【法律索引】

《民事诉讼法》第 2 条。

【案例三】诉与诉权

甲诉乙食品厂合同纠纷案

乙食品厂与甲在 2004 年 5 月签订了一份肖像权使用合同。该合同约定，乙食品厂从 2004 年至 2006 年 12 月 31 日使用甲的肖像作为乙食品厂生产的汤圆心的包装袋的画面，乙食品厂按约定向甲给付酬金。2006 年下半年，乙食品厂与甲协商续签合同，但双方因酬金支付问题达不成协议，故未续签合同。2007 年 4 月、5 月甲在多个商场柜台上发现乙食品厂印有甲肖像的汤圆心出售。甲于 2007 年 6 月向乙食品厂所在地某县法院起诉，要求乙食品厂赔偿原告肖像权损失。

在本案庭审的法庭辩论阶段，被告乙食品厂诉讼代理人向法院提出反诉。其理由与主张为：甲的肖像照片为乙食品厂专门请知名摄影专家摄制，其肖像照片属于创造作品，其所有权为乙食品厂所有，现甲擅自将此肖像照片交其他食品厂家使用，导致乙食品厂汤圆心销售不畅。因此，甲实施了对乙食品厂著作权的侵权行为，请求法院判决被告甲赔偿反诉中的原告乙食品厂的损失。

【法律问题】

本案中被告乙食品厂反诉是否成立？

【法理分析与参考意见】

诉是民事诉讼一系列活动发生的前提和基础，是民事权利主体行使诉权的结果，也是民事审判工作的重心。

诉是指当事人因民事权利义务关系发生争议，而向法院提出予以司法保护的请求。它具有以下特征：（1）它只能向法院提出。（2）它的内容仅限于请求保护民事权益。（3）它的主体包括当事人各方。（4）它以当事人之间的民事权利义务关系发生争议为提起原因。诉在实质上可分为程序意义上的诉和实体意义上的诉。所谓程序意义上的诉，是指诉讼当事人依法向人民法院提出的，为保护其合法权益而行使审判权的请求。所谓实体意义上的诉，是指当事人向人民法院提出的，要求人民法院维护其民事权益，制裁他人违法行为的请求。

诉与诉权互相联系，诉讼是当事人依法享有的请求司法保护的权利。诉是当事人依法提出的要求审判保护的请求。诉权是诉的前提条件，诉是行使诉权的结果。

诉的种类有三类：确认之诉、给付之诉和变更之诉。

确认之诉，是指原告请求法院确认其主张的法律关系或民事权益存在或不存在之诉。当事人提出确认之诉的目的，并非要求法院判令对方当事人履行一定的给付义务，而是要求法院确认民事法律关系或民事权利的具体状态。确认之诉包括积极的确认之诉和消极的确认之诉。积极的确认之诉是指要求确认权利关系或法律关系存在之诉；而消极的确认之诉是要求确认权利关系或法律关系不存在之诉。

给付之诉，是指一方当事人请求法院判令对方当事人履行一定民事义务之诉。给付之诉以请求履行的义务是否到期为标准，分为现在给付之诉和将来给付之诉。给付之诉基本特点：一是当事人提起给付之诉的目的，在于请求法院判令对方当事人履行一定的民事义务；二是给付之诉具有执行性，即法院作出的给付判决生效后，负有义务的当事人必须按照判决的要求履行义务，否则法院将根据对方当事人的申请强制执行。

变更之诉，是指一方当事人请求法院通过判决，改变或者消灭其与对方当事人之间现存的某种民事法律关系之诉。变更之诉有实体法上的变更之诉与程序法上的变更之诉之分。此外，还有人将变更之诉分为改变性变更之诉和消灭性变更之诉。变更之诉的特点：一是当事人之间对某一民事法律关系的存在无争议；二是在法院作出的变更判决生效前，原法律关系仍然存在。

反诉是指在一个已经开始的民事诉讼程序中，反诉的被告以本诉原告为被告，向受诉法院提出的与本诉有牵连的独立的反请求。该权利亦是当事人法律地位平等原则的重要体现，是本诉被告所享有的重要权利，是保障本诉被告民事权益的一项重要制度。反诉具有以下特征。

1. 反诉的当事人具有特定性及双重性。

由于反诉是本诉的被告向本诉的原告提出的独立的反请求，因此，反诉的原告即是本诉的被告，反诉的被告即是本诉的原告。即反诉的当事人是特定的，而且反诉的当事人在诉讼中的地位具有双重性。

2. 反诉的请求具有独立性。

反诉具备诉成立的要件，是一种独立的诉。反诉虽然是在本诉的诉讼程序中被告向原告提出的反请求，但是它并不因此必然地依赖本诉而存在。被告提出的反诉本身具备起诉的要件，因此即使本诉撤回，反诉也能够独立存在，也能够作为独立的案件由法院审理裁判。

3. 反诉的目的具有对抗性。

反诉的起诉能使本诉失去意义，并存或抵消原告的诉讼请求。

4. 反诉的时间具有限定性。

提起反诉有严格的时间限制，应在法庭辩论终结之前。

5. 反诉和本诉之间要有联系性或是基于同一法律关系而产生目的对抗的不同诉讼请求或法律关系。反诉之所以产生和形成，是因为它与本诉有牵连。

本案被告提出的反诉仅是一个独立的民事之诉，并不具备反诉的成立要件。理由是，被告以原告实施了乙食品厂著作权之诉与本案原告甲诉被告食品厂肖像权侵权是两个独立的法律关系，相互不存在牵连关系。因此，某县法院对被告乙食品厂提出之诉与甲诉乙食品厂之诉不合并审理是正确的，乙食品厂可以另行以甲为被告进行诉讼。

【法律索引】

1.《中华人民共和国民事诉讼法》第 54 条、第 62 条、第 143 条、第 146 条。

2.《最高人民法院关于适用〈中华人民共和国民事诉讼法〉的解释》（2021 年 1 月施行）第 221 条、第 232 条、第 233 条、第 239 条、第 251 条、第 252 条、第 280 条、第 328 条。

3.《最高人民法院关于民事诉讼证据的若干规定》第 1 条、第 34 条、第 35 条。

【案例四】民事诉讼法律关系

宋家遗产分割案

宋老汉因病死亡（其妻已故），留有三儿两女。小儿子宋明将遗产全部占为己有，理由是宋老汉订立了一份遗嘱，该遗嘱写明将所有财产都由宋明继承，同时他还有一证人胡某，说其父临终时就是这样交代的。另两个儿子宋辉和宋祖委托代理人范某和周某诉至法院，要求分割遗产。受诉法院即通知其两个女儿宋玉梅和宋玉兰参加诉讼，她们不愿意参加诉讼，但又未明确表示放弃继承权。同时，宋辉和宋祖还认为遗嘱有假，双方委托某鉴定机构鉴定遗嘱字迹的真假。在诉讼过程中，闫某参加诉讼，认为遗产中的一处房屋系宋老汉卖给他的，子女不得继承。后来，法院判决宋明胜诉，宋辉和宋祖不服，提起上诉，上诉法院维持原判，宋辉和宋祖请求人民检察院抗诉。❶

【法律问题】

1. 该案中哪些是民事诉讼主体？
2. 哪些构成民事诉讼法律关系主体？

【法理分析与参考意见】

民事诉讼法律关系是指民事诉讼法律、法规所调整的人民法院、当事人及其他诉讼参与人之间存在的以诉讼权利和诉讼义务为内容的特定社会关系。

民事诉讼法律关系的要素，是指构成民事诉讼法律关系的基本因素。民事诉讼法律关系与其他法律关系一样，也由主体、客体和内容三个要素构成。

一、民事诉讼法律关系的主体

民事诉讼法律关系的主体是指民事诉讼权利的享有者和民事诉讼义务的承担者。民事诉讼法律关系的主体包括人民法院、人民检察院和一切诉讼参与人。根据民事诉讼法律关系主体参加诉讼的目的作用、诉讼地位、诉讼权利和义务的不同，可以把民事诉讼法律关系主体分为五类：人民法院、人民检察院、当事人、诉讼代理人、其他诉讼参与人。

在我国民事诉讼理论中，还有一个与民事诉讼法律关系主体既相联系，又有区别的概念，即民事诉讼主体（简称诉讼主体）。诉讼主体不是诉讼法律关系主体的简称，而是指诉讼法律关系主体中能够直接对诉讼程序的发生、发展和终结产生

---

❶ 本案例的当事人均为化名。

影响者。诉讼主体一定是诉讼法律关系主体，如当事人既是诉讼主体，又是诉讼法律关系主体；而诉讼法律关系主体不一定是诉讼主体，诉讼主体只包括人民法院、人民检察院和当事人。

二、民事诉讼法律关系的客体

民事诉讼法律关系的客体，是指民事诉讼法律关系主体之间诉讼权利和诉讼义务所指向的对象，它通常包括案件事实和当事人之间争议的民事实体法律关系。

在这里应当将民事诉讼法律关系的客体与诉讼标的区别开。诉讼标的，是指当事人之间发生争议的，请求法院裁判的民事权利义务关系，它是诉的一个要素。而民事诉讼法律关系的客体，则是指诉讼法律关系主体之间诉讼权利义务指向的对象，它既包括需要查明的案件事实，又包括当事人之间争议的民事权利义务关系。可见，诉讼标的只是诉讼法律关系客体内容的一部分，绝不能将它们画等号，两者的属性和所包含的具体内容均有差异。

三、民事诉讼法律关系的内容

民事诉讼法律关系的内容，是指民事诉讼法律关系主体依法享有的诉讼权利和承担的诉讼义务。

四、民事诉讼法律关系发生、变更和消灭的原因

民事诉讼法律关系的发生、变更和消灭，是由诉讼上的法律事实引起的。凡是能够引起民事诉讼法律关系发生、变更和消灭的事实，都称为诉讼上的法律事实。诉讼上的法律事实包括诉讼事件和诉讼行为两类。

（一）诉讼事件

诉讼事件，是指不以人的意志为转移，能够引起诉讼上一定法律后果的客观情况。它是引起民事诉讼法律关系发生、变更和消灭的重要原因。不同的诉讼事件将引起不同的法律后果。

（二）诉讼行为

诉讼行为，是指民事诉讼法律关系主体所实施的，能够引起诉讼上一定法律后果的各种活动。它是引起民事诉讼法律关系发生、变更和消灭的主要原因。诉讼行为包括作为和不作为两种表现形式。诉讼行为不仅包括合法行为，也包括违法行为。合法行为，是指实施了民事诉讼法所允许或者所要求实施的行为。违法行为，则是指实施了民事诉讼法所禁止的行为或者不实施民事诉讼法所要求的行为。

诉讼主体不是诉讼法律关系主体的简称，而是指诉讼法律关系主体中能够直接对诉讼程序的发生、发展和终结产生影响者。诉讼主体一定是诉讼法律关系主体，如当事人既是诉讼主体，又是诉讼法律关系主体；而诉讼法律关系主体不一定是诉讼主体，诉讼主体只包括人民法院、人民检察院和当事人。因此，本案中民事

诉讼主体是宋明、宋辉、宋祖、宋玉梅、宋玉兰、闫某以及人民法院、人民检察院。民事诉讼法律关系主体除上述民事诉讼主体以外，还包括鉴定机构、证人胡某等。

【阅读与参考文献】

[1] 肖建国.民事诉讼程序价值论 [M].北京：中国人民大学出版社，2000.

[2] 舒瑶芝.民事诉讼法原理与案例教程 [M].北京：清华大学出版社，2016.

[3] 张卫平.民事诉讼：关键词展开 [M].北京：中国人民大学出版社，2005.

[4] 叶青.民事诉讼法：案例与图表 [M].北京：法律出版社，2015.

【思考题】

1.民事诉讼的概念是什么？

2.民事纠纷的特点是什么？

3.民事诉讼的目的是什么？

4.什么是诉？诉的特征有哪些？

5.民事诉讼法律关系是什么？

6.反诉的含义是什么？反诉的特征有哪些？

第二章　民事诉讼基本原则

本章学习任务

学习《民事诉讼法》的基本原则。通过本章学习重点掌握：

1. 当事人平等原则

2. 处分原则

3. 辩论原则

4. 诚信原则

【案例一】当事人平等原则

恒辉公司与爱家公司建设工程施工合同纠纷案 ❶

2008年4月28日，广西恒辉建设集团有限公司（以下简称恒辉公司）与广西广厦房地产开发投资有限公司（以下简称广厦公司）签订《建设工程施工合同》，约定由广厦公司承建来宾市财富168广场D区A、B、C、D栋工程，总造价约1360万元。在合同履行过程中广厦公司注销，恒辉公司与广厦公司签订的《建设工程施工合同》权利义务由广西爱家房地产开发投资有限公司（以下简称爱家公司）承继恒辉公司与爱家公司签订了《建设工程施工合同》。合同签订后，恒辉公司认为其已按合同约定完成了施工义务，但被告爱家公司未按合同约定全部支付工程款，尚欠工程款900万元，其行为已构成违约，于是，恒辉公司向人民法院起诉，请求人民法院判决：（1）被告爱家公司向原告恒辉公司支付工程款900万元及违约金60万元；（2）确认原告恒辉公司对承建的来宾市财富168广场D区A、B、C、D栋工程享有优先受偿权。被告爱家公司在诉讼中提出，由于恒辉公司将涉案工程整体转包给第三人宁某刚施工，并逾期完工且中途退场，违反了合同约定，应负担623021.2元违约金。故此，爱家公司向人民法院提出反诉，请求法院判令：

---

❶ 选编自广西壮族自治区来宾市中级人民法院（2014）来民一初字第1号民事判决书。

（1）恒辉公司将所有施工资料移交给爱家公司；（2）恒辉公司从工程款中抵扣爱家公司已代缴纳部分款项共计 1615357.88 元；（3）恒辉公司赔偿爱家公司违约金人民币 623021.2 元。

广西壮族自治区来宾市中级人民法院于 2014 年 11 月 25 日受理本案后，依法另行组成由审判员黄某某担任审判长，审判员马某某，代理审判员田某某参加的合议庭，分别于 2015 年 1 月 20 日、同年 3 月 9 日公开开庭审理了本案。书记员韦某某担任法庭记录。恒辉公司的委托代理人叶某某，爱家公司的委托代理人李某，第三人宁某刚的委托代理人洪某中到庭参加诉讼。

原告（反诉被告）恒辉公司共向法院提交六组证据，以支持其诉讼主张及反诉抗辩理由。被告（反诉原告）爱家公司对原告六组证据进行质证。第三人宁某刚也对原告的证据进行了质证。被告（反诉原告）爱家公司向法院提交七组证据，以支持其抗辩理由及反诉主张。原告（反诉被告）恒辉公司对被告提出的证据的真实性、关联性、合法性同样也进行了质证。第三人宁某刚也对被告提出的证据予以质证。

第三人宁某刚向法院提交三组证据，以支持其抗辩理由。原告（反诉被告）恒辉公司、被告（反诉原告）爱家公司先后对其证据的真实性、合法性、关联性予以质证。

法院经审理认为，恒辉公司与爱家公司签订的《建设工程施工合同》无效。涉案工程的工程款应支付给恒辉公司，但支付给实际施工人宁某刚的工程款也应视为已付款项。爱家公司拖欠的工程款金额为 628993.29 元，该款爱家公司应予支付。同时由于恒辉公司与爱家公司签订的《建设工程施工合同》无效，恒辉公司与爱家公司互相请求对方支付违约金没有事实和法律依据，法院不予支持。承包人就该商品房享有的工程价款优先受偿权不得对抗买受人，因此恒辉公司请求行使优先受偿权没有事实和法律依据。法院作出判决如下：（1）爱家公司向恒辉公司支付工程款 628993.29 元；（2）恒辉公司将本判决附件 1 的施工资料交给爱家公司；（3）驳回恒辉公司其他诉讼请求；（4）驳回爱家公司的其他反诉请求。

【法律问题】

1. 本案中被告提起反诉，这是否符合民事诉讼法诉讼权利平等原则？

2. 诉讼权利平等原则在本案中是如何运行的？

【法理分析与参考意见】

一、当事人平等原则的概念和意义

根据《民事诉讼法》第 8 条的规定，民事诉讼当事人有平等的诉讼权利。人民法院审理民事案件，应当保障和便利当事人行使诉讼权利，对当事人在适用法律上一律平等。这一规定明确了当事人平等原则。当事人平等原则是指在民事诉讼中，当事人平等地享有和行使诉讼权利。当事人平等原则在《民事诉讼法》基本原则体系中具有基础性地位，具有重要作用。

（1）当事人平等原则体现了"公民在适用法律面前人人平等"这一宪法性权利的要求，有利于保障人权。当事人平等原则是宪法性原则在民事诉讼领域的具体化，只有当事人诉讼地位平等，才能真正做到适用法律平等。

（2）当事人平等原则是民事实体法中平等原则在民事诉讼领域的必然延伸，有利于从实体到程序全方位保障当事人权利，同时也使得整个法律体系内在协调统一，进而整体上推动我国法治建设。

（3）当事人平等原则是民事诉讼对抗式结构的必然要求，有利于保障民事诉讼程序价值的实现。民事诉讼贯彻对抗诉讼模式，人民法院居于裁判中立地位。当事人在诉讼活动中平等地行使权利，人民法院平等地对待双方当事人，有利于切实保障程序正义的实现。

二、当事人平等原则的内容

根据《民事诉讼法》第8条的规定，当事人平等原则主要包括以下两个方面的内容。

（一）民事诉讼当事人平等地享有诉讼权利

《民事诉讼法》保障当事人平等的诉讼权利，不因一方当事人身份特殊而赋予其更多的权利和机会。根据《民事诉讼法》的相关规定，当事人诉讼权利平等主要体现在以下两种情形：（1）双方当事人有某些相同的诉讼权利，如委托诉讼代理人、申请回避、请求调解、提出上诉等；（2）双方当事人有某些对等的诉讼权利，如一方当事人有提起诉讼的权利，而另一方当事人有反诉的权利，等等。

在民事诉讼中，诉讼权利和诉讼义务相辅相成，当事人在享有平等诉讼权利的同时，也应当平等地履行相应的诉讼义务，如应遵守诉讼秩序、履行生效法律文书所确定的义务等。

（二）法院应平等地保障当事人行使诉讼权利

当事人诉讼权利平等不能仅仅体现在立法上，欲使这一原则在现实中得到落实，需要人民法院的平等保护。具体而言，人民法院在审理民事案件时，应当做到：第一，保障当事人行使诉讼权利，对当事人正当的诉讼权利不得随意限制和剥夺；第二，积极为当事人行使诉讼权利提供便利；第三，对当事人行使诉讼权利应一视同仁，不偏袒任何一方，真正做到对当事人在适用法律上一律平等。

本案中，被告提出反诉，请求从工程款中抵扣已代缴纳款项，是民事诉讼权利义务平等原则的体现。本诉中，原告请求法院判决被告应支付工程款、确认对其工程有优先受偿权，这决定了法院仅得在此范围内进行审理并作出裁判，法院违反之，当事人可以通过上诉或者再审程序推翻一审的裁判。简言之，法院在本诉中仅判断原告的诉讼请求成立与否。被告在本案中若要保障自己的实体权利，其必须通过一个独立的诉来实现。而这个独立的诉，在本案中即反诉。通过反诉，被告可以请求法院从工程款中抵扣自己已经代缴的款项，实现自己实体权利的诉求。

本案中，当事人诉讼权利义务平等原则贯穿于全过程。在诉讼程序的开始，原告提起本诉后，被告又提起了反诉，这是双方当事人权利平等原则的体现；在诉讼过程中，原告、被告、第三人均委托了代理人代为诉讼，均收集证据证明利己的事实，在庭审中均对对方的证据予以质证，这些都体现了本案中当事人有相同的诉讼权利，是诉讼权利义务平等原则在本案中的具体运作。

【法律索引】

《中华人民共和国民事诉讼法》第 8 条。

【案例二】处分原则

龙海精艺家具有限公司诉鸿发物流有限公司租赁合同纠纷案 ❶

2014 年 6 月 11 日，龙海精艺家具有限公司（以下简称精艺公司）与漳州市鸿发物流有限公司（以下简称鸿发公司）签订"厂房租赁合同"，约定精艺公司将位于龙海市九湖镇天乾村的厂房（土地面积 4082 平方米，建筑面积 2358.54 平方米）租给鸿发公司，租期 10 年（2014 年 6 月 11 日至 2024 年 6 月 10 日），租金每年24 万元。合同生效后，被告支付第一期的租金 3 万元后，就未再依约支付租金。精艺公司遂向法院起诉要求鸿发公司支付所欠租金，并请求继续履行合同。

诉讼进行中，一审法院发现原告精艺公司出租的厂房已在第三人泉州银行漳州分行的债务中进行抵押，认为案件的处理结果与泉州银行漳州分行具有利害关系，通知泉州银行漳州分行作为本案第三人参加诉讼。法院查明原告精艺公司因向第三人泉州银行漳州分行借款，于 2012 年 7 月 16 日以精艺公司的厂房提供抵押，并办理抵押登记。且 2014 年 12 月 3 日，漳州市中级人民法院已经判决精艺公司支付泉州银行漳州分行借款本金及利息罚息。泉州银行漳州分行在上述债权范围内对精艺公司提供的抵押物享有优先权。2015 年 2 月 6 日，第三人泉州银行漳州分行

---

❶ 选编自福建省龙海市人民法院（2014）龙民初字第 5682 号民事判决书。

根据已经生效的民事判决书，向漳州市中级人民法院申请请强制执行，漳州市中级人民法院已经受理。

2015年5月18日，原告精艺公司以原告、被告双方已庭外协商和解为由，向漳州市中级人民法院申请撤回起诉，漳州市中级人民法院认为本案原告、被告有违反法律的行为需要处理，依法裁定不准许原告撤回起诉。并于2015年6月23日作出判决：（1）被告漳州市鸿发物流有限公司应于本判决生效十日内支付原告龙海精艺家具有限公司2014年6月至9月尚欠的租金3万元。（2）原告龙海精艺家具有限公司与被告漳州市鸿发物流有限公司按双方于2014年6月11日签订的"厂房租赁合同"继续履行至该厂房实现抵押权时止（至租赁物拍卖或变卖成交之日起十日内）。（3）驳回原告龙海精艺家具有限公司、第三人泉州银行股份有限公司漳州分行的其他诉讼请求。

【法律问题】

1. 当事人达成和解协议并撤诉的行为体现了《民事诉讼法》何种原则？
2. 怎样理解法院裁定不准许撤诉的行为？

【法理分析与参考意见】

我国《民事诉讼法》第13条第2款规定："当事人有权在法律规定的范围内处分自己的民事权利和诉讼权利。"

处分原则，在我国通常被认为包括下列内容：

1. 处分权的主体是当事人，其他诉讼参与人不享有处分权。无诉讼行为能力人的法定代理人和经当事人特别授权的委托代理人，按照法律规定和当事人的授权委托享有处分权。有独立请求权第三人是其提起的参加之诉原告，有处分权。无独立请求权第三人因与案件的处理结果有利害关系，参与到本诉中，有一定的处分权，但受到一定的限制，如《最高人民法院关于人民法院民事调解工作若干问题的规定》第15条规定：对调解书的内容既不享有权利又不承担义务的当事人不签收调解书的，不影响调解书的效力。

2. 处分权的对象是民事权利和基于民事诉讼法律关系所享有的诉讼权利。当事人对民事实体权利的处分主要包括以下几个方面：第一，当事人在起诉时有权选择司法保护的范围和司法保护的方法。例如在返还借款诉讼中，当事人可以请求赔偿本金及利息，也可以仅请求偿还本金，放弃利息。在共同侵权诉讼中，受害人可以仅仅起诉部分共同侵权人，放弃对其他侵权人的索赔。人民法院应尊重当事人的选择，未经当事人同意不得任意增加或变更。即便法院已经作出生效裁判，当事人也可根据《民事诉讼法》第207条的规定，向人民法院申请再审，推翻之前裁判。《民事诉讼法》第207条规定："原判决、裁定遗漏或者超出诉讼请求……"因此，当事人向人民法院申请再审，人民法院应当受理。第二，在诉讼中，原告可以放弃诉讼请求；被告可以全部或部分承认对方的诉讼请求。第三，在诉讼中，原告可以变更诉讼请求，包括变更诉讼请求的种类，扩大或缩小诉讼请求的范围。第四，在诉讼中，当事人有权决定是否同意达成调解协议或自行和解。

当事人对自己民事诉讼权利的处分主要包括以下几个方面：第一，民事诉讼程序是否开启，由当事人决定。民事诉讼遵循"不告不理"，只有在当事人行使起诉权的情况下，诉讼程序才能开始。第二，诉讼开始后，原告可以申请撤回起诉，从而终结诉讼程序；被告可以提起反诉以保护自己的民事权利。第三，当事人可以选择是否提起上诉，对生效的裁判是否申请再审以及是否申请强制执行。第四，当事人也可选择撤回上诉，撤回再审申请以及撤回执行申请。

3. 处分权的行使不得违反法律的禁止性规定。即当事人处分民事权利和诉讼权利必须在法律规定的范围内进行。如果当事人的处分行为超过了法律的规定，侵害了国家利益、社会公共利益以及他人的民事权益，其处分行为就无效。简言之，我国处分原则不是完全不受限制，其应接受法院审查干预。这种干预一方面包括法院对当事人实体权利请求的干预，如《最高人民法院关于适用〈中华人民共和国民事诉讼法〉的解释》第323条规定，第二审人民法院应当围绕当事人的上诉请求进行审理。当事人没有提出请求的，不予审理，但一审判决违反法律禁止性规定，或者损害国家利益、社会公共利益、他人合法权益的除外，未规定"禁止不利益变更"原则；另一方面还包括法院对当事人程序权利的干预，如第238条规定：当事人申请撤诉或者依法可以按撤诉处理的案件，如果当事人有违反法律的行为需要依法处理的，人民法院可以不准许撤诉或者按照撤诉处理。

本案中原告精艺公司以原告、被告双方已经庭外协商和解为由，向漳州市中级人民法院申请撤诉的行为，是当事人行使其处分权的一种体现。

首先，本案中原告、被告双方达成和解协议，是当事人处分实体权利的表现。和解是一种自治性的纠纷解决机制。我国《民事诉讼法》第53条规定："双方当事人可以自行和解。"但我国的和解制度和大陆法系国家诉讼和解不同，其不是法院的一种结案方式，和解协议不具有强制执行效用，只能依靠义务方的自愿履行。当事人在诉讼中达成和解协议的，一方面可以根据《最高人民法院关于人民法院民事调解工作若干问题的规定》以及《适用民事诉讼法解释》等规定，人民法院可以根据当事人的申请依法确认和解协议制作调解书，以调解方式结案；另一方面，以原告撤诉的方式结束诉讼。本案中原告和被告达成和解协议后，选择通过原告撤诉的方式结束诉讼。

其次，原告申请撤诉，是当事人处分其诉讼权利的表现。民事纠纷是一种私权纠纷，当事人不仅对其民事权利义务有自治权，而且对该私权纠纷的解决也有自治权，是否求助法院解决由其自主决定。也即当事人在纠纷解决方式上有选择权。这种选择权既表现在主动要求法院启动诉讼程序解决纠纷上，还表现在诉讼过程中主动退出诉讼，选择结束诉讼上。本案原告、被告根据《民事诉讼法》第148条"宣判前，原告申请撤诉的，是否准许，由人民法院裁定"之规定，申请撤诉，即是选择结束诉讼，不再要求法院解决本诉的争议。这是一种当事人处分其诉讼权利的行为。

对本案原告精艺公司申请撤诉的行为，漳州市中级人民法院认为本案原告、被告有违反法律的行为需要处理，依法裁定不准许原告撤回起诉的做法，体现了我国对当事人处分权的国家干预。根据《民事诉讼法》的规定，对原告的撤诉申请，法院需进行审查，认为不违法时，可裁定准许撤诉。所谓不违法，要求当事人在法律准许范围内行使撤诉权，不得违反法律，不得损害国家、集体第三人的利益。但是，本案中原告精艺公司申请撤诉，法院以原告、被告有违反法律的行为需要处理为由，裁定不准许撤诉的做法，在我们看来有待商榷。首先，本案中国家、集体利益并未受到侵害，不存在不准许撤诉的理由。其次，本案中第三人利益未受到侵害。本案诉讼请求是给付租金，继续履行合同，法院所作出的裁判不涉及第三人，并不会出现侵害第三人利益的情形。给付租金，是被告向原告给付，不涉及第三人泉州银行漳州分行；继续履行合同，也是原告和被告之间的权利义务关系，也不涉及第三人泉州银行漳州分行。

【法律索引】

1.《中华人民共和国民事诉讼法》第13条、第53条、第143条、第207条。

2.《最高人民法院关于适用〈中华人民共和国民事诉讼法〉的解释》（2021年1月施行）第238条、第323条。

【案例三】辩论原则

李某诉上海乐思有限公司案 ❶

2001 年 11 月 1 日，原告李某某到被告上海乐思有限公司大酒店购物，并使用该店设置的自助寄存柜存放其随身携带的物品。购物结束后，原告持该店寄存条欲开柜取包，却发现无法打开该柜，遂求助于被告工作人员。被告工作人员先后以人工方法打开原告所指认的柜箱及与密码条相符的柜箱，均发现空无一物。原告称自己存放于自助寄存柜内的皮包中共有人民币 5310 元，当晚即向附近公安机关报案。事后，原告曾与被告交涉未果，遂起诉被告，认为被告过于轻信自助寄存柜的安全、可靠而疏于管理，致使原告钱物遗失，要求法院判令被告赔偿人民币 5310 元。

法院受理此案后，开庭审理。由于双方意见不一致，于是展开了辩论。原告认为，被告应派人监管自助寄存柜，并应划出专门的寄存柜进出区域，一律实行凭寄存条方可进入取物，以防止有人潜入冒充寄存者而盗窃财物。现被告未尽到管理职责理应进行赔偿。被告则答辩认为，原告所提供的证据不能证明其在被告处寄包并遗失人民币 5310 元，且原告使用被告自助寄存柜的使用方法和注意事项，不存在过错，不应承担赔偿责任。

通过辩论，辩清了双方的责任和争议事实。原告在人工寄存和自助寄存柜两种寄存方式并存的情况下，选择了自助存柜寄存其物品，与被告之间形成借用关系而非保管法律关系。被告对自助寄存柜已提出正确的接受服务的方法和真实的说明及明确的获救，已尽到法定义务，即大酒店的每组自助寄存柜上均标有"操作步骤"和"寄包须知"，其中"寄包须知"中写明"本商店实行自助寄包，责任自负""现金及贵重物品不得寄存"。原告未能证明其所称物品的遗失是自助寄存柜本身的质量问题或被告借用服务中存在故意或重大过失行为造成，原告证据仅能证明其使用过被告店内的自助寄存柜，不足以证明其将存有人民币 5310 元的皮包存入。在此基础上，法院依法判决不予支持原告诉求。

【法律问题】

1. 当事人双方的辩论活动体现了民事诉讼的什么原则？
2. 辩论原则的主要内容是什么？

---

❶ 叶青．民事诉讼法：案例与图表［M］．北京：法律出版社，2015：7.

【法理分析与参考意见】

辩论原则，是指在人民法院的主持下，当事人有权就案件事实和争议问题，提出各自的主张和意见，相互反驳和答辩，以维护自己合法权益的原则。《民事诉讼法》第12条规定："人民法院审理民事案件时，当事人有权进行辩论。"该条明确了当事人有辩论权。我国以辩论权为核心的辩论原则主要内容有以下几个方面：（1）辩论的形式有两种，口头辩论和书面辩论。前者如双方当事人在庭审中对他方的证据进行口头的质证和辩驳活动；后者如原告提交的起诉状、被告提交的答辩状。（2）辩论的内容主要有两种，实体问题和程序问题。前者如原告提出的诉讼请求所依据的事实是否成立，被告反驳对方诉讼请求所依据的事实是否成立等。后者如法院对本诉是否有管辖权，合议庭成员是否需要回避，当事人是不是本案的适格当事人。当事人适格与否常常需要根据实体法律关系进行判断。辩论的这两个问题中实体问题的辩论是核心。本案双方当事人就是《民事诉讼法》的辩论原则的体现。双方辩论的实体问题是原告在人工寄存和自助寄存柜两种寄存方式并存的情况下，选择了自助存柜寄存其物品，与被告之间形成借用关系而非保管法律关系。因此，法院依法判决不予支持原告诉求。（3）辩论原则贯彻于民事诉讼的全过程。辩论原则与民事诉讼其他基本原则一样，具有效力的贯彻始终性：一审程序、二审程序、再审程序中当事人都有权辩论；每个审理程序的每个阶段都贯彻辩论原则，即从起诉、受理、审前到庭审均贯彻辩论原则。（4）人民法院应当保障当事人充分行使辩论权。这是法院的审判职责之一。法院为了保障当事人充分行使辩论权，会行使诉讼指挥权，在辩论过程中进行引导、说明，保障审判程序的顺利进行。如《最高人民法院关于民事诉讼证据的若干规定》规定，法院对案件性质的认定与当事人不一致时，应向当事人释明，以保障当事人充分行使辩论权。

大陆法系国家与我国辩论原则类似，是辩论主义。根据大陆法系学者阐述，辩论主义的内容主要包括三个方面：第一，直接决定法理效果发生的主要事实必须在当事人的辩论中出现，法院不能以当事人没有主张的事实作为判决的基础；第二，对于双方当事人都没有争议的事实，法院应当作为判决的基础，换言之，法院应当受当事人自认的约束；第三，法院对证据的调查，原则上仅限于当事人提出的证据，而不允许法院依职权主动调查证据。❶

随着我国20世纪审判方式改革，我国逐渐实现从职权主义到当事人主义的过渡。如2002年修订的《最高人民法院关于民事诉讼证据的若干规定》强调当事人的举证，举证不能需要承担不利后果，确立自认规则等。当事人的辩论对法院的裁

---

❶[日]兼子一，足下守夫.民事诉讼法［M］.白绿铉，译.北京：法律出版社.1995：95.

判基本上构成约束。因此可以说我国基本上形成了类似大陆法系国家辩论主义的"约束性辩论原则"的改造。这些改造的成果主要体现在以下规定中：（1）当事人未主张的事实，法院不应作为裁判的根据。根据《最高人民法院关于审理民事案件适用诉讼时效制度若干问题的规定》第3条规定："当事人未提出诉讼时效抗辩，人民法院不应对诉讼时效问题进行释明及主动适用诉讼时效的规定进行裁判。"诉讼时效问题当事人均未主张的，法院不得依据诉讼时效已过作出裁判。（2）自认的事实，法院应予认定。《适用民事诉讼法解释》第92条第1款规定：一方当事人在法庭审理中，或者在起诉状、答辩状、代理词等书面材料中，对于己不利的事实明确表示承认的，另一方当事人无须举证证明。但该条第3款同时规定：自认的事实与查明的事实不符的，人民法院不予确认。该条在承认当事人自认对法院裁判有约束的同时，强调自认事实必须是真实的，虚假自认不产生拘束力。（3）法院仅对涉及国家利益、社会公共利益、他人合法权益以及诉讼中的程序性事项等依职权调查取证。《适用民事诉讼法解释》第96条规定：《民事诉讼法》第64条第2款规定的人民法院认为审理案件需要的证据包括：（一）涉及可能损害国家利益、社会公共利益的；（二）涉及身份关系的；（三）涉及《民事诉讼法》第55条规定诉讼的；（四）当事人有恶意串通损害他人合法权益可能的；（五）涉及依职权追加当事人、中止诉讼、终结诉讼、回避等程序性事项的。该条对法院依职权调查收集证据的范围予以限定。

【法律索引】

1.《中华人民共和国民事诉讼法》第12条。

2.《最高人民法院关于适用〈中华人民共和国民事诉讼法〉的解释》（2021年1月施行）第92条。

3. 最高人民法院《关于审理民事案件适用诉讼时效制度若干问题的规定》第3条。

【案例四】诚信原则

张某某诉蔡某某民间借贷纠纷案 ❶

自2009年开始，蔡某某因经营需要多次向张某某借款，约定月利率1%，截至2010年年底，蔡某某仍有四笔借款共计55万元未还。随后张某某向浙江省瑞安市

---

❶ 选编自瑞安市人民法院（2013）温瑞商再字第2号民事判决书。

人民法院提起诉讼，要求蔡某某返还借款。经过审理，浙江省瑞安市人民法院于2012年4月13日作出（2012）温瑞民初字第319号民事判决。该生效判决认定：蔡某某向张某某借款55万元，事实清楚，证据确凿，借款未约定还款时间，债权人可随时向债务人主张权利，原告请求偿还借款本金及按月利率1%给付利息，应予支持。据此，浙江省瑞安市人民法院判决蔡某某应于本判决生效后十日内偿还张某某借款本金55万元及利息，瑞安市人民法院转付。判决作出后，双方均未上诉，已经发生法律效力。

瑞安市人民检察院认为该生效判决有两个错误：其一，原审原告张某某与原审被告蔡某某恶意串通，采取虚构法律关系、捏造案件事实方式提起民事诉讼，导致原审法院作出错误判决。其二，原审判决确认的民间借贷合同由于当事人恶意串通，伪造证据，虚构事实和民事法律关系，导致合同无效，原审判决应依法撤销。瑞安市人民检察院向瑞安市人民法院提出瑞检民行建（2013）24号检察建议书，瑞安市人民法院于2013年4月10日作出（2013）温瑞民建字第2号民事裁定，对该案提起再审。

瑞安市人民法院经过开庭再审后认为，原审被告蔡某某在财产不足以清偿全部债务的情况下与原审原告张某某恶意串通，虚构借贷事实、伪造借条，并以伪造的借条为依据，辅以银行交易明细，由张某某作为原告、蔡某某作为被告向法院提起虚假诉讼，致使法院错误地作出民事判决，支持张某某的诉讼请求。通过执行分配张某某最终得到执行款27500元，损害了其他债权人的合法利益。依据《民事诉讼法》第112条规定，当事人之间恶意串通，企图通过诉讼、调解等方式侵害他人合法权益的，人民法院应当驳回其请求，并根据情节轻重予以罚款、拘留；构成犯罪的，依法追究刑事责任。据此，依据《民事诉讼法》第120条规定，瑞安市人民法院判决如下：一、撤销法院（2012）温瑞民初字第319号民事判决；二、驳回原审原告张某某的诉讼请求。

【法律问题】

1. 本案中恶意诉讼行为违反了《民事诉讼法》中什么基本原则要求？
2. 该原则在《民事诉讼法》中的适用体现在哪些方面？

【法理分析与参考意见】

诚信原则，是指法院、当事人以及其他诉讼参与人在审理民事案件和进行民事诉讼时必须公正、诚实和善意。❶诚信原则，是2012年《民事诉讼法》修正时新增加的一项基本原则，至此，诚信原则明文化、法定化。2021年12月24日修正后的《民事诉讼法》第13条第1款规定："民事诉讼应当遵循诚信原则。"诚信原则对诉讼主体实施诉讼行为提出了更高的要求。该原则将过去对人们的道德要求提升到法律要求。违反之，将承受相应的不利后果。如《适用民事诉讼法解释》第102条规定："当事人因故意或者重大过失逾期提供的证据，人民法院不予采纳。"当事人逾期举证行为，违反诚信原则要求，法院一般情形下可排除该证据的使用。诚信原则作为一种道德规范的法律化产物，其确立在我国有着深厚的社会背景。

近些年，实务中出现大量的不诚信诉讼行为，拖延诉讼、提起恶意诉讼等现象屡见不鲜。将诚信原则引入民事诉讼法中已是时不我待之事。不仅如此，诚信原则还是个人本位的传统诉讼观向社会本位的现代社会诉讼观转变的需要。诉讼除体现为当事人之间对抗外，还应加入当事人与当事人、当事人与法院之间的协作。如《德国民事诉讼法》第38条规定，当事人在民事诉讼中有真实陈述之义务。当事人的真实陈述义务也成为世界各国民事诉讼诚信原则的主要内容。

诚信原则在我国民事诉讼中的适用主要表现在以下几个方面：

一、诚信原则对当事人的适用

诚信原则要求当事人在诉讼中应秉承善意实施诉讼行为。具体如下：

（1）真实义务。当事人在诉讼中应作真实陈述。当事人作虚假陈述，对法院不产生拘束力。真实义务，是对大陆法系辩论主义的补充和修正。我国虽然没有将当事人的真实义务明文化、法定化，但仍有很多法条规定体现了该原则。如《民事诉讼法》第78条规定："人民法院对当事人的陈述，应当结合本案的其他证据，审查确定能否作为认定事实的根据。"再如《民事诉讼法》第114条规定，当事人有伪造、毁灭重要证据，妨碍人民法院审理案件，或者以暴力、威胁、贿买方法阻止证人做证或者指使、贿买、胁迫他人做伪证的，人民法院可以根据情节轻重予以罚款、拘留；构成犯罪的，依法追究刑事责任。

（2）禁止以不正当手段形成对自己有利的诉讼状态。当事人在起诉时不得故意增加或减少诉讼请求数额，以规避级别管辖。

（3）禁止滥用诉讼权利。当事人在诉讼中不得故意申请无理由的回避，滥用回避权；不得为拖延诉讼而提起管辖权异议；不得迟延提出攻击和防御方法，无正当理由故意不提供证据。如《民事诉讼法》第115条规定："当事人之间恶意串

---

❶ 江伟，肖建国. 民事诉讼法［M］. 第七版北京：中国人民大学出版社，2015：53.

通，企图通过诉讼调解等方式侵害他人合法权益的，人民法院应当驳回其请求，并根据情节轻重予以罚款拘留；构成犯罪的，依法追究刑事责任。"

（4）禁反言。当事人的诉讼行为必须前后一致，不允许实施前后矛盾的行为。我国《海事诉讼特别程序法》第85条规定："当事人不能推翻其在《海事事故调查表》中的陈述和已经完成的举证，但有新的证据，并有充分的理由说明该证据不能在举证期间内提交的除外。"

（5）诉讼权利的失效。当事人一方怠于行使诉讼权利，致使对方当事人因明确该权利不再行使而为一定诉讼行为时，一方当事人才主张权利并因此导致对方利益受损的，法院可以确认该权利失效。2012年修改的《民事诉讼法》第65条规定的举证时限制度即体现这一点。该条规定："当事人对自己提出的主张应当及时提供证据。人民法院根据当事人的主张和案件审理情况，确定当事人应当提供的证据及其期限。当事人在该期限内提供证据确有困难的，可以向人民法院申请延长期限，人民法院根据当事人的申请适当延长。当事人逾期提供证据的，人民法院应当责令其说明理由；拒不说明理由或者理由不成立的，人民法院根据不同情形可以不予采纳该证据，或者采纳该证据但予以训诫、罚款。"

二、诚信原则对法院的适用

法院在行使审判权过程中应当遵循诚信原则。具体如下：

（1）不得滥用司法裁量权。对法律的解释应当尊重法律的本意，应当保持法律适用的统一性，不能因人而异，因案而异。

（2）不得实施诉讼突袭。在认定事实和适用法律的过程中，法院应当给予当事人提出证据、陈述意见、进行庭审辩论的平等机会，不得在当事人未能充分表达意见的时候作出裁判。2001年《最高人民法院关于民事诉讼证据的若干规定》第35条规定："诉讼过程中，当事人主张的法律关系的性质或者民事行为的效力与人民法院根据案件事实作出的认定不一致的，不受本规定第34条规定的限制，人民法院应当告知当事人可以变更诉讼请求。"

三、诚信原则对其他诉讼参与人的适用

（1）证人不得做伪证；

（2）鉴定人不得故意提供虚假的鉴定意见；

（3）翻译人员不得为误导法庭作错误的翻译；

（4）诉讼代理人不得滥用代理权。

本案中张某某与蔡某某恶意串通，采取虚构法律关系、捏造案件事实的方式提起民事诉讼，导致原审法院作出错误判决的行为，是一种滥用诉讼权利的行为，其违反了诚信原则。对于恶意诉讼行为，如人民法院是在诉讼过程中发现，则根据

《民事诉讼法》第115条规定,直接驳回其诉讼请求并根据情节轻重予以罚款、拘留;构成犯罪的,依法追究刑事责任。如是在已经作出生效判决后发现的,人民法院可以依职权再审,检察院可以提出检察建议或者直接抗诉启动再审,案外人发现自己合法权益因该生效裁判受损的,也可以提起第三人撤销之诉。本案中,人民检察院发现张某某与蔡某某有恶意诉讼行为,向人民法院提出检察建议,提请同级人民法院对恶意诉讼案件依法启动再审程序,纠正错误的生效裁判。这是对当事人恶意诉讼行为的事后规制,体现了诚信原则的要求。

【法律索引】

1. 《中华人民共和国民事诉讼法》第13条、第68条、第78条、第115条。

2. 《最高人民法院关于适用〈中华人民共和国民事诉讼法〉的解释》(2021年1月施行)第102条。

3. 《最高人民法院关于民事诉讼证据的若干规定》第35条。

【阅读与参考文献】

[1] 江伟,肖建国. 民事诉讼法 [M]. 北京:中国人民大学出版社,2013.

[2] 谭兵,李浩. 民事诉讼法学 [M]. 北京:法律出版社,2013.

[3] 张卫平. 民事诉讼法 [M]. 北京:法律出版社,2013.

[4] 王琳,王仁波. 民事诉讼法案例教程 [M]. 北京:中国民主法制出版社,2016.

[5] 刘荣军. 程序保障的理论视角 [M]. 北京:法律出版社,1999.

【思考题】

1. 简述当事人平等原则的内容。

2. 简述处分原则的内容。

3. 简述辩论原则的内容。

4. 简述诚信原则的内容。

第三章 民事诉讼基本制度

本章学习任务

学习民事诉讼基本制度，基本制度是人民法院审理民事案件应当遵循的基本操作规范。通过本章学习重点掌握：

1. 合议制度
2. 回避制度
3. 公开审判制度
4. 两审终审制度

【案例一】合议制度

里根诉上海城旅馆赔偿车辆损失案[1]

2002年4月1日，某国电影演员里根为了其在中国的演出需要，以50000元的价格购买了一辆奇瑞小轿车。同年6月1日，里根驾驶该车从江苏省昆山市到上海参加演出。次日，里根演出结束后于23点30分入住上海城旅馆，并将其驾驶的车辆停放在旅馆门口，而未将车辆停入旅馆自设的停车场内。6月2日凌晨4时40分，里根结账欲离开旅馆时，发现其停放在旅馆门口的小轿车不见了。里根遂向旅馆值班服务员及保安询问，服务员及保安均称未见到车辆。在里根的要求下，旅馆值班经理陪同其向上海市公安局长宁分局万渡派出所报案，并到长宁区刑警大队立案。旅馆在收取里根77元住宿费及建设费后，应里根的要求，为其出具事情经过的证明。另查，上海城旅馆营业执照经营范围内不包括存车服务项目，旅馆门前不具备长时间停车的场地，其后侧有一封闭式场地用于停车，且在此住宿停车均由该宾馆向停车人出具收取停车费的收据。

里根以上海城旅馆曾承诺在此住宿免费停车，双方间已建立保管合同为由，

---

[1] 叶青. 民事诉讼法：案例与图表 [M]. 北京：法律出版社，2015：57.

起诉要求被告赔偿其车辆损失 50000 元。

上海城旅馆辩称，里根确于 2002 年 6 月 1 日在我旅馆住宿，但我旅馆并未承诺免费停车。我方在不明其丢车事实的情况下，应其要求出具证明是为了便于其向公安部门报案。凡在我旅馆住宿停车的，我们均出具停车收据。我们双方之间不存在保管关系，故请求法院驳回其诉讼请求。

【法律问题】

1. 这个案件中可以由哪些审判组织来进行审理？

2. 假使这个案件已经采用了普通程序审判，里根可以选择人民陪审员吗？

【法理分析与参考意见】

一、合议制和独任制

我国的审判组织分为合议制和独任制。合议制是指由三名以上审判员或者由审判员和陪审员共同组成审判集体，代表人民法院行使审判权，对案件进行审理并作出裁判的制度；独任制是指由审判员一人独立对案件进行审理和裁判的制度。审判委员会不属于审判组织，它是依据《人民法院组织法》的规定，在各级法院设置的集体领导审判工作的法院内部组织，主要由院长、副院长、庭长和部分有经验的审判员组成。

在我国的民事审判中，大多数民事案件适用合议制进行审理，独任制在基层人民法院和它的派出法庭按照简易程序和特别程序审理简单民事案件及简单特殊案件时适用。而根据《最高人民法院关于人民法院合议庭工作的若干规定》第 12 条，合议庭对于下列案件应当提请院长决定提交审判委员决定：（1）拟判处死刑的；（2）疑难、复杂、重大或者新类型的案件，合议庭认为有必要提交审判委员会讨论决定的；（3）合议庭在适用法律方面有重大意见分歧的；（4）合议庭认为需要提请审判委员会讨论决定的其他案件，或者法院审判委员会确定的应当由审判委员会讨论决定的案件。

这个案件中存在涉外因素，但这是否可以认为本案一定是由合议庭审理呢？答案当然是否定的。因为只有重大涉外案件才需要由中级人民法院管辖，这里仅仅是一个简单的确定是否具有保管合同关系的问题，是极为常见的财产损害赔偿纠纷，并没有太大的社会影响，因此基层法院可以进行审判。

根据《民事诉讼法》第 160 条和《最高人民法院关于适用简易程序审理民事案件的若干规定》（《简易程序规定》）第 1 条、第 2 条的规定，结合本案的性质，可以适用简易程序审理。

按照上面的推理，我们就可以得出结论，这个案件既可以适用合议制，也可以适用独任制。如果经过合议庭合议后仍不能决定，还可以通过审判委员会来做出决定。

二、合议庭的组成

本案审理按照我国的程序法，接受有人民陪审员参与的合议庭的审判。

我国实行人民陪审员制度。人民法院审理第一审民事案件，可以由审判员和陪审员共同组成。陪审员在执行陪审职务时，与审判员有同等的权利义务。

我们还应当注意，根据我国《民事诉讼法》规定，在不同的审级，对合议庭的组成有不同的要求。

（一）第一审合议庭

《民事诉讼法》第41条第1款规定：人民法院审理第一审民事案件，由审判员、陪审员共同组成合议庭或者由审判员组成合议庭。合议庭的成员人数，必须是单数。适用简易程序审理的民事案件，由审判员一人独任审理。这就是说，人民法院审判第一审民事案件，除简单民事案件适用独任制以外，其余民事案件的审判适用合议制。合议制的法庭有两种组成形式：一种是由审判员和人民陪审员共同组成合议庭。人民陪审员在人民法院参加审理期间，是审判具体民事案件的合议庭的组成人员，在合议庭内与审判员享有同等的权利。另一种是由审判员组成合议庭。由此可以看出，人民法院审理第一审民事案件的合议庭的组成有以下特点：第一，可以吸收陪审员参加，也可以不吸收陪审员参加。是否邀请陪审员参加合议庭，人民法院可以根据民事案件的具体情况和审判实践的需要灵活掌握。例如，对某些专业性、技术性比较强的案件，可邀请具有相关知识的人民陪审员参加审判。第二，《民事诉讼法》对人民法院审理第一审民事案件吸收陪审员参加合议庭的人数比例，没有作限制性的规定。合议庭可以由两名陪审员与一名审判员组成，也可由一名陪审员与两名审判员组成。

（二）第二审合议庭

《民事诉讼法》第41条第1款规定："人民法院审理第二审民事案件，由审判员组成合议庭。合议庭的成员人数，必须是单数。"第二审合议庭与第一审合议庭相比较，共同之处是二者人数都必须是单数；主要区别在于第一审合议庭可以吸收陪审员参加审判，与审判员共同组成合议庭，而第二审合议庭不吸收陪审员参加。

（三）再审合议庭

《民事诉讼法》第41条第3款规定："审理再审案件，原来是第一审的，按照第一审程序另行组成合议庭；原来是第二审的或者是上级人民法院提审的，按照第二审程序另行组成合议庭。"这就是说，再审合议庭如何组成，取决于原审程序。

需要特别注意的是，按第一审程序再审案件，不能适用独任制，必须组成合议庭进行审理。

【法律索引】

《中华人民共和国民事诉讼法》第40条、第41条、第160条。

【案例二】回避制度

史某与王某甲离婚纠纷案 ❶

史某与王某甲离婚纠纷一案，由哈尔滨市中级人民法院于2013年作出终审判决。史某对该终审判决不服，向黑龙江省高级人民法院申请再审。黑龙江省高级人民法院依法组成合议庭对本案进行了审理。

史某申请再审称：一审判决程序违法。王某甲的妹妹王某乙是哈尔滨某某学校的教师，是一审时审判长张某孩子的班主任，因此，张某与王某甲有间接利害关系，应主动申请回避，张某未主动申请回避，致使本案判决失去公平性。

黑龙江省高级人民法院审理后认为：史某称王某甲的妹妹王某乙是本案一审时审判长张某法官孩子的班主任，与本案当事人有间接利害关系，应主动申请回避，张某未主动申请回避，影响了本案判决的公平性。因史某一审、二审至申请再审中始终未提供证据证明其主张的事实成立，故史某此项主张无事实和法律依据，不符合《中华人民共和国民事诉讼法》第207条第7项关于回避的相关规定，驳回史某的再审申请。

【法律问题】

1. 我国《民事诉讼法》规定的回避对象有哪些？
2. 我国当事人申请回避的法定事由有哪些？
3. 本案中黑龙江省高级人民法院的做法是否恰当？

【法理分析与参考意见】

回避制度是为了保证案件公正审理而设立的一项审判制度。其内容是：人民法院审判某一民事经济案件，执行审判任务的审判人员或其他有关人员与案件具有一定利害关系，遇有法律规定的回避情形之一，应当主动退出本案的审理，当事人

---

❶ 选编自黑龙江省高级人民法院（2014）黑高民申二字第331号民事裁定书。

及其代理人也有权请求更换审判人员。适用回避的人员是在审判活动中具有一定审判职能或代行某种职能的。

现行法律规定适用回避的对象有：参与本案审理的人民法院院长、副院长、审判委员会委员、庭长、副庭长、审判员、助理审判员和人民陪审员、书记员、翻译人员、鉴定人、勘验人。上述人员的回避可以由本人主动申请，在具备下列法定情形时，所涉及人员应当主动申请回避：（1）是本案当事人或者当事人近亲属的；（2）本人或者其近亲属与本案有利害关系的；（3）担任过本案的证人、鉴定人、辩护人、诉讼代理人、翻译人员的；（4）是本案诉讼代理人近亲属的；（5）本人或者其近亲属持有本案非上市公司当事人的股份或者股权的；（6）与本案当事人或者诉讼代理人有其他利害关系，可能影响公正审理的。

同时，《适用民事诉讼法解释》第44条规定，审判人员有下列情形之一的，当事人有权申请其回避：（1）接受本案当事人及其受托人宴请，或者参加由其支付费用的活动的；（2）索取、接受本案当事人及其受托人财物或者其他利益的；（3）违反规定会见本案当事人、诉讼代理人的；（4）为本案当事人推荐、介绍诉讼代理人，或者为律师、其他人员介绍代理本案的；（5）向本案当事人及其受托人借用款物的；（6）有其他不正当行为，可能影响公正审理的。

审判人员有应当回避的情形，没有自行回避，当事人也没有申请其回避的，由院长或者审判委员会决定其回避。

在一个审判程序中参与过本案审判工作的审判人员，不得再参与该案其他程序的审判。但是，发回重审的案件，在一审法院作出裁判后又进入第二审程序的，原第二审程序中合议庭组成人员不受前款规定的限制。

《民事诉讼法》规定了回避的方式和程序。回避的方式是当事人申请和有关人员自行回避。回避的程序是：回避必须在案件开始审理时，或在法庭辩论终结前提出，并须说明理由。回避必须有严格批准手续，即：审判长回避，由审判委员会决定；审判人员回避由院长决定；书记员、翻译人员和鉴定人员的回避，由审判长决定。是否同意回避，应作出口头的或书面的决定。当事人对不回避的决定不服，可以申请复议，复议期间不停止本案的审理。从当事人提出申请到人民法院作出决定期间，除案件需要采取的紧急措施外，被申请回避的人员应暂时停止执行有关本案的职务。

本案中的法律焦点问题是审判长张某是否具备法定回避事由。根据前述，我国民事诉讼采取附理由的回避制度，当事人提出回避申请，必须符合法定情形。申请人史某认为王某甲的妹妹王某乙是本案一审时审判长张某法官孩子的班主任，审判长张某与王某甲有间接利害关系，影响了本案判决的公平性。史某的诉称是否符合法定回避事由，其判断的关键是审判长张某与当事人王某甲之间的关系是否影响案件的公正裁判。审判长张某与王某甲没有直接的关系，审判长张某与当事人王某甲的妹妹王某乙有一定关系，其孩子是王某乙的学生，因此，仅仅以审判长张某与王某甲有利害关系为由，要求审判长回避是不具有说服力的。本案还应当进一步证明审判长张某与当事人王某甲的这种通过一个中间人串联起的关系，影响到案件的公正审理，否则法院直接决定审判长张某的回避是不符合法律规定的。本案申请人史某未证明这一点，因此本案黑龙江省高级人民法院认定史某回避申请不符合法定回避情形，驳回史某的再审申请，并无不当。

【法律索引】

《中华人民共和国民事诉讼法》第 47 条、第 49 条、第 50 条。

【案例三】公开审判制度

陈某诉张某专利合同纠纷案 ❶

2001 年 8 月 1 日，陈某和张某就"工具式杆柱"专利实施许可及相关技术秘密转让事宜达成一致，随后订立了"委托合同书""关于技术转让合同书的过渡合同书"和"技术转让合同书"。合同订立后，陈某如约履行义务，但张某仅支付了 15 万元技术转让费，尚欠 15 万元拒绝支付。此外，张某于 2001 年 11 月 6 日、2001 年 12 月 9 日和 2002 年 1 月 10 日、2002 年 3 月 22 日先后将陈某的专利技术和技术秘密以设计人身份提供给案外人赵某，向国家知识产权局申请了专利，违反了合同中有关保密和不得向第三方转让的约定。张某的违约行为不仅给陈某造成损害，还导致陈某向国家知识产权局申请宣告其中三项专利无效，支出费用 4500 元，另有两项因陈某无力支付宣告无效费用而未被受理。陈某向法院提起诉讼，请求法院判令：解除双方的技术转让合同书，要求张某停止使用原告的技术并支付违约金 90 万元，赔偿原告因申请专利无效所受经济损失 9000 元。

法院受理后，依法组成合议庭，进行了不公开审理。原告陈某与委托代理人陈某某到庭参加了诉讼，被告张某经法院依法传唤未到庭参加诉讼。

【法律问题】

本案涉及民事诉讼的哪一基本制度？

---

❶ 选编自舒瑶芝. 民事诉讼法原理与案例教程［M］. 北京：清华大学出版社，2016：59.

【法理分析与参考意见】

本案涉及公开审判制度适用的法律问题。公开审判制度，是指人民法院审理民事案件的诉讼活动，除合议庭评议的内容外，应当依法向当事人和社会公开的审判制度。除有法律规定的特殊情形外，人民法院审理民事案件，应当允许群众旁听，允许新闻媒体进行报道。公开审判制度有利于实现当事人和社会公众对人民法院审判活动的监督，有利于人民法院客观、公正、正确地审理民事案件，有利于强化社会公众的法制教育，增强其法制观念。

《民事诉讼法》第131条规定，"审判人员确定后，应当在三日内告知当事人。"为保证整个案件审理程序向当事人公开，最高人民法院发布《最高人民法院关于司法公开的六项规定》，明确立案公开、庭审公开、执行公开、听证公开、文书公开、审务公开。各级法院均在推进审判流程公开、裁判文书公开、执行信息公开三大平台建设。在审判流程公开上，通过法院的微信公众号，可以直接查询到审判、执行进展；通过中国裁判文书网，法院的生效裁判多可以查询。民事案件的审理向社会公开包括：（1）允许群众旁听案件的审判活动，允许新闻媒体对案件情况进行采访和报道。（2）公开审判的案件，除合议庭评议不公开外，整个审判的过程均应公开。公开审判并不意味着仅仅是庭审公开，审前准备阶段、执行阶段都应当公开，裁判文书也应公开。（3）公开审判不仅仅是形式上的公开，更重要的是实质上的公开。根据《民事诉讼法》第152条规定，判决书应当写明判决结果和作出该判决的理由。裁判文书中法官应公开其阐明和论证采纳证据、认定事实的理由以及适用法律的依据。（4）公开方式有多样性。既可以在法院公告栏中发布信息，也可以在报纸、电视等传统媒体上公开，更可以在互联网这一新媒体上公开。最高人民法院的三大平台建设均是依托互联网实现的。

公开审理制度是我国民事诉讼基本制度。法院违反公开审判制度，应当依法公开而没有公开的，根据现行法律规定：（1）当事人对违反公开审判制度所作出的判决提起上诉的，二审法院应当裁定撤销原判、发回重审；（2）当事人申请再审的，人民法院应当再审；（3）人民检察院可以提起抗诉或检察建议，推动法院启动再审程序。

公开审理的例外。有些案件由于其案件性质的特殊性，现行法律规定不公开审理。（1）涉及国家秘密的案件；（2）涉及个人隐私的案件；（3）离婚案件和涉及商业秘密的案件，当事人申请不公开的；（4）法院调解案件原则上不公开。《适用民事诉讼法解释》第146条规定："人民法院审理民事案件，调解过程不公开，当事人同意公开的除外。调解协议内容不公开，但为保护国家利益、社会公共利益、他人合法权益，人民法院认为确有必要公开的除外。"需要注意的是前两类案件，法院在何种情形下均不应公开。

在本案中，由于当事人之间的民事纠纷涉及专利技术等商业秘密，属于《民事诉讼法》规定的"离婚案件、涉及商业秘密的案件，当事人申请不公开审理的，可以不公开审理"的情形，故当事人可向法院申请不公开审理。人民法院审查后认为申请理由成立，决定此案不公开审理。

【法律索引】

《中华人民共和国民事诉讼法》第131条、第155条。

【案例四】两审终审制度

甲与乙合伙协议纠纷案 ❶

1994年8月8日，A公司与B公司签订600吨轧机建筑工程合同，A公司将该工程承包给甲，甲又聘请乙为该工程的具体经办人。600吨轧机工程于1994年8月18日开工，1996年2月竣工。甲、乙两人于1996年3月20日签订协议约定，从1994年8月18日起到1996年3月19日止，所发生的工程利润由两人平均分配。此后双方均向B公司收取了部分款项，乙于5月16日代表A公司与B公司达成"结账说明"。1999年9月，甲向C市D区人民法院起诉，要求乙返还属于其所有的合伙款项250530.21元并赔偿经济损失72000元以及返还侵占的机器设备。审理中，甲变更诉讼请求，要求根据审计确认利润金额与乙平分利润，并由乙返还其个人垫支款以及侵占的机器设备，放弃要求被告赔偿经济损失72000元的诉讼请求。双方在以下几笔款项上发生争议：（1）乙是否私自占有148431.60元钢材，甲认为乙于5月21日私自向B公司领取，而乙抗辩说这笔款项已交给甲，自己并未实际领过一根钢材。（2）工程结算后至1997年10月16日止乙向B公司领取的价值295510.76元钢材款，乙是否给付甲，而甲只承认收到47928.59元现金。（3）B公司交付给乙的工程款105000元中乙侵占了多少，甲主张自己实际只收到现金5000元。（4）乙主张对转卖钢材给E厂交付的202812.32元已交给甲，而甲只承认收到乙转付的100000元现金。（5）审计报告显示甲、乙拖欠A公司税利费和管理费18362337元以及甲为该工程垫支113223.75元，乙认为该审计报告有错误且否认它的真实性。（6）B公司预付的470000元工程中的15000元是否用于600吨轧机工程，甲认可其中455000元用于该工程支出，但"对乙1996年2月13日领用的

---

❶ 常怡，肖瑶：对"终审不终"现象的个案解读［J］.法律适用，2007（7）.

15000 元是否用于该工程不清楚"。经过庭审辩论和质证，一审法院判决：（1）乙返还甲垫支款和利润共计 141378.51 元。（2）乙给付甲税利费、管理费 183623.37 元，由甲负责向 A 公司交纳。

乙对该判决结果不服，遂上诉至 C 市中级人民法院。二审中，法院根据乙的申请，查明 E 厂从 1995 年 11 月 21 日至 1996 年 5 月 3 日分 5 次用转账支票汇入甲个人资金账户上合计 155000 元而非其口头承认的 100000 元，因此 C 市中级人民法院变更第一项判决为由乙返还甲垫支款和利润合计 86378.57 元，维持第二项判决。

乙对该项判决结果仍不服，向 C 市人民检察院申请抗诉，C 市人民检察院认为法院判决认定事实主要证据不足，判决确有错误，于 2003 年 5 月 7 日对本案提起抗诉，并对上文所述双方争议事实之第 1、2、4、5、6 项提出抗诉意见。

2003 年 10 月 15 日 C 市中院经过再审认为抗诉理由部分成立，变更二审判决第一项为由乙返还甲垫支款、利润及甲还应分得的款项共计 62414.28 元，维持第二项判决。乙对该再审结果仍不服，向 C 市高级人民法院申诉，引起高院提审。2005 年 6 月 27 日高院维持了一中院的再审判决。乙不服，仍申诉。

【法律问题】

1. 两审终审制度适用的例外情形有哪些？
2. 如何理解本案反映的民事案件"终审不终"问题？

【法理分析与参考意见】

根据《民事诉讼法》第 10 条的规定，人民法院审理民事案件，依照法律规定实行两审终审制度。所谓两审终审制，是指某民事案件、经济纠纷案件经过两级人民法院审判后就告终结的制度。当事人不服一审人民法院对民事案件、经济纠纷案件所作的判决、裁定，可上诉至二审人民法院，二审（上诉审）所作的判决、裁定即为终审判决、裁定，当事人不得就此再进一步提起上诉。最高人民法院作为一审法院所作出的判决和裁定是终审判决、裁定，当事人不得对此提出上诉。此外，人民法院依照特殊程序所审理的案件，也是一审终审。总体来说，在民事审判、经济审判中，两审终审是基本制度，一审结案是例外性的规定。民事诉讼与刑事诉讼和行政诉讼不同，在有些案件中不允许上诉，实行一审终审：（1）最高人民法院直接受理的一审民事案件；（2）人民法院依照小额诉讼程序审理的民事案件；（3）依照特别程序审理的案件；（4）依照督促程序和公示催告程序审理的案件；（5）企业破产案件。根据我国破产法的规定，在企业破产程序中，除对不予受理破产申请的裁定和驳回破产申请的裁定可以提起上诉外，对于其他裁定不允许提起上诉；（6）

申请宣告婚姻无效的案件。根据《婚姻法司法解释》（一）的规定，对于申请宣告婚姻无效的案件，有关婚姻效力的判决一经作出，即发生法律效力，不允许提起上诉。

审级制度的确定与一个国家和社会的多种因素有关，如发案的多少、审判人员的素质、审判作风的好坏以及司法体制的制约等。因此，不能简单地认为审级越多越好，也不能认为审级越少越好，关键要看这样的审级制度能否保证审判质量，即防止和纠正错误裁判。由于上述诸因素的作用，我国历史上曾经采取过有别于现行规定的审级制度。新民主主义革命时期，曾实行过三审终审制，县为一审，地区为二审，边区高等法院则为终审。新中国成立初期，有关法规也曾允许某些案件的当事人若不服二审判决可上诉至最高人民法院。《人民法院组织法》总结审级制的历史经验，正式确定了两审终审制。现代西方国家多采取三级三审制，但第三审一般仅作书面审，而且只就下级法院适用法律是否准确进行审理，对案件事实部分不予过问，因而第三审所起的作用与第二审是不同的。

现行两审终审制符合中国国情，便于人民群众进行诉讼，也便于人民法院在其辖区内行使审判权。我国地域辽阔，一些地区交通不便，如果审级太多，人民群众往返不易，浪费人力物力，不利于生产和工作，而且易使一些滥用诉权的人有隙可钻，缠讼不休，拖累对方。审级较少，绝大多数民事案件都在地方各级人民法院解决，群众就近打官司，有利于正常的工作和生产，而且也便于人民法院调查，有助于提高办案效率。当然，如果审级太少，以致无法保证错案的纠正。根据我国的实际情况，确立两审终审制是合适的。

司法实践中终审不终，当事人无法息诉服判，是本案的关键问题。终审不终的原因，在制度层面上来说，与我国再审制度、两审终审制有关。二审程序和一审程序一样，都既是"事实审"，又是"法律审"，导致无法完全通过审级制度吸收当事人的不满。当事人依法启动再审程序后，案件进行再次审理，也动摇了两审终审制。

【法律索引】

《中华人民共和国民事诉讼法》第 10 条。

【阅读与参考文献】

[1] 王琳，王仁波．民事诉讼法案例教程［M］．北京：中国民主法制出版社，2016.

[2] 刘荣军．程序保障的理论视角［M］．北京：法律出版社，1999.

［3］杨荣馨．民事诉讼原理［M］．北京：法律出版社，2003．

［4］邵明．民事诉讼法理研究［M］．北京：中国人民大学出版社，2004．

【思考题】

1.合议制度的作用是什么？在不同的审级中合议庭是如何组成的？

2.回避制度中，回避的法定情形有哪些？

3.公开审判制度中，哪些案件属于不宜公开的？

第四章　主管与管辖

本章学习任务

学习民事诉讼中管辖的相关问题。通过本章学习重点掌握：

1. 法院主管的概念及其范围

2. 级别管辖

3. 一般地域管辖

4. 特殊地域管辖

5. 专属管辖

6. 裁定管辖

【案例一】主管

张某帮诉田某友买卖合同纠纷案 ❶

2013 年 2 月 4 日，原告张某帮、被告田某友签订《车辆转让协议》（以下简称协议），被告将其所有的一辆奇瑞牌轿车（车牌号为：贵 CK3×××）转让给原告，车辆转让价格为人民币 13280 元，同时约定 2013 年 2 月 4 日 20 时前发生的一切债务、经济纠纷及交通事故、违章等法律责任由被告方负责。该协议签订时，被告向原告说明转让车辆只有一次违章记录，且被告承诺在协议签订后自行到交管部门清除该违章记录，不影响原告的车辆年审。被告向原告交付车辆后，原告在办理车辆年审时，才发现被告分别在 2013 年 1 月 10 日、1 月 14 日、1 月 18 日共计发生三次违章，且被告未到交管部门处理。后原告要求被告按协议约定对该三次违章记录进行清除，但被告拒不履行，致使车辆不能年审，被交管部门处以记 3 分、罚款 300 元的行政处罚。原告为维护自己合法权益，诉至法院请求判令：（1）责令被告立即到交管部门清除 2013 年 2 月 4 日前发生的三次违章记录；（2）判令被告承担因其迟

---

❶ 参见贵州省仁怀市人民法院（2014）仁民初字第 502 号民事判决书。

延履行造成贵CK3×××被交管部门记3分、罚款300元的行政处罚所造成的损失；
（3）本案诉讼费由被告承担。

【法律问题】

1. 人民法院主管的民事案件范围有哪些？
2. 本案是否应当属于法院主管？

【法理分析与参考意见】

民事诉讼中人民法院主管，是指人民法院依法受理、审判解决一定范围内民事纠纷的权限，也是确定人民法院、其他国家机关和社会团体之间解决民事纠纷的分工和职权范围，其实质是确定人民法院审理民事案件的权限范围问题。凡是属于人民法院主管的民事案件，人民法院应当受理、审判；凡是不属于人民法院主管的民事案件，人民法院则无权行使审判权。

人民法院是我国的审判机关，依法行使审判权。依法审判民事案件，是其审判职能之一。但在实际生活中，由于民事纠纷数量大、种类多、范围广，不可能也没必要均由人民法院解决，而是由人民法院、国家行政机关、仲裁机构和有关社会团体按照分工分别承担解决一部分民事纠纷的任务。这就涉及人民法院的主管问题，即人民法院行使民事审判权的范围问题。根据我国《民事诉讼法》第3条的精神和我国国情及司法实践经验，《民事诉讼法》在确定人民法院主管时采用了下列标准：（1）法律关系的性质；（2）国家法律规定和最高人民法院规范性文件的规定。根据上述标准，人民法院主管的民事案件范围有以下几种：

第一，民法、婚姻法调整的因人身关系、财产关系产生纠纷的民事案件。如财产所有权、用益物权、担保物权、无因管理、不当得利、身份权和人格权等纠纷，以及婚姻、赡养、扶养、抚育和继承等纠纷。

第二，经济法调整的因平等主体之间的经济关系所发生的各类纠纷，如因不正当竞争行为引发的损害赔偿案件。

第三，劳动法调整的因劳动关系所发生的纠纷。我国劳动法规定，劳动者与用人单位之间应签订确立劳动关系、明确双方权利和义务的协议。在订立、履行、解除劳动合同过程中所发生的劳动争议，首先向劳动仲裁委员会申请解决，对该委员会裁决不服的可向法院起诉。

第四，其他法规调整的社会关系发生的纠纷，法律明文规定（既包括实体法的规定，也包括程序法的规定）依照《民事诉讼法》审理的案件。如环境污染所引起的损害赔偿案件、选民资格案件、宣告失踪人失踪和宣告失踪人死亡案件等。

第五，最高人民法院规范性文件规定的案件。如 2001 年 9 月 1 日公布的《最高人民法院关于海事法院受理案件范围的若干规定》将海事法院的受案范围规定为海事侵权纠纷案件、海商合同纠纷案件、其他海事海商纠纷案件、海事执行案件等。

本案中，原告要求被告立即到交管部门清除 2013 年 2 月 4 日前发生的三次违章记录，清除违章记录属于行政机关和行政相对人的行政关系，不属于平等主体间的财产关系和人身关系纠纷。故法院认定不属于民事诉讼的受案范围，驳回起诉。

在实践中，人民法院对民事纠纷的主管范围和其他机关团体对民事纠纷的主管范围都由相关法律、法规予以严格规定。但由于它们的主管范围有一定的交叉，所以难免发生冲突，引起对民事纠纷主管的相互推诿和争夺。对这些冲突，一般实行"司法最终解决原则"。该原则的具体含义有：首先，凡是其他主管机关团体不能彻底解决的民事纠纷，都由人民法院依民事诉讼程序进行审判，予以最终解决。人民法院的生效裁判具有最高的权威性和法律效力，当事人、其他机关和团体都必须服从法院的最终裁判，不得就同一纠纷再次予以处理。其次，如果一件民事纠纷涉及几个法律关系的争议，只要其中有一个争议属于人民法院主管，那么该纠纷就全部归人民法院主管。

本案法院认为，原告张某帮与被告田某友签订的协议系双方属于真实意思表示，被告应按协议约定履行清除其签订协议前的车辆违章记录义务。机动车违规驾驶造成被扣分、罚款等属行政法律法规调整范畴，依照《中华人民共和国民事诉讼法》第 3 条人民法院受理公民之间、法人之间、其他组织之间以及他们相互之间因财产关系和人身关系提起的民事诉讼，适用本法的规定。以及第 119 条起诉必须符合下列条件……（四）属于人民法院受理民事诉讼的范围和受诉人民法院管辖。本案纠纷不属于人民法院民事诉讼受案范围。依照《中华人民共和国民事诉讼法》第 3 条、第 119 条、第 144 条之规定，裁定如下：驳回原告张某帮的起诉。

【法律索引】

《中华人民共和国民事诉讼法》第 3 条、第 122 条、第 147 条。

【案例二】级别管辖

产业园管委会上诉华丰公司案 ❶

扬州经济开发区广陵产业园管理委员会（以下简称产业园管委会）是上诉人（一审被告），扬州华丰投资建设有限公司（以下简称华丰公司）是被上诉人（一审原告）。2008 年 11 月 8 日，华丰建设股份有限公司与产业园管委会签订《扬州市经济开发区广陵产业园农民拆迁安置房投资建设协议书》（以下简称《协议书》），为履行该协议，华丰建设股份有限公司设立了华丰公司。2009 年 3 月 17 日，产业园管委会与华丰公司签订《扬州市经济开发区广陵产业园农民拆迁安置房开发项目投资建设转让合同》（以下简称《转让合同》）。合同签订后，华丰公司于同年 3 月 26 日向产业园管委会支付了土地出让金 1824 万元。同时，华丰公司作为项目法人先后与扬州市桩基有限公司、江苏省天地人建设集团有限公司、江都市江东建筑安装工程有限公司、江都市第六建筑安装工程有限公司等施工企业签订了施工承包合同。根据《协议书》及《转让合同》约定，产业园管委会应在 2009 年 5 月底完成项目用地拆迁交地工作，并在华丰公司垫付该地价款后 90 天内办理土地使用权证。2010 年 8 月底开始施工，2011 年 10 月起，由于项目用地指标及"四证"办理无法完成，经双方磋商，产业园管委会要求华丰公司等账目结清、项目移交后再退出。产业园管委会在双方未达成协议的情况下，强行将该项目转让给其他公司。华丰公司诉至江苏省高级人民法院，请求判令产业园管委会按合同约定向华丰公司支付各项费用合计 26941.46 万元及相应违约金，其中包括：（1）华丰公司垫付的土地出让金 1824 万元；（2）项目开发前期费用 648.08 万元；（3）桩基工程及其他工程费用 2403.99 万元；（4）项目开发管理费用 713.51 万元；（5）项目主体工程完成产值 23648.23 万元；（6）投资回报 2838.38 万元。以上费用合计 38318.12 万元，扣除产业园管委会代华丰公司支付的工程款 9900 万元及 1476.66 万元，产业园管委会应支付费用 26941.46 万元，并承担本案全部诉讼费用。产业园管委会就本案管辖提出异议，主张华丰公司增加诉讼标的额以规避级别管辖，本案应当移送江苏省扬州市中级人民法院审理。

【法律问题】

1. 我国《民事诉讼法》中级别管辖如何规定的？

---

❶ 参见江苏省高级人民法院（2013）苏民辖初字第 001 号民事裁定书、最高人民法院（2013）民一终字第 140 号民事裁定书。

2. 产业园管委会就本案管辖提出的异议是否成立？

【法理分析与参考意见】

本案的争议焦点是：华丰公司是否存在恶意增加诉讼标的额以规避级别管辖。

级别管辖，是指上、下级人民法院之间受理第一审民事案件的分工和权限。人民法院的组织体系分为四级：基层人民法院、中级人民法院、高级人民法院、最高人民法院。确定不同级别的人民法院管辖第一审民事案件的主要依据是：案件的性质、案件影响的大小、诉讼标的的价额大小等。案件的性质和复杂程度、案件社会影响的大小、件没的领的大小，是《民事诉讼法》确定哪一个级别的法院作为审理该案的第一审人民法院的重要因素。

一、基层人民法院管辖的第一审民事案件

《民事诉讼法》第18条规定："基层人民法院管辖第一审民事案件，但本法另有规定的除外。"所以，第一审民事案件原则上由基层人民法院管辖。

在人民法院组织系统中，基层人民法院数量多、分布广，审判人员的数量也多，并且没有审理上诉案件的任务，所以，一般地说，原则上将第一审民事案件都交给基层法院承担是比较符合法院审判均衡负担原则的。同时，由于民事纠纷的发生地、当事人住所地或者争议的财产所在地，都与基层人民法院辖区相联系，所以由基层人民法院作为第一审法院，既可方便当事人诉讼，又可方便人民法院办案。

二、中级人民法院管辖的第一审民事案件

根据《民事诉讼法》第19条的规定，中级人民法院管辖下列第一审民事案件。

（一）重大涉外案件

涉外民事案件，是指民事法律关系的主体、内容、客体三者之一含有涉外因素的民事案件。重大涉外案件，是指居住在国外的当事人人数众多，或者当事人分属多国国籍，或者案情复杂，或者争议标的额较大的涉外民事案件。这类案件由中级人民法院作为一审法院。

最高人民法院《适用民事诉讼法解释》第1条进一步解释："重大涉外案件"包括争议标的额大的案件、案情复杂的案件，或者一方当事人人数众多等具有重大影响的案件。最高人民法院《关于涉外民商事案件诉讼管辖若干问题的规定》（以下简称《涉外管辖规定》）第3条具体规定了以下五类案件适用：（1）涉外合同和侵权纠纷案件；（2）信用证纠纷案件；（3）申请撤销、承认与强制执行国际仲裁裁决的案件；（4）审查有关涉外民商事仲裁条款效力的案件；（5）申请承认和强制执行外国法院民商事判决、裁定的案件。

（二）在本辖区有重大影响的案件

在本辖区有重大影响的案件，是指案情复杂、涉及范围广，诉讼标的的价额较大，案发后案件处理结果的影响超出了基层人民法院的辖区范围，基层人民法院已不便行使管辖权，而由中级人民法院作为第一审管辖法院比较适宜。

（三）最高人民法院确定由中级人民法院管辖的案件

根据某些案件的特殊性，最高人民法院指定由中级人民法院管辖。这类案件有：

1. 海事、海商案件。海事、海商案件包括海事侵权纠纷案件，海商合同纠纷案件，其他海事、海商案件，海事执行案件，以及请求海事保全案件等。根据《最高人民法院关于设立海事法院几个问题的决定》，国内和涉外的第一审海事、海商案件由海事法院管辖。海事法院与普通中级人民法院同级，海事法院的上级法院是海事法院所在地的高级人民法院。我国在上海、天津、广州、武汉、大连、青岛、海口、厦门、宁波、北海等口岸城市设有海事法院。各海事法院的管辖区域，由最高人民法院规定。

2. 除专利行政案件外的其他专利纠纷案件。2013 年 2 月 25 日，根据全国人民代表大会常务委员会通过的《关于在北京、上海、广州设立知识产权法院的决定》，2014 年 10 月最高人民法院颁布《最高人民法院关于北京、上海、广州知识产权法院案件管辖的规定》，明确了北京、上海、广州知识产权法院管辖所在市辖区内的第一审专利民事案件和行政案件的范围。最高人民法院《适用民事诉讼法解释》规定，专利纠纷案件由知识产权法院、最高人民法院确定的中级人民法院管辖和基层人民法院管辖。

三、高级人民法院管辖的第一审民事案件

《民事诉讼法》第 20 条规定："高级人民法院管辖在本辖区有重大影响的第一审民事案件。"这是因为高级人民法院的主要职能是作为中级人民法院的上诉审法院审理上诉案件，同时对本辖区内的下级人民法院的工作进行业务指导和审判监督，因此各高级人民法院审判第一审民事案件的任务不宜过重。只有当民事案件的发生和处理结果在辖区范围内有重大影响时，高级人民法院才作为第一审管辖法院。

四、最高人民法院管辖的第一审民事案件

最高人民法院是国家最高审判机关，其主要任务是指导和监督地方各级人民法院和各专门人民法院的审判工作，审理不服高级人民法院裁判的上诉案件，并对审判过程中如何具体适用法律、法规进行司法解释。为了保证最高人民法院有效地行使上述各项职能，《民事诉讼法》第 21 条规定，它只受理以下第一审民事案件。

（一）在全国有重大影响的案件

在全国有重大影响的案件，由最高人民法院作为第一审管辖法院，从有利于全局出发，正确地处理案件，维护法律的严肃性。

（二）最高人民法院认为应当由其审理的案件

法律赋予了最高审判机关管辖上的特殊权力，只要最高人民法院认为某一案件应由其审理，不论该案属于哪一级、哪一个法院管辖，它都有权将案件提上来自己审判，从而取得对案件的管辖权。这样规定可以使最高人民法院通过对某些具有代表性的典型案件的审理取得经验，以便指导全国的审判工作；可以防止地方保护主义，排除其他方面对地方法院审判工作的干扰，确保案件的审判质量。

本案中上诉人意见：1. 本案的诉讼标的完全是被上诉人为了规避级别管辖的法律规定而虚构产生的，被上诉人无端将华丰公司江苏省天地人建设集团有限公司、江都市江东建筑安装工程有限公司、江都市第六建筑安装工程有限公司以及扬州市桩基有限公司对其的工程索赔额计算在诉讼标的额内，产业园管委会对该款项不承担任何责任。2. 依据扬州市金泰建设监理有限公司出具的工程报告，截至 2011 年 9 月 21 日，华丰公司所完成的"运河人家"北区建安工程造价合计约为 1.3 亿元，且华丰公司与产业园管委会的住所地相同，均在江苏省扬州市，故本案的管辖法院应为扬州市中级人民法院，请求将本案移送该院审理。

被上诉人意见：本案的诉讼标的有充分的依据，起诉时已经提供了充分的证据。上诉人称扬州市金泰建设监理有限公司出具的工程报告，截至 2011 年 9 月 21 日，华丰公司所完成的"运河人家"北区建安工程造价合计约为 1.3 亿元，上诉人完全混淆了工程量与索赔金额的概念，答辩人起诉标的包括垫付的土地出让金、前期费用、管理费用、投资回报等多项内容，范围已经超过工程造价。请求驳回上诉，维持原裁定。

二审法院认为，本案的争议焦点为华丰公司提起的诉讼标的有无相关证据证明。根据华丰公司诉请的内容，其提供了的相关证据：1. 华丰公司垫付的土地出让金 1824 万元；2. 项目开发前期费用 648.08 万元；3. 桩基工程及其他工程费用 2403.99 万元；4. 项目开发管理费用 713.51 万元；5. 项目主体工程完成产值 23648.23 万元；6. 投资回报 2838.38 万元。以上费用合计 38318.12 万元，扣除产业园管委会代华丰公司支付的工程款 9900 万元及 1476.66 万元，产业园管委会应支付费用 26941.46 万元。同时华丰公司向一审法院还提供了以下证据材料，以证明其诉请：1.《协议书》；2.《转让合同》；3. 土地使用费支付证明及发票；4. 华丰公司与施工单位签订的施工合同；5. 2011 年 9 月至 10 月产业园管委会给华丰公司的相关文件；6. 施工单位的索赔报告以及江苏省扬州市广陵区人民法院（2011）扬广民初字第 1216 号民事判决书；7. 项目开发前期费用证明；8. 桩基及场平等工程量证明。华丰公司对其诉讼请求，提供证据予以证明，一审法院经审查受理一审原告的起诉，符合《民事诉讼法》和相关司法解释的规定。根据《民事诉讼法》第 23 条的规定，因合同纠纷提起的诉讼，由被告住所地或者合同履行地人民法院管辖。产业园管委会的住所地在江苏省扬州市。根据 2008 年 3 月 31 日公布、4 月 1 日起执行的《全国各省、自治区、直辖市高级人民法院和中级人民法院管辖第一审民商事案件标准》规定，江苏省高级人民法院管辖诉讼标的额在 2 亿元以上的第一审民商事案件，该院依法对本案具有管辖权。至于江苏省天地人建设集团有限公司等公司对华丰公司的工程索赔的数额，以及产业园管委会对该款项是否承担相应责任，应通过案件的实体审理予以确认，产业园管委会的上诉理由不成立，二审法院不予支持。

本案中，华丰公司主张的争议标的额已经达到了江苏省高级人民法院的管辖标准，并且由其提供的证据初步证明。产业园管委会提出管辖权异议的主要依据是：华丰公司将江苏省天地人建设集团有限公司、江都市江东建筑安装工程有限公司、江都市第六建筑安装工程有限公司以及扬州市桩基有限公司对其的工程索赔额计算在诉讼标的额内，产业园管委会对该款项不承担任何责任。各建筑公司对于华丰公司的工程索赔款有实际联系，产业园管委会对于该款项是否承担责任是应当在本案实体中予以确认。产业园管委会无其他证据证明华丰公司存在恶意虚增标的额、规避级别管辖的行为，故其管辖权异议不能成立。

【法律索引】

《民事诉讼法》第 18 条、第 19 条、第 20 条、第 21 条、第 24 条、第 177 条。

【案例三】一般地域管辖

陈某莉、陈某春民间借贷纠纷案 ❶

2013 年 2 月 8 日，被告罗某铺、陈某昌、陈某莉、陈某春以缺乏资金为由向三原告何某、郑某发、刘某莘借款人民币 400000 元，后引发纠纷，原告向大田县人民法院提起诉讼。被告罗某铺于 2014 年 6 月 30 日向法院提出管辖权异议，作为本案第一被告，将可能最终承担本案大部分的民事责任，根据《民事诉讼法》第

---

❶ 选编自福建省三明市中级人民法院（2014）三民终字第 648 号民事裁定书。

21条的规定，本案应由被告住所地的永安市人民法院管辖。请求撤销原审裁定，将本案移送永安市人民法院管辖审理。

【法律问题】

1. 本案有管辖权的法院是哪一个？

2. 什么叫地域管辖，如何确定一般地域管辖？

【法理分析与参考意见】

法院经审理认为，《民事诉讼法》第22条规定，对公民提起的民事诉讼，由被告住所地人民法院管辖；被告住所地与经常居住地不一致的，由经常居住地人民法院管辖。同一诉讼的几个被告住所地、经常居住地在两个以上人民法院辖区的，各人民法院都有管辖权。罗某铺的住所地虽然在永安市，但本案被告陈某昌、陈某莉、陈某春的住所地均在大田县，故大田县人民法院与永安市人民法院对此案均有管辖权。而根据《民事诉讼法》第36条的规定，两个以上人民法院都有管辖权的诉讼，原告可以向其中一个人民法院起诉。本案原审原告选择向大田县人民法院提起诉讼，该院据此获得本案管辖权并无不当。

一、一般地域管辖的原则

一般地域管辖的原则是"原告就被告"，即民事诉讼由被告所在地人民法院管辖。实行"原告就被告"原则，有利于人民法院调查、核实证据，迅速查明案情，正确处理民事纠纷；有利于传唤被告出庭应诉；有利于采取保全和先予执行措施；如果被告败诉，则有利于执行；还可以防止原告滥用诉权，给被告造成不应有的损失。

《民事诉讼法》第22条第1款规定："对公民提起的民事诉讼，由被告住所地人民法院管辖；被告住所地与经常居住地不一致的，由经常居住地人民法院管辖。"这里所说的住所地，是指公民的户籍所在地；经常居住地，是指公民离开住所地至起诉时连续居住一年以上的地方，但公民住院就医的地方除外。根据《最高人民法院适用民事诉讼法解释》的规定，公民在其户籍迁出后，迁入异地之前，如果没有经常居住地的，仍然以其原户籍所在地为其住所地。

《民事诉讼法》第22条第2款规定："对法人或者其他组织提起的民事诉讼，由被告住所地人民法院管辖。"这里所说的法人或者其他组织的住所地，根据《最高人民法院适用民事诉讼法解释》规定，是指法人或其他组织的主要办事机构所在地。如果法人或其他组织的主要办事机构所在地不能确定的，法人或其他组织的注册地或者登记地为住所地。

此外，根据《最高人民法院适用民事诉讼法解释》的规定，下列诉讼也应按"原告就被告"原则确定管辖法院：

（1）双方当事人都被监禁或者被采取强制性教育措施的，由被告原住所地人民法院管辖。被告被监禁或者被采取强制性教育措施一年以上的，由被告被监禁地或者被采取强制性教育措施地人民法院管辖。

（2）原告、被告均被注销户籍的，由被告居住地人民法院管辖。

（3）夫妻双方离开住所地超过一年，一方起诉离婚的案件，由被告经常居住地人民法院管辖；没有经常居住地的，由原告起诉时被告居住地人民法院管辖。

（4）不服指定监护或者变更监护关系的案件，可以由被监护人住所地人民法院管辖。

（5）对没有办事机构的个人合伙、合伙型联营体提起的诉讼，由被告注册登记地人民法院管辖。没有注册登记，几个被告又不在同一辖区的，被告住所地的人民法院都有管辖权。

二、一般地域管辖的例外

《民事诉讼法》对"原告就被告"原则进行了必要的变通。在某些特殊情况下，会出现无法适用或如果适用起来将对原告、对法院极为不便的现象。

《民事诉讼法》第23条规定了几种例外的情况由原告住所地人民法院管辖；原告的住所地与经常居住地不一致的，由原告经常居住地人民法院管辖。这些例外情况是：（1）对不在中华人民共和国领域内居住的人提起的有关身份关系的诉讼；（2）对下落不明或者宣告失踪的人提起的有关身份关系的诉讼；（3）对被采取强制性教育措施的人提起的诉讼；（4）对被监禁的人提起的诉讼。正在被监禁的人，包括已决犯和未决犯，都丧失了人身自由，脱离了住所地或者经常居住地。除上述四种情况外，最高人民法院根据司法实践的需要，对例外情形进行了以下补充规定：第一，追索赡养费、抚育费、扶养费案件的几个被告住所地不在同一辖区的，可以由原告住所地人民法院管辖。第二，夫妻一方离开住所地超过一年，另一方起诉离婚的案件，可以由原告住所地人民法院管辖。第三，被告被注销户籍的，由原告住所地或经常居住地人民法院管辖。

三、离婚案件管辖的特别规定

最高人民法院《适用民事诉讼法解释》对于特定情形的离婚诉讼的管辖也作出了明确规定，包括：（1）双方当事人均为军人或者军队单位的民事案件由军事法院管辖。（2）在国内结婚并定居国外的华侨，如定居国法院以离婚诉讼须由婚姻缔结地法院管辖为由不予受理，当事人向人民法院提出离婚诉讼的，由婚姻缔结地或者一方在国内的最后居住地人民法院管辖。（3）在国外结婚并定居国外的华侨，如定居国法院以离婚诉讼须由国籍所属国法院管辖为由不予受理，当事人向人民法院提出离婚诉讼的，由一方原住所地或者在国内的最后居住地人民法院管辖。（4）中国公民一方居住在国外，一方居住在国内，不论哪一方向人民法院提起离婚诉讼，国内一方住所地人民法院都有权管辖。国外一方在居住国法院起诉，国内一方向人民法院起诉的，受诉人民法院有权管辖。（5）中国公民双方在国外但未定居，一方向人民法院起诉离婚的，应由原告或者被告原住所地人民法院管辖。（6）已经离婚的中国公民，双方均定居国外，仅就国内财产分割提起诉讼的，由主要财产所在地人民法院管辖。

【法律索引】

1.《中华人民共和国民事诉讼法》第 22 条、第 23 条。

2.《最高人民法院关于适用〈中华人民共和国民事诉讼法〉的解释》（2021 年 1 月施行）第 12—17 条。

【案例四】特殊地域管辖

某第一建筑公司与兴达钢材厂买卖合同纠纷案

2013 年 5 月，位于甲市 A 区的第一建筑公司与位于乙市 B 区的兴达钢材厂在甲市 C 区签订一份钢材买卖合同，合同约定，由兴达钢材厂向第一建筑公司提供 60 吨一级钢材，并于 2013 年 6 月 1 日之前交货，货到建筑公司的仓库后经验收合格立即付款。合同签订后，兴达钢材厂于 5 月 30 日与位于乙市 D 区的平安运输公司（由甲某等 10 人成立的有限责任公司）签订运送钢材的合同，由平安运输公司将 60 吨钢材从钢材厂位于乙市 D 区的仓库运往第一建筑公司所在地。运输公司让其下属的第一运输车队负责此次运输。5 月 31 日，由李某负责的第一运输车队出发。第二天经过丙县时，运输车队一司机由于粗心大意，导致车、货均翻入河中，且将王某停在路边的一辆桑塔纳牌轿车撞翻，造成当时坐在车里的王某 9 岁儿子腿部骨折。车队负责人李某无奈，只好让其他运输车辆先行，他与肇事司机留在丙县将车、货捞起。其他运输车到达甲市后，第一建筑公司以货物只有 50 吨为由拒绝收货。6 月 4 日，车队负责人李某将最后 10 吨钢材送至甲市，第一建筑公司遂组织验收，发现 50 吨钢材基本合格，另有 10 吨由于长时间水浸，达不到其使用标准，乃拒收。李某与第一建筑公司反复协商未果。恰有包工头谢某急需建筑钢材找到李某，李某遂将钢材按市场价卖给谢某。李某于 6 月 7 日回到乙市，遂将货款交给兴达钢材厂并告知钢材厂建筑公司拒绝收货，但未告知车祸以及钢材浸水之事。钢材厂就没再与第一建筑公司联系。6 月 15 日，第一建筑公司致电钢材厂要求其承担违约责任并赔偿由此造成的损失，遂发生纠纷。❶

【法律问题】

1. 对合同纠纷案件，如何确定地域管辖？

2. 我国《民事诉讼法》对特殊地域管辖是如何规定的？

3. 本案中，第一建筑公司欲起诉钢材厂，请问哪些法院有管辖权？

【法理分析与参考意见】

对于合同纠纷适用特殊地域管辖，是指以诉讼标的所在地、法律事实所在地，以及被告住所地为标准确定的管辖。特殊地域管辖是相对于一般地域管辖而言的，特殊地域管辖的案件，如对合同、票据、运输、侵权、损害赔偿诉讼的管辖，明确规定可以由诉讼标的或法律事实所在地法院管辖，也可以由被告住所地的法院管辖。这样规定，扩大了当事人对管辖的选择权，当事人既可以选择诉讼标的、法律事实所在地法院管辖，也可以选择被告所在法院管辖，同时也有利于解决人民法院审理案件难的问题。

因合同纠纷提起的诉讼，由被告住所地或者合同履行地人民法院管辖。被告住所地，或指被告的户籍地、经常居所地，或指法人及其他组织的主要办事机构所在地。合同履行地，是指履行合同规定义务的地点，一般是指标的物的交付地点。合同履行地的确定，可以根据双方在合同中明确约定履行地来确定。如果合同中没有明确约定履行地的，根据《适用民事诉讼法解释》第 18 条的规定，争议标的为给付货币的，接受货币一方所在地为合同履行地；交付不动产的，不动产所在地为合同履行地；其他标的，履行义务一方所在地为合同履行地。即时结清的合同，交易行为地为合同履行地。

根据《民事诉讼法》第 24 条至第 33 条，特殊地域管辖包括以下几种情形。

（一）因合同纠纷提起的诉讼，由被告住所地或者合同履行地人民法院管辖

因合同发生纠纷，有的是因合同是否成立发生的争议；有的是因合同变更发生的争议；还有的是因合同的履行发生的争议。法律规定因合同纠纷提起的诉讼，由被告住所地或者合同履行地人民法院管辖，便于法院查明案情，便于在必要时及时采取财产保全等紧急措施，以利于合同纠纷的正确解决。

---

❶ 叶青. 民事诉讼法：案例与图表 [M]. 北京：法律出版社，2015：23.

司法实践中，如何确认合同履行地是比较复杂的问题。一般地说，合同履行地是指合同规定履行义务和接受该义务的地点，主要是指合同标的物交接的地点。合同履行地应当在合同中明确约定，对履行地约定不明的，应根据《民法典》第511条之规定处理，即合同对履行地点没有约定或者约定不明确，争议标的为给付货币的，接收货币一方所在地为合同履行地；交付不动产的，不动产所在地为合同履行地；其他标的，履行义务一方所在地为合同履行地。即时结清的合同，交易行为地为合同履行地。

合同的种类不同，合同履行地也不同，管辖法院也便不同。根据最高人民法院的司法解释，主要有以下几种情况。

（1）因合同纠纷提起的诉讼，如果合同没有实际履行，当事人双方住所地又都不在合同约定的履行地的，应由被告住所地人民法院管辖（《适用民事诉讼法解释》第18条）。

（2）财产租赁合同、融资租赁合同以租赁物使用地为合同履行地，但合同中对履行地有约定的除外（《适用民事诉讼法解释》第19条）。

（3）以信息网络方式订立的买卖合同，通过信息网络交付标的的，以买受人住所地为合同履行地；通过其他方式交付标的的，收货地为合同履行地。合同对履行地有约定的，从其约定（《适用民事诉讼法解释》第20条）。

（二）因保险合同纠纷提起的诉讼，由被告住所地或者保险标的物所在地人民法院管辖

保险合同，是指投保人支付保险费给保险人。保险人对于投保人因自然灾害或意外事故所致的损害或责任，承担赔偿责任或支付一定金额的合同。保险标的物，是投保人与保险人订立的保险合同所指向的对象，如财产、人身健康或生命等。如果保险标的物是运输工具或者运输中的货物，则可由运输工具登记注册地、运输目的地、保险事故发生地的人民法院管辖。因人身保险合同纠纷提起的诉讼，可以由被保险人住所地人民法院管辖（《适用民事诉讼法解释》第21条）。

（三）因票据纠纷提起的诉讼，由票据支付地或者被告住所地人民法院管辖

票据是指由出票人签发的写明在一定的时间、地点由本人或者指定他人按照票面所载文义向执票人无条件支付一定金额的有价证券。票据分为本票、汇票和支票三种。所谓票据纠纷，是指出票人或付款人与执票人之间因票据承兑等发生的争议。

因票据纠纷提起的诉讼，可以由票据支付地或者被告住所地人民法院管辖。票据支付地，即票据上载明的付款地。如果票据未载明付款地的，则票据付款人的住所地或主要营业所所在地为票据付款地，原告可以任选其中一个人民法院起诉。

（四）因公司设立确认股东资格、分配利润解散等纠纷提起的诉讼，由公司所在地人民法院管辖

有关公司诉讼的特殊地域管辖规定是 2012 年《民事诉讼法》修改的新增内容。考虑到公司诉讼大多是关于或者涉及公司组织法性质的诉讼，存在与公司组织相关的多数利害关系人，涉及多数利害关系人的多项法律关系的变动，且胜诉判决往往产生对世效力，因此，将因公司纠纷提起的诉讼确定由公司住所地人民法院管辖是正当的。

（五）因铁路、公路、水上、航空运输和联合运输合同纠纷提起的诉讼，由运输始发地、目的地或者被告住所地人民法院管辖

运输合同纠纷，是指承运人与托运人方在履行运输合同中发生的权利义务争议。例如，因托运的货物被损坏、丢失引起的纠纷；旅客因乘坐运输工具时人身受到伤害引起的纠纷等。对这类纠纷，运输始发地（客运或货运合同规定的出发地点）、目的地（合同约定的客运、货运最终到达地）、被告住所地等三地人民法院都有管辖权。

（六）因侵权行为提起的诉讼，由侵权行为地或者被告住所地人民法院管辖

侵权行为，是指加害人不法侵害他人财产权利和人身权利的行为。侵权行为地，包括侵害行为实施地和侵权结果发生地。

侵权行为发生后，受害人既可以向侵权行为地人民法院起诉，也可以向被告住所地人民法院起诉。根据最高人民法院的司法解释，因产品、服务质量不合格造成他人财产、人身损害提起的诉讼，产品制造地、产品销售地、服务提供地、侵权行为地和被告住所地人民法院都有管辖权（《适用民事诉讼法解释》第 26 条）。在涉外民事诉讼中，只要侵权行为发生地或者侵权结果地在中国领域内的，人民法院依法享有诉讼管辖权。

（七）因铁路、公路、水上和航空事故请求损害赔偿提起的诉讼，由事故发生地或者车辆船舶最先到达地、航空器最先降落地或者被告住所地人民法院管辖

铁路、公路、水上、航空事故是车辆、船舶或者航空器的所有人或管理人的侵权行为造成的。例如，火车相撞、脱轨；汽车倾覆，撞击了其他车辆、人员；轮船相撞、沉没；航空器坠毁；因排油、抛物造成环境污染和人身伤亡等。因这些事故引起的损害赔偿纠纷，法律规定事故发生地、车辆最先到达地（事故发生后，车辆第一个停靠站）、船舶最先到达地（事故发生后，船舶第一个停靠港或者沉没地）、航空器最先降落地（飞机、飞艇、卫星等最先降落地或者因事故而坠落地）、被告住所地人民法院都有权管辖。

（八）因船舶碰撞或者其他海事损害事故请求损害赔偿提起的诉讼，由碰撞发

生地、碰撞船舶最先到达地、加害船舶被扣留地或者被告住所地人民法院管辖

其他海损事故，是指船舶在航行过程中，除碰撞以外发生的触礁、触岸、搁浅、浪损、失火爆炸、沉没、失踪等事故。

因船舶碰撞或者其他海损事故造成财产、人身损害，原告追索损害赔偿的诉讼，以下四个地方的人民法院都有管辖权：其一，碰撞发生地，即船舶碰撞的侵权行为发生的具体地点；其二，碰撞船舶最初到达地，即船舶碰撞事故发生后，受害船舶最先到达的港口所在地；其三，加害船舶被扣留地，即加害船舶实施侵权行为后继续航行，后被有关机关扣留的具体地点；其四，被告住所地，一般是加害船舶的船籍港所在地，即该船舶进行登记，获得航行权的具体港口。

（九）因海难救助费用提起的诉讼，由救助地或者被救助船舶最先到达地人民法院管辖

海难救助，是指对海上遇难的船舶及所载的货物或者人员给予援救。实施救助的外力量，可能是从事救助的专业单位，也可能是邻近或者经过的船舶。救助活动完成后，实施救助的一方有权要求被救助的一方给付一定报酬，这就是海难救助费用。法律规定，因追索海难救助费用提起的诉讼，救助地（实施救助行为或者救助结果发生地）、被救助船舶最先到达地（被救助船舶经营救脱离险情后，最初到达地）人民法院都有管辖权。

（十）因共同海损提起的诉讼，由船舶最先到达地、共同海损理算地或者航程终止地人民法院管辖

共同海损，是指海上运输中，船舶以及所载的货物遭遇海难等意外事故时，为了避免共同危险而有意地、合理地作出特殊的物质牺牲和支付的特殊费用。例如，为灭火而引海水入舱；为避免全船覆没而将全部或部分货物抛进大海；为进行船舶紧急修理而自动搁浅等。共同海损的牺牲和费用经过清算，由有关各方按比例分担。如果共同海损的全体受益人对共同海损的构成及分担比例等问题发生争议而诉诸法院，这就是共同海损诉讼。

本案中，甲市 A 区、乙市 B 区的人民法院都有管辖权。根据《民事诉讼法》第 23 条的规定，因合同纠纷提起的诉讼，由被告住所地或者合同履行地人民法院管辖。因此，建筑公司欲起诉钢材厂的，钢材厂所在地的乙市 B 区人民法院作为被告住所地法院有管辖权。关于合同履行地，根据《适用民事诉讼法解释》第 18 条规定来确定。本案中，买卖合同中没有直接约定合同履行地但双方约定了交货地点，即"货到建筑公司仓库"，因此可以确定双方当事人约定的交货地点即为合同履行地。因此，建筑公同所在地为双方约定的合同履行地，甲市 A 区人民法院对此案也有管辖权。

【法律索引】

1.《中华人民共和国民事诉讼法》第 24—33 条。

2.《最高人民法院关于适用〈中华人民共和国民事诉讼法〉的解释》(2021 年 1 月施行)第 18—22 条。

【案例五】专属管辖

袁某诉麒麟公司欠缴房租案 ❶

2006 年 8 月，袁某和麒麟公司签订租赁合同，将袁某位于江新区梨园街 5 号的房屋一楼、二楼租赁给麒麟公司，租赁期限为一年，到期续签。合同约定，甲方为袁某，乙方为麒麟公司；房屋用途为家庭旅馆；租赁期限为 10 年，自 2006 年 8 月 1 日起至 2016 年 8 月 1 日止；租金为每月 8000 元，每月底支付；如麒麟公司在租赁期间，未经袁某许可将房屋转租、转让转借他人或调换使用或擅自将承租的房屋破坏，改变用途，则袁某可终止合同。2013 年 10 月，开发商展某看重该房屋的地段，出高价 500 万元向袁某购买，袁某告知展某已与麒麟公司签订了 10 年的租赁合同，展某表示会自行处理。袁某遂将房屋卖给展某，办理了过户登记，并将麒麟公司剩余期限的租金一并贴给展某。后为迫使麒麟公司搬迁，展某每日找无业人士前去该房屋前静坐，导致麒麟公司的生意日益下降。自 2014 年 1 月，麒麟公司不再向袁某支付租金。现袁某向法院起诉，要求麒麟公司支付欠缴租金；麒麟公司向法院起诉，要求袁某给予补偿。

【法律问题】

1. 本案应由哪个法院管辖？

2. 我国《民事诉讼法》对专属管辖管辖是如何规定的？

【法理分析与参考意见】

专属管辖，是指对某些特定类型的案件，法律强制规定只能由特定的人民法院行使管辖权。

凡是专属管辖的案件，只能由法律明文规定的人民法院管辖，其他人民法院均无管辖权，从而排除了一般地域管辖和特殊地域管辖的适用。凡是专属管辖的案件，当事人双方无权以协议或约定的方式变更管辖法院，从而排除协议管辖的适

---

❶ 叶青 . 民事诉讼法：案例与图表 [M]. 北京：法律出版社，2015：25.

用。外国的法院更没有管辖权，所以排除了外国法院行使管辖权的可能性。总之，专属管辖是排斥其他类型的法定管辖、排斥协议管辖的管辖制度。

根据《民事诉讼法》第34条的规定，下列案件由人民法院专属管辖。

一、因不动产纠纷提起的诉讼，由不动产所在地人民法院管辖

不动产，是指不能够移动或者移动后会引起性质、状态的改变，从而损失其经济价值的财产，如土地、山林、草原以及土地上的建筑物等。最高人民法院《适用民事诉讼法解释》明确了不动产纠纷的范围，包括：因不动产的权利确认、分割、相邻关系等引起的物权纠纷。农村土地承包经营合同纠纷、房屋租赁合同纠纷、建设工程施工合同纠纷、政策性房屋买卖合同纠纷，按照不动产纠纷确定管辖。同时还明确了不动产所在地的确定方式为：不动产已登记的，以不动产登记簿记载的所在地为不动产所在地；不动产未登记的，以不动产实际所在地为不动产所在地。

法律之所以规定由不动产所在地人民法院管辖，是便于受诉人民法院勘验现场，调查收集证据，也便于裁判生效后的执行工作。

二、因港口作业中发生纠纷提起的诉讼，由港口所在地人民法院管辖

港口作业中发生的纠纷主要有两类：一是在港口进行货物装卸、驳运、保管等作业中发生的纠纷；二是船舶在港口作业中由于违章操作造成他人人身或财产损害的侵权纠纷。因此类纠纷提起的诉讼，由港口所在地人民法院管辖。根据《最高人民法院关于海事法院收案范围的规定》，港口作业纠纷属于海事海商案件，应由该港口所在地的海事法院管辖。

三、因继承遗产纠纷提起的诉讼，由被继承人死亡时住所地或者主要遗产所在地人民法院管辖

遗产是指死者生前的个人财产，包括动产和不动产。继承人为继承被继承人的遗产发生纠纷诉诸法院的诉讼，称为继承遗产诉讼。继承遗产诉讼，由被继承人死亡时住所地成者主要遗产所在地人民法院管辖。

被继承人死亡时住所地与主要遗产所在地一致的，则该地人民法院具有有管辖权；二者不一致的，则这两个地方的人民法院都有管辖权，当事人可以任选其中一个人民法院提起诉讼。如果被继承人的遗产分散在几个人民法院辖区，应以遗产的数量和价值来确定主要遗产所在地，进而确定管辖法院。这样确定管辖，既有利于人民法院正确确定继承开始的时间、继承人与被继承人之间的关系以及遗产的范围和分配等问题，也有利于扩大人民法院对涉外继承诉讼的司法管辖权。

如果主要遗产是不动产，应当作为不动产纠纷还是作为遗产纠纷来确定管辖法院？这是要明确的问题。正确的做法是，依据遗产纠纷来确定管辖法院，即此类

案件由被继承人死亡时住所地或者主要遗产所在地人民法院来确定管辖法院。

本案涉及不动产纠纷的专属管辖问题，根据《适用民事诉讼法解释》第 28 条的规定，不动产已登记的，以不动产登记簿记载的所在地为不动产所在地；不动产未登记的，以不动产实际所在地为不动产所在地。本案中没有提及涉案房屋已经登记的情况，应由房屋实际所在地江新区人民法院专属管辖。

【法律索引】

1.《中华人民共和国民事诉讼法》第 34 条。

2.《最高人民法院关于适用〈中华人民共和国民事诉讼法〉的解释》（2021 年 1 月施行）第 28 条。

【案例六】裁定管辖

侯某、侯某姗诉侯某华等 4 人遗产侵占案 ❶

2007 年 6 月 23 日，著名相声演员侯某文因心脏病突发在其玫瑰园别墅家中不幸去世，生前未留有遗嘱。侯某文没有法定的妻子，只有两个女儿，长女侯某（侯某文与第一任妻子所生，28 岁），次女侯某姗（侯某文与第二任妻子袁某所生，未成年人，父母离婚后由其母亲袁某抚养）。其兄侯某华主持操办丧事，并为弟弟选了八宝山的公墓。两年后，侯某文的骨灰被冷落在八宝山殡仪馆内，没有入葬。此外，对于其身后的遗产处理等问题，侯某文的两个女儿与侯某华发生纠纷。侯某称其不仅没有得到父亲的遗产，而且还因玫瑰园别墅拖欠 70 万元房屋贷款一年多不还，银行方面将其告上法庭。侯某称遗产分割不明确，而且，因为根本无力偿付巨额贷款，玫瑰园已经人去楼空，最终被银行收回。此外，父亲的银行账户也被冻结。2009 年 2 月，侯某将同父异母、12 岁的妹妹侯某姗起诉至西城区人民法院，要求平分父亲遗留下的财产。其诉讼目的，是因为无法获知父亲的银行存款等遗产状况，想借诉讼通过法院查清她无法弄清的父亲遗产的数量和去向，然后再进行分割。法院受理了侯某的诉讼，并立刻对遗产案进行了调查。调查取证后得知，侯某文的存款仅有 130 多万元。不过，在此期间，其好友牛某志曾多次取走侯某文名下的银行巨款，最大一笔提款高达 120 万元。此外，郭某小夫妻二人曾用私家车和搬家公司等方式将玫瑰园里的所有物品拉走。

---

❶ 资料来源：网易新闻网，侯某华希望不公开审理，法院将公开审，http://news.163.com/09/0723/08/5ET58GAP000120GR.html，访问日期：2021 年 8 月 12 日。

被告的律师认为，侯某起诉的是遗产侵权，但因侯某文的遗产范围尚未确定，所以起诉中涉及的物品是不是遗产还不能确定。而且，即使是"侵权"，也应该由主要遗产所在地的法院管辖，因此，西城区法院没有管辖权。对此原告侯某称，父亲侯某文去世后，侯某华控制了父亲的房产，牛某志以及郭某小夫妻将父亲的物品搬走，牛还取走父亲名下多笔银行存款。侯某认为，其中部分取款是在西城的银行取走的，西城区法院有管辖权。

西城区法院一审驳回管辖权异议，2009 年 11 月 25 日，侯某华上诉至北京市第一中级人民法院。北京市第一中级人民法院审理后认为，侯某文的部分存款从西城的银行取出，西城区法院对此案有管辖权，侯某有选择起诉的权利。据此，2009 年 12 月，北京市第一中级人民法院对管辖权异议问题作出终审裁定，驳回了侯某华等 4 人的上诉请求，维持原判，案件仍由西城区人民法院审理。

【法律问题】

1. 什么是裁定管辖？我国法律规定了哪几种裁定管辖？
2. 如何认识本案中的管辖权异议问题？

【法理分析与参考意见】

人民法院以裁定的方式确定诉讼管辖，称为裁定管辖。裁定管辖是对法定管辖的补充和变通，它既可以弥补法定管辖的不足，又可以解决因管辖问题发生的争议，以便适应司法实践中复杂多变的情况。

一、移送管辖

移送管辖。是指已经受理案件的人民法院，因发现本法院对该案件没有管辖权，而将案件移送给有管辖权的人民法院审理。对于不属于自己管辖的案件，人民法院已经受理，为纠正这一做法，必须移送管辖，即将该案件从无管辖权的法院向有管辖权法院的移送。

移送管辖必须符合以下条件：（1）移送法院已经受理了案件；（2）移送法院经审查，发现对该案件确无管辖权；（3）受移送的人民法院依法对该案具有管辖权。

移送管辖的程序，实践中的一般做法是在移送案件时，应先由承办案件的审判组织提出意见并报请院长批准，然后再以公函的形式发送至受移送的人民法院，同时应及时通知当事人，以便他们到管辖法院去参加诉讼活动。关于移送管辖的期限，最高人民法院《适用民事诉讼法解释》规定，当事人在答辩期间届满后未应诉答辩，人民法院在一审开庭前，发现案件不属于法院管辖的，应当裁定移送有管辖权的人民法院。

人民法院移送案件后，受移送的人民法院应当及时受理案件，并进行审判。如果受移送的人民法院认为移送的该案件不属于本法院管辖时，不能将该案退回原法院，也不能再移送给自己认为有管辖权的其他人民法院，而是应当报请上级人民法院指定管辖。法律这样规定的目的是防止案件在人民法院之间反复移送，拖延时间，影响当事人行使诉权。

二、指定管辖

指定管辖，是指上级人民法院根据法律规定，以裁定的方式，指定其辖区内的下级人民法院对某一民事案件行使管辖权。

规定指定管辖的目的，在于使管辖不明的得到明确，使有争议的管辖问题得到解决，还可以使无管辖权的人民法院由于上级人民法院的指定而获得管辖权，从而解决立法上没有明确规定的问题。

根据《民事诉讼法》第 37 条的规定，下列两种情况需要上级人民法院指定管辖：（1）有管辖权的人民法院由于特殊原因，不能行使管辖权的，由上级人民法院指定管辖。

所谓特殊原因是指两种情况：一是因事实上的原因，如发生了地震、水灾、火灾等情况，致使该地人民法院无法行使管辖权；二是因法律上的原因，如当事人申请回避或者审判人员自行回避，致使某一基层人民法院出现无法组成合议庭，不能行使管辖权的情况。遇有上述情况，就需要上级人民法院指定管辖。

（2）人民法院之间因管辖权发生争议，由争议双方协商解决；协商解决不了的，报请它们的共同上级人民法院指定管辖。

发生管辖争议的原因，可能是由于有关人民法院对管辖的规定理解不一致，也可能是由于法院辖区的界限不明。行政区划正在调整变动期间，而案件恰好发生在几个人民法院辖区的毗邻地带，也会出现几个人民法院互相争夺或者互相推诿管辖权的情况。遇到这种情况，先由争议各方共同协商解决，协商解决不了的，再报其共同上级人民法院指定管辖。

三、管辖权的转移

管辖权的转移，是指经上级人民法院的决定或同意，将某一案件的诉讼管辖权由下级人民法院转移给上级人民法院，或者由上级人民法院转移给下级人民法院。管辖权的转移，是对级别管辖的补充和变通。根据《民事诉讼法》第 38 条的规定，管辖权的转移有以下两种情况。一种是上级向下级转移，如上级人民法院认为确有必要时，可以将法院管辖的第一审民事案件交下级人民法院审理，但应当报请其上级人民法院批准。这种转移，下级人民法院必须服从，并将案件的审理结果及时报送上级人民法院。另一种是下级向上级转移，上级人民法院为了总结审判工作经验，以便指导和监督下级人民法院的工作，依法提审下级人民法院管辖的第一审民事案件，从而发生管辖权自下而上的转移。

四、管辖权异议

本案中，2009年8月侯某华等人于答辩期间提出管辖权异议。被告侯某华的代理律师认为，侯某起诉的是遗产侵权，但因侯某文的遗产范围尚未确定，所以起诉中涉及的物品是不是遗产还不能确定。而且，即使是"侵权"，也应该由主要遗产所在地的法院管辖，西城区人民法院没有管辖权。对此原告侯某称，父亲侯某文去世后，侯某华控制了父亲的房产，牛某志以及郭某小夫妻将父亲的物品搬走，牛某志还取走父亲名下多笔银行存款。侯某认为，其中部分取款是在西城的银行取走的，西城区人民法院有管辖权。

管辖权异议，是指当事人认为受诉人民法院对案件无管辖权时向受诉人民法院提出的不服该院管辖的意见或主张。根据《民事诉讼法》第130条规定，人民法院受理案件后，当事人对管辖权有异议的，应当在提交答辩状期间提出。人民法院对当事人提出的异议，应当审查。异议成立的，裁定将案件移送有管辖权的法院；异议不成立的，裁定驳回。

当事人提出管辖权异议，必须符合以下几个条件。

（一）提出管辖权异议的主体，只能是本案的被告

被告是被原告指控侵犯了其民事权益或与其发生了权益争议，并被人民法院通知应诉的人。如果被告认为受诉人民法院对本案没有管辖权，则有权依法提出异议。受诉人民法院是原告根据《民事诉讼法》的规定而确定的，原告的起诉表明他认同受诉法院的管辖权，因此不得再提出管辖权异议。

（二）当事人对管辖权有异议的，应当在提交答辩状期间提出

依照《民事诉讼法》的规定，被告应当在收到人民法院发送的起诉状副本之次日起15日内提出答辩状。在提交答辩状期间，被告可以在提交答辩状的同时提出管辖权异议，也可以只提出管辖权异议，而不提交答辩状。但是，当事人对受诉法院的管辖权有异议的，必须在提交答辩状期间提出。当事人在提交答辩状期间未提出管辖权异议的，视为其处分了这一诉讼权利，逾期提出的，人民法院不予审查。

（三）当事人提出管辖权异议，一般应当通过书面方式提出

当事人在提交答辩状期间，应通过书面方式提出管辖权异议。

当事人提出的管辖权异议符合上述几个条件的，人民法院应当依法进行审查。经审查，认为异议成立的，人民法院即应作出书面裁定，然后将案件移送有管辖权的人民法院审理；认为异议不成立的，也应作出裁定予以驳回。裁定应当送达

双方当事人。根据《民事诉讼法》的规定，当事人对受诉人民法院的裁定不服，有权在接到裁定书后 10 日内向上一级人民法院提起上诉。在上一级人民法院作出终审裁定后，当事人应当按照裁定确定的管辖法院进行诉讼。

【法律索引】

1.《中华人民共和国民事诉讼法》第 38 条、第 39 条、第 131 条。

2.《最高人民法院关于适用〈中华人民共和国民事诉讼法〉的解释》（2021 年 1 月施行）第 82 条。

【阅读与参考文献】

［1］舒瑶芝. 民事诉讼法原理与案例教程［M］. 北京：清华大学出版社，2016.

［2］江伟. 民事诉讼法（第六版）［M］. 北京：中国人民大学出版社，2013.

［3］张海燕，刘延杰. 民事诉讼法案例研习［M］. 北京：清华大学出版社，2017.

［4］王琳，王仁波. 民事诉讼法案例教程［M］. 北京：中国民主法制出版社，2016.

［5］陈桂明，刘芝祥. 民事诉讼法（第五版）［M］. 北京：中国人民大学出版社，2019.

【思考题】

1. 简述民事诉讼主管的范围。

2. 简述民事诉讼级别管辖的标准。

3. 简述管辖权异议的条件及效力。

第五章 诉讼参加人

本章学习任务

重点学习诉讼参加人的种类、原告、被告、第三人、共同诉讼人、代表人诉讼、诉讼代理人等问题。

1. 民事诉讼当事人及相关概念
2. 原告、被告的确认
3. 第三人的确认
4. 共同诉讼
5. 代表人诉讼
6. 诉讼代理人

【案例一】民事诉讼当事人

"冯某"诉某保险公司交通事故赔偿纠纷案

2015 年 3 月 30 日，起诉人陶某以"冯某"的名义起诉被告某保险公司，主张 2014 年 9 月 11 日 21 时 20 分许，韩某驾驶轿车沿大丰市区常新路向北行驶至幸福路交叉路口时，与沿幸福路由东向西的冯某驾驶的小型面包车相撞，造成两车受损及多人受伤。交警部门认定，韩某负主要责任，冯某负次要责任。冯某在事故中车辆受损的修理费为 5820 元。因韩某所驾车辆在被告处投保交强险，故请求判令被告赔偿冯某车辆损失 2000 元。在诉讼过程中冯某表示从未进行该次诉讼，也不愿起诉。经调查，陶某表示未受冯某的委托，只是冯某妻子口头授权。[1]

【法律问题】

陶某是不是本案的当事人？

---

[1] 选编自郑金余. 民事诉讼法案例教程［M］. 北京：法律出版社，2019：45.

【法理分析与参考意见】

一、民事诉讼当事人及相关概念

民事诉讼当事人，是指按照法律规定和民事诉讼的需要参加到民事民事诉讼中的当事人，是指因民事权益发生争议或者受到侵害，以自己的名义进行诉讼，受人民法院裁判约束、与民事案件有利害关系的人。民事诉讼当事人的主体类型分为公民、法人和其他组织三种。

当事人是民事诉讼的主体，是构成民事诉讼不可或缺的重要因素之一。第一审民事诉讼中的当事人有狭义和广义之分。狭义的当事人包括原告和被告；广义的当事人除原告、被告外，还包括诉讼中的第三人。

与民事诉讼当事人相关的还有两个概念：民事诉讼参加人和民事诉讼参与人。

民事诉讼参加人，是指按照法律规定和民事诉讼的需要参加到民事诉讼中来的主体，包括当事人（原告、被告、共同诉讼人、第三人）和诉讼代理人（法定代理人、委托代理人）。

民事诉讼参与人，是指按照法律规定和民事诉讼的需要参与到民事诉讼案件中来的主体。诉讼参与人既包括诉讼参加人，还包括证人、鉴定人、翻译人员等，有时还包括勘验人员（不含法院工作人员）。

二、民事诉讼当事人的特征

（一）当事人是与民事案件有利害关系的人

与民事案件有利害关系的当事人包括以下两种：与民事案件有直接利害关系的人；与民事案件有法律上的利害关系的人。

与民事案件有直接利害关系的人，是指与本案诉的标的有直接利害关系的人，通常就是指本案民事实体权利义务关系的双方，即发生民事权益争议的直接双方或者民事权益受侵害与加害的直接双方。例如，两个法定继承人为各自的继承份额发生争议而进行诉讼，这两个继承人是与继承法律关系有直接利害关系的人，是本案的双方当事人。又如，行路人以驾车人撞伤自己为由，起诉请求损害赔偿，行路人与驾车人是本案受害与加害的直接双方，因此是本案的当事人。

与民事案件有法律上的利害关系的人，是指虽与本案诉的标的无直接的利害关系，但基于法律规定与本案发生一定的权利义务关系的人。主要包括财产管理人、遗嘱执行人、财产清算人、代位权人、公益诉讼人、其他有法律上利害关系的人。

（二）当事人是以自己的名义进行诉讼的人

当事人必须以自己的名义进行诉讼。以他人名义参加诉讼的是代理人。

（三）当事人是受法院裁判约束的人

民事案件一经法院受理、审理和裁判，其生效裁判即对当事人产生法律上的效力。法院发生法律效力的裁判或者调解协议，对当事人均有拘束力。当事人应当自觉遵守并自觉履行生效的裁判，否则法院可以采取强制措施。

民事诉讼当事人必须全部符合上述三个特征，否则不能称为民事诉讼当事人。

在本案中，陶某不是本案的当事人。因为本案中交通事故的双方是冯某和某保险公司，而冯某表示从未进行该次诉讼，也不愿起诉。陶某并未受冯某的委托，只是冯某妻子口头授权。如果冯某起诉，则冯某为原告，某保险公司为被告。

【法律索引】

1.《中华人民共和国民事诉讼法》第51条。

2.《最高人民法院关于适用〈中华人民共和国民事诉讼法〉的解释》（2021年1月施行）第50—74条。

【案例二】当事人的民事诉讼权利能力与民事诉讼行为能力

王某与章某侵权赔偿纠纷

某中学初一学生王某1（13岁）课间休息时把同学章某1（12岁）推下楼梯，致使章某1全身多处骨折及外伤。章某1的父亲章某2花去医疗费、护理费数万元。章某2要求王某1的母亲王某2赔偿损失，王某2认为应由学校负责赔偿。双方无法达成协议，遂向人民法院提起诉讼。章某2以原告身份起诉王某2，法院未予受理。章某2更改当事人后，法院受理。❶

【法律问题】

为什么章某2应当变更事人？应将原告变更为谁？

【法理分析与参考意见】

一、当事人的民事诉讼权利能力

当事人的民事诉讼权利能力，又称当事人能力，是指一定的民事主体能够享有民事诉讼权利、承担民事诉讼义务的能力，即作为民事诉讼当事人的主体资格能力。通常情况下，当事人的民事诉讼权利能力与民事权利能力相适应。

享有民事诉讼权利能力，是作为民事诉讼当事人的必要前提。不享有民事诉讼权利能力的人，是不具备民事诉讼主体资格能力的人，不能成为民事诉讼当

---

❶ 陈桂明，刘芝祥．民事诉讼法 [M]．北京：中国人民大学出版社，2015：44.

事人。

　　根据《民事诉讼法》的规定，以下三类人可以成为民事诉讼当事人：自然人、法人和其他组织。自然人与法人、其他组织的民事诉讼权利能力在取得和消灭的方式上不同。

　　自然人的民事诉讼权利能力因出生而取得，与其生命紧密相连。其民事诉讼权利能力的期限，始于出生、终于死亡。本案中，王某1和章某1均具有民事诉讼权利能力，均可以成为本案的当事人。

　　法人、其他组织的民事诉讼权利能力，因依法成立而取得。法人、其他组织的依法设立及存在，是其享有民事诉讼权利能力的前提。其诉讼权利能力的期限，始于成立、终于被撤销或者终止。

　　二、当事人的民事诉讼行为能力

　　当事人的民事诉讼行为能力，又称诉讼能力，是指能够以自己的行为行使诉讼权利、履行诉讼义务并且使自己的行为产生法律上效力的能力，即当事人亲自进行诉讼活动的资格。

　　民事诉讼行为能力与民事行为能力基本相适应。有民事行为能力的人，均有民事诉讼行为能力；无民事行为能力或者限制民事行为能力的人，均没有民事诉讼行为能力。享有民事诉讼行为能力，是诉讼主体亲自参加民事诉讼的前提。

　　自然人取得民事诉讼行为能力，必须全部满足以下两个条件：第一，自然人因年满18周岁而取得民事诉讼行为能力。年满16周岁、能以自己的劳动收入独立生活的自然人也是具有民事诉讼行为能力的人。第二，自然人能够进行民事诉讼活动并能够正确辨认自己的行为。

　　有以下两种情况之一的，自然人的民事诉讼行为能力消灭：第一，自然人因死亡而丧失民事诉讼行为能力。第二，自然人因丧失知觉、智力或者正常的思维能力，因而丧失民事诉讼行为能力。

　　法人、其他组织的民事诉讼行为能力，因合法成立、依法登记而取得，因被撤销、终止而消灭。❶

　　本案中，章某2不是受害者本人，不是与本案有直接利害关系的人；法律没有特别规定其可以成为本案的当事人，因此也不具有法律上的利害关系。本案受害人章某1是与诉讼标的有直接利害关系的人，应当成为本案当事人。因此，章某2应将原告变更为章某1。

　　依据法律规定，未成年人具有诉讼权利能力，但不具有诉讼行为能力。因

　　❶ 陈桂明，刘芝祥．民事诉讼法［M］．北京：中国人民大学出版社，2015：48-49.

此，章某1对王某1提起的诉讼只能由其监护人章某2代为行使，变更当事人的诉讼行为也只能由法定代理人章某2行使。

王某1是未成年人，不具有民事诉讼行为能力，但具有民事诉讼权利能力，可以成为当事人。因其为加害人，是与本案有直接利害关系的人，所以应当将其列为被告。其诉讼活动由其监护人代理。❶

【案例三】共同诉讼人

侯某、侯某姗诉侯某华、牛某志、郭某小夫妇等遗产侵占案

2007年6月23日，著名相声演员侯某文因心脏病突发在其玫瑰园别墅家中不幸去世，生前未留有遗嘱。侯某文没有法定的妻子，只有两个女儿，长女侯某（侯某文与第一任妻子所生，28岁），次女侯某姗（侯某文与第二任妻子袁某所生，为未成年人，父母离婚后由其母亲袁某抚养）。其兄侯某华主持操办丧事，并为弟弟选了八宝山的公墓。两年后，侯某文的身后并不平静。侯某文的骨灰被冷落在八宝山殡仪馆内，没有入葬。此外，对于其身后的遗产处理等问题，侯某文的两个女儿与侯某华发生纠纷。侯某称其不仅没有得到父亲的遗产，而且还因玫瑰园别墅拖欠70万元房屋贷款一年多不还，银行方面将其告上法庭。侯某称遗产分割不明确，而且，因为根本无力偿付巨额贷款，玫瑰园已经人去楼空，最终被银行收回。此外，父亲的银行账户也被冻结。

2009年2月，侯某将同父异母、12岁的妹妹侯某姗告上了法庭，要求平分父亲遗留下的财产。其诉讼目的，是因为无法获知父亲的银行存款等遗产状况，想借诉讼通过法院查清她无法弄清的父亲遗产的数量和去向，然后再进行分割。法院受理了侯某的诉讼，并立刻对遗产案进行了调查。调查取证后得知，侯某文的存款仅有130多万元。不过，在此期间，其好友牛某志曾多次取走侯某文名下的银行巨款，最大一笔提款高达120万元。此外，郭某小夫妻二人曾用私家车和搬家公司等方式将玫瑰园里的所有物品拉走。

2009年6月23日，因怀疑遗产被他人非法侵占和窃取，导致姐妹二人无法继承，侯某向西城区人民法院提交申请，要求将原本作为被告的妹妹变更为原告，而追加了侯某华及牛某志和郭某小夫妇4人为被告，要求4人返还非法侵占和盗取的父亲遗产。❷

---

❶ 陈桂明，刘芝祥. 民事诉讼法 [M]. 北京：中国人民大学出版社，2015：50.
❷ 周艳萍. 民事诉讼法学案例评析 [M]. 北京：中国政法大学出版社，2017：27-28.

【法律问题】

本案中的原告是谁、被告是谁？是单一诉讼还是共同诉讼？

【法理分析与参考意见】

一、共同诉讼人的概念、特征及分类

共同诉讼，是指一个案件中的当事人一方或者双方有两人以上共同参加的诉讼。共同诉讼，与单一诉讼相对应。单一诉讼，是指一个案件的每一方当事人都只有一人。两个以上的同一方当事人，称为共同诉讼人。原告一方有两人以上的，称为共同原告；被告一方有两人以上的，称为共同被告。

共同诉讼人的特征包括以下两个方面：第一，同一方当事人为两人以上。有时只有一方当事人是两人以上，有时双方当事人都是两人以上。一个民事案件中，只要有一方当事人是两人以上的，即为共同诉讼。第二，法院把两个以上的当事人合并为一方进行审理。两个以上的当事人共同参加同一诉讼，有两种方式：其一，当事人共同起诉或者在诉讼中请求参加；其二，由法院通知当事人参加诉讼。

根据共同诉讼人与争议的诉讼标的的关系，共同诉讼一般分为必要的共同诉讼和普通的（非必要）共同诉讼两种。

二、必要的共同诉讼

必要共同诉讼，是指当事人一方或者双方为两人以上，具有同一诉讼标的，法院必须合并审理并在裁判中对诉讼标的合一确定的共同诉讼。所谓诉讼标的同一，是指共同诉讼人在所争议的实体法律关系中存在着共同的利害关系，即享有共同的权利或承担共同的义务。

必要共同诉讼具有以下特征：1. 当事人一方或双方为两人以上；2. 诉讼标的具有同一性；3. 共同诉讼人必须共同参加诉讼；4. 共同诉讼人的行为具有一致性；5. 法院必须合并审理、合一判决。

《民事诉讼法》和《适用民事诉讼法解释》对应当共同参加诉讼的情形做了具体规定。

1. 共有财产受到他人侵害，部分共有权人起诉的，其他共有权人应当列为共同原告。

2. 遗产继承纠纷中的部分继承人起诉，人民法院应当通知其他继承人作为共同原告参加诉讼；被通知的继承人不愿意参加诉讼而又未明确表示放弃继承权的，人民法院仍应将其列为共同原告。

3. 因代理行为产生纠纷提起诉讼，代理人与被代理人为代理行为承担连带责任的，列为共同被告。

4. 因保证合同纠纷提起诉讼，债权人向保证人和被保证人一并主张权利的，人民法院应当将保证人和被保证人列为共同被告，保证合同约定为一般保证；债权人仅起诉保证人的，人民法院应当通知被保证人作为共同被告参加诉讼；债权人仅起诉被保证人的，可以只列被保证人为被告。

5. 借用业务介绍信、合同专用章、盖章的空白合同书或者银行账户的，出借单位与借用人列为共同被告。

6. 企业法人合并的，因合并前的民事活动发生的纠纷，以合并后的企业为当事人；企业法人分立的，因分立前的民事活动发生纠纷，以分立后的各企业为共同诉讼人。

7. 在诉讼中，未依法登记领取营业执照的个人合伙的全体合伙人为共同诉讼人。个人合伙有依法核准登记的字号的，应在法律文书中注明登记的字号。全体合伙人可以推选代表人；被推选的代表人，应由全体合伙人出具推选书。

8. 在诉讼中，个体工商户以营业执照上登记的业主为当事人。有字号的，以营业执照上登记的字号为当事人，但应同时注明该字号经营者的基本信息。营业执照上登记的业主与实际经营者不一致的，以业主和实际经营者为共同诉讼人。

9. 以挂靠形式从事民事活动，当事人请求由挂靠人和被挂靠人依法承担民事责任的，该挂靠人与被挂靠的企业为共同诉讼人。

10. 在劳务派遣期间，被派遣的工作人员因执行工作任务造成他人损害的，以接受劳务派遣的用工单位为当事人。当事人主张劳务派遣单位承担责任的，该劳务派遣单位为共同被告。

11. 无民事行为能力人、限制民事行为能力人造成他人损害的，无民事行为能力人、限制民事行为能力人和其监护人为共同被告。

三、普通的共同诉讼

普通的共同诉讼，又称非必要的共同诉讼，是指一个案件的当事人一方或者双方为两人以上，参加诉讼的同一方当事人的诉讼标的属于同一种类，经当事人请求、人民法院许可，通知所有当事人共同参加的诉讼。

普通的共同诉讼是一种可分之诉，共同诉讼人之间对诉讼标的无共同的权利和义务。共同诉讼人可以一同起诉，也可以分别起诉。人民法院可以合并审理，也可以分开审理。

普通的共同诉讼具有以下特征：1. 共同诉讼人各自的诉讼标的属同一种类。普通的共同诉讼的同一方当事人之间并没有共同的诉讼标的，只是各共同诉讼人与对方当事人之间的诉讼标的属于同一种类。为了诉讼便利和经济起见，法律规定这些诉讼可以合并在一个案件中进行审理。2. 各共同诉讼人有共同的对方当事人。

3. 普通的共同诉讼人并不必须共同参加同一诉讼。4. 共同诉讼的成立必须经人民法院许可。❶

本案中，原告与被告双方都是共同诉讼。其中，原告方为侯某与侯某姗姐妹俩；被告方为 4 人，即侯某华、牛某志、郭某小夫妻。

本案中的共同诉讼原告，是对诉争的被侵占遗产享有法定继承权的继承。对诉争的被侵占遗产，侯某与侯某姗姐妹俩均享有继承的权利，也就均享有请求返还的权利。这一权利主张是共同的，侯某与侯某姗姐妹俩的诉讼标的是共同的。因此，应当属于必要的共同诉讼人。法院必须合并审理，不能拆开来作为两个案件审理。

本案中，侯某华、牛某志、郭某小夫妇等 4 人作为被告，被原告以不同的侵权事实向法院起诉。不同的侵权事实，被诉请的返还也有所不同，只是由于均属于非法侵占的同一种类，对此，法院认为可以合并审理，当事人也同意合并审理，因此作为一案予以审理。可见，本案的共同诉讼被告是普通的共同诉讼人。❷

【法律索引】

1.《中华人民共和国民事诉讼法》（2017 年修订）第 55 条。

2.《最高人民法院关于适用〈中华人民共和国民事诉讼法〉的解释》（2021 年 1 月施行）第 53—74 条。

【案例四】代表人诉讼

客户诉某笔记本电脑公司侵权赔偿案

某国外知名品牌笔记本电脑存在重大设计缺陷，既不如实告知我国用户，也不召回。基于同样的缺陷，该厂商却赔偿了某发达国家的消费者巨额的赔偿金。我国部分用户组织起来，共同聘请律师向人民法院提起了诉讼。

【法律问题】

本案适宜采用何种诉讼方式最有效、最经济地实现诉讼目的？

---

❶ 陈桂明，刘芝祥. 民事诉讼法 [M]. 北京：中国人民大学出版社，2015：52-57.
❷ 周艳萍. 民事诉讼法学案例评析 [M]. 北京：中国政法大学出版社，2017：51-52.

【法理分析与参考意见】

一、代表人诉讼的概念、特征及分类

代表人诉讼，是指具有共同或者同种类民事权益的一方当事人人数众多，依法推举或法院指定代表人进行诉讼，其他当事人不直接参与诉讼活动，但法院裁判的效力及于全体当事人的制度。经依法推举或者指定直接进行诉讼活动的人，称为诉讼代表人；其不直接参加诉讼活动的人，是被代表的诉讼当事人。

诉讼代表人制度是我国《民事诉讼法》为了适应现代社会民事纠纷群体化而建立的一种独特的群体诉讼制度，是解决群体性纠纷的一种最有效、最经济的诉讼方式。

代表人诉讼具有以下特征：1. 一方当事人人数众多。依照法律规定，这里所说的人数众多，一般是指10人以上。2. 诉讼行为由诉讼代表人实施，多数当事人不直接实施诉讼行为。全体当事人可以自行推举2名至5名当事人为诉讼代表人。3. 法院裁判的效力及于全体当事人。在代表人诉讼中，被代表的当事人虽然不直接参加诉讼，但是法院对案件所作的裁判，效力同样及于其身，甚至及于将来参诉的当事人。

依据起诉或参加诉讼的人数是否确定，代表人诉讼形式可以分为人数确定的代表人诉讼和人数不确定的代表人诉讼两种。

二、人数确定的代表人诉讼

人数确定的代表人诉讼，就是指诉讼标的共同或者同一种类的众多当事人，明确共同参加同一诉讼，人民法院予以合并审理的诉讼形式及其制度。

人数确定的代表人诉讼应当符合以下条件：1. 同一方当事人的诉讼标的是共同的或者是同一种类的。2. 人数众多一方的当事人的人数是确定的。3. 诉讼代表人必须选举产生。上述三个人数确定的代表人诉讼的特征共同构成人数确定的代表人诉讼的基本要件。

人数确定的代表人诉讼的程序：1. 选举诉讼代表人。参加诉讼的代表人原则上不应超过5人。2. 提起诉讼。由当事人自己或者代表人向法院提交起诉状。3. 诉讼代表人出庭进行诉讼。诉讼代表人在诉讼中可以依法聘请诉讼代理人。4. 法院依照普通程序审理。不能适用简易程序。5. 法院裁判。法院依照代表人诉讼程序制作的裁判文书，应当依法送达给所有当事人。

三、人数不确定的代表人诉讼

人数不确定的代表人诉讼，是指在起诉时如果共同诉讼人的人数不能确定，则由向法院登记的权利人推选出代表人，代替全体共同诉讼人参加诉讼的代表人诉讼。

人数不确定的代表人诉讼具有以下特征：1. 当事人一方人数众多，并且起诉时人数仍未确定。2. 众多当事人之间的诉讼标的是同一种类。3. 诉讼代表人既可以由当事人推举产生，也可以由法院指定。这与人数确定的代表人诉讼明显不同。4. 法院裁判的效力可以及于未同期参加诉讼的权利人。

人数不确定的代表人诉讼的程序：1. 人数众多的当事人提起诉讼。2. 法院受理并发出公告。在人数不确定的代表人诉讼中，有一个受理公告程序。人民法院可以发出公告，说明案件情况和诉讼请求，通知权利人在一定期间内向人民法院登记。3. 推举或者指定代表人参加诉讼。4. 人民法院依照普通程序审理。❶

本案中，我国部分用户可以自发组织起来，以受害者身份向法院起诉，进行代表人诉讼。本案应当适用人数不确定的代表人诉讼程序，包括起诉、受理、公告、选举或指定代表人、开庭、裁判等。

【法律索引】

1.《中华人民共和国民事诉讼法》第 56 条、第 57 条。

2.《最高人民法院关于适用〈中华人民共和国民事诉讼法〉的解释》（2021 年 1 月施行）第 75—80 条。

【案例五】诉讼第三人

耿某、田某 1 等与中国铁塔股份有限公司昆明市分
公司生命权、健康权、身体权纠纷案

张某高居住于云南省昆明市禄劝彝族苗族自治县，张某高家房屋上方有产权属于中国铁塔股份有限公司昆明分公司（以下简称铁塔昆明分公司）的 10 千伏高压电线通过，该线路于 2011 年 9 月架设。2019 年 6 月，张某高曾向铁塔昆明分公司投诉电力线路影响其建房，要求线路改道，铁塔昆明分公司也曾派人到现场查看。2019 年 7 月，张某高让田某发、赵某、薛某等人帮其建盖房屋（房屋加二层），约定工钱为男工每天 150 元，女工每天 100 元。2019 年 7 月 15 日，田某发在建房工地支模，当田某发拿着锤子站在墙头敲模时（未系安全绳），赵某、薛某听见响声，后看见田某发坠落在一楼上二楼的楼梯平台（赵某、薛某均陈述坠落高度约 4 米），导致田某发死亡。对于田某发的死亡原因，云南维权司法鉴定中心作出《司法鉴定意见书》，该《司法鉴定意见书》分析意见中认为，"……综上，结合现场勘查和调查情况，田某发系高坠致颅脑损伤死亡，触电过程可导致其高坠跌

---

❶ 陈桂明，刘芝祥. 民事诉讼法 [M]. 北京：中国人民大学出版社，2015：59-64.

落。"死因意见为：田某发系高坠致颅脑损伤死亡。田某发亲属为做鉴定支出鉴定费 15000 元。事发后，铁塔昆明分公司向田某发亲属支付过款项 20000 元，张某高支付过 10000 元。2020 年 1 月 9 日，田某发妻子耿某、女儿田某 1、田某 2 作为原告诉至云南省昆明市西山区人民法院，要求铁塔昆明分公司承担赔偿责任：1. 被抚养人生活费：140569 元；死亡赔偿金 669760 元。以上各项共计 810329 元。2. 丧葬费 52039 元。3. 精神抚慰金 90000 元。4. 受害人亲属办理丧葬事宜支出的交通费 1000 元。5. 受害人亲属办理丧葬事宜支出的住宿费 1000 元。6. 受害人亲属办理丧葬事宜支出的误工费 3365 元。7. 尸体解剖鉴定费 15000 元。以上合计972733 元。❶

【法律问题】

张某高在本案中处于什么样的诉讼地位？为什么？

【法理分析与参考意见】

一、诉讼第三人的概念、特征及分类

民事诉讼中的第三人是指对原告和被告所争议的诉讼标的认为有独立的请求权，或者虽没有独立的请求权，但与案件的处理结果有法律上的利害关系而参加到正在进行的诉讼中的人。第三人既可以是法人，也可以是自然人，数量上既可以为1 人，亦可以为 1 人以上的数人。

民事诉讼中的第三人具有以下特征：

（1）具有独立的诉讼请求，该请求既不同于原告的诉讼请求，也不同于被告的答辩主张；或不具有独立的诉讼请求，但与案件的处理结果有法律上的利害关系。

（2）必须在诉讼开始后，案件审理终结前参加诉讼。

（3）第三人是与案件有利害关系的人。

以是否具有独立请求权为标准，第三人分为有独立请求权的第三人和无独立请求权的第三人。❷

二、有独立请求权的第三人

有独立请求权的第三人，是指对他人之间的诉讼标的提出独立的请求，因而

---

❶ 资料来源：中国裁判文书网，https://wenshu.court.gov.cn/website/wenshu/181217BMTKHNT2W0/index.html？pageId=21b4ce78eb24982d11c1eb804389abcb&s8=03，访问日期：2021 年 1 月 19 日。

❷ 江伟．民事诉讼法［M］．第四版．北京：高等教育出版社，2013：131.

参加到已经开始的诉讼中来的除原告、被告以外的第三方面的当事人。有独立请求权的第三人参加的诉讼，实际上是两个诉的合并。原告、被告之间的诉，是本诉；第三人提起的诉，称第三人之诉。法院把本诉和独立请求权第三人之诉合并审理，便形成了有独立请求权第三人参加的诉讼。

有独立请求权的第三人，是完全独立的诉讼当事人，在诉讼中享有与其他诉讼当事人（尤其是原告）完全平等的诉讼权利，并承担相应的诉讼义务。

有独立请求权的第三人除具有第三人的共同特征外，还具有以下特有特征：

（1）对他人之间所争议的诉讼标的提出独立的请求权。

（2）其地位相当于原告而异于原告。

（3）同时以本诉的原告和被告为起诉对象。❶

三、无独立请求权的第三人

无独立请求权的第三人，是指对他人之间的诉讼标的虽然没有独立的请求权，但案件的处理结果与其有法律上的利害关系，因而参加到他人之间的诉讼中的第三方面的当事人。

无独立请求权的第三人虽无独立的请求权，但仍是相对独立的一方当事人，虽然与本诉的诉讼标的无直接利害关系，但是往往与本诉的当事人存在一定的间接利害关系。

无独立请求权的第三人具有以下特征：（1）本诉的审理结果与其有法律上的利害关系。（2）其处于准当事人地位。（3）通常被动参加诉讼，由人民法院依职权通知（追加）其为第三人。

四、无独立请求权的第三人与有独立请求权的第三人的区别

（1）参加诉讼的原因不同。有独立请求权的第三人参加诉讼的原因，是对本诉原告和被告之间所争议的诉讼标的有独立的请求权；无独立请求权的第三人参加诉讼的原因，是案件的处理结果与其有法律上的利害关系。

（2）参加诉讼的方式不同。有独立请求权的第三人因主张实体权利，主动起诉而参加诉讼；通常情况下，无独立请求权的第三人是经人民法院通知而被动参加诉讼的。

（3）诉讼地位不同。有独立请求权的第三人在诉讼中的地位相当于原告，但又异于本诉的原告；无独立请求权的第三人在诉讼中的地位通常相当于被告，但又异于本诉的被告。

（4）诉讼权利不同。有独立请求权的第三人享有当事人应当享有的几乎所有

---

❶ 陈桂明，刘芝祥.民事诉讼法［M］.北京：中国人民大学出版社，2015：75.

诉讼权利；无独立请求权的第三人虽然诉讼地位常常相当于被告，但是并不享有被告所有的诉讼权利，其诉讼权利受到一定的限制。

在本案中，张某高是无独立请求权的第三人。

西山区人民法院受理该案件后，通知张某高作为第三人参加本案诉讼。庭审中，耿某、田某1、田某2明确表示，不要求张某高在本案中承担赔偿责任，即使张某高有责任，也放弃对张某高的赔偿主张。

西山区人民法院认为，《中华人民共和国民法典》第1236条规定：从事高度危险作业造成他人损害的，应当承担侵权责任。第1240条规定：从事高空、高压、地下挖掘活动或者使用高速轨道运输工具造成他人损害的，经营者应当承担侵权责任，但能够证明损害是因受害人故意或者不可抗力造成的，不承担责任。被侵权人对损害的发生有过失的，可以减轻经营者的责任。本案经审理已查明，田某发系在帮张某高建房时发生伤害事故死亡。从云南维权司法鉴定中心作出的《司法鉴定意见书》内容看，该《司法鉴定意见书》分析意见中认为，"……结合现场勘查和调查情况，田某发系高坠致颅脑损伤死亡，触电过程可导致其高坠跌落。"死因意见为：田某发系高坠致颅脑损伤死亡。法院认为，根据以上死因鉴定意见，可以确认，田某发系因触电后从高处坠落导致死亡。而经庭审已查明，田某发触电的电力线路产权人为被告，被告具有管理和维护义务。另一方面，第三人张某高在让田某发帮其建盖房屋的过程中，未提供安全绳、未设置安全网等必要的安全防护措施，加之田某发在事发当天，在无安全防护措施的情况下，手拿铁锤站在高墙上施工，最终导致其触电后坠亡。故法院认为，对于田某发死亡的后果，被告及第三人应承担损害赔偿责任，而原告自身具有过错，可适当减轻被告及第三人的赔偿责任。从《司法鉴定意见书》内容看，田某发的死因意见为：田某发系高坠致颅脑损伤死亡。由以上意见可知，田某发死亡的原因是高坠，高坠的原因则是触电。试想，如果不发生触电，田某发不会发生高坠，不会导致最终死亡，如果设置有安全绳或安全网，田某发触电后虽发生高坠，也不会导致最终死亡。由于触电和高坠结合最终导致了田某发死亡的后果，故法院认定触电和高坠对于最终田某发死亡的原因力占比分别为二分之一。被告及第三人对于田某发死亡后产生的损失，应当各承担二分之一的责任。对于原告主张的损失，法院认为，原告提交的证据已证实田某发事发前在城镇居住生活，收入来源于城镇，且子女在城镇学校就读，故法院认为，对于原告的相关损失，应当按照城镇标准计算。对于原告主张的死亡赔偿金，法院按照2018年云南省城镇常住居民人均可支配收入33488元计算20年，确定为669760元（33488元×20）。对于原告主张的被扶养人生活费，法院认为，2019年7月15日发生事故时，田某发的女儿田某1为13岁10个月，尚需抚养4年2个月，故法院按照 2018 年云南省城镇常住居民人均消费支出 21626 元进行计算，并考虑到父母均有抚养义务的客观实际，确定被扶养人田某 1 的生活费为 45054.17 元〔（21626 元÷12）×（4×12 ＋ 2）〕÷2。2019 年 7 月 15 日发生事故时，田某发的女儿田某 2 为 10 岁零 1 个月，尚需抚养 7 年 11 个月，故法院按照 2018 年云南省城镇常住居民人均消费支出 21626 元进行计算，并考虑到父母均有抚养义务的客观实际，确定被扶养人田某 2 的生活费为 85602.92 元〔（21626 元÷12）×（7×12 ＋ 11）〕÷2。《最高人民法院关于适用〈中华人民共和国侵权责任法〉若干问题的通知》第 4 条规定，人民法院适用侵权责任法审理民事纠纷案件，如受害人有被抚养人的，应当依据《最高人民法院关于审理人身损害赔偿案件适用法律若干问题的解释》第 28 条的规定，将被抚养人生活费计入残疾赔偿金或死亡赔偿金。因此，按照以上规定，法院对原告主张的被扶养人生活费不再单列，计入死亡赔偿金，并确认原告主张的死亡赔偿金的总额为 800417.09 元（669760 元＋ 45054.17 元＋ 85602.92 元）。《最高人民法院关于审理人身损害赔偿案件适用法律若干问题的解释》第 27 条规定：丧葬费按照受诉法院所在地上一年度职工月平均工资标准，以 6 个月总额计算。因此，对于原告主张的丧葬费，法院按照 2018 年云南省城镇国有单位在岗职工年平均工资 104077 元进行计算，确定为 52038.50 元（104077 元÷2）。对于原告所主张的亲属办理丧葬事宜的交通费、住宿费、误工损失，因原告未提交证据证实，法院不予支持。对于原告主张的尸体解剖鉴定费，法院按照票据确定为 15000 元。综上，法院确定以上损失为：死亡赔偿金（含被扶养人生活费）800417.09 元、丧葬费 52038.50 元、鉴定费 15000 元，共计 867455.59 元。由于田某发对事故的发生具有一定过错，故法院认为，可以适当减轻被告及第三人的责任，由被告及第三人承担 90% 的责任即 780710.03 元较为适宜。同时，由于触电和高坠均是导致田某发死亡的原因，故法院认为，作为电力线路产权人的被告以及作为用工主体的第三人张某高均应当承担二分之一的赔偿责任。本案中，由于原告明确不要求第三人张某高承担责任，故法院认为，被告在本案中应当承担以上损失二分之一的赔偿责任即 390355.02 元（780710.03 元÷2）。此外，由于此事件已造成田某发死亡的严重后果，故对于原告主张的精神抚慰金，法院酌情认定被告应当支付原告精神抚慰金 40000 元。即本案中，被告应当赔偿原告各项损失共计 430355.02 元。扣除被告已先行垫付费用 20000 元，被告还应当赔偿原告 410355.02 元。

综上，根据《中华人民共和国民法典》第 1236 条、第 1240 条、《最高人民法院关于审理人身损害赔偿案件适用法律若干问题的解释》第 27 条、第 28 条、第 29 条、《中华人民共和国民事诉讼法》第 64 条第 1 款之规定，判决如下：

一、由被告中国铁塔股份有限公司昆明市分公司于本判决生效之日起十五日内支付原告耿某、田某1、田某2赔偿款410355.02元；

二、驳回原告耿某、田某1、田某2的其他诉讼请求。

如果未按本判决指定的期间履行给付金钱义务，应当依照《中华人民共和国民事诉讼法》第253条之规定，加倍支付迟延履行期间的债务利息。

案件受理费13528元（已由原告耿某、田某1、田某2预交），由原告耿某、田某1、田某2负担7821元，由被告中国铁塔股份有限公司昆明市分公司负担5707元。

如不服本判决，可在判决书送达之日起15日内，向法院递交上诉状，并按对方当事人的人数提出副本，上诉于云南省昆明市中级人民法院。❶

【法律索引】

1.《民事诉讼法》第59条。

2.《最高人民法院关于适用〈中华人民共和国民事诉讼法〉的解释》（2021年1月施行）第81条、第82条。

【案例六】诉讼代理人

许某桂诉李某离婚案

2001年6月17日全国首例植物人离婚案件在上海市长宁法院进行审理。被告李某未出席庭审，原告许某桂亦未出席。而是由其76岁母亲出席庭审，许母在诉状中称：儿媳李某离家出走多年，下落不明，没有尽到妻子和母亲的职责。许母作为儿子的监护人，代替失去意识、无行为能力、已成"植物人"的儿子打离婚官司，请求法院准予离婚。长宁区法院对这起全国首例植物人离婚案进行了缺席审理。本案合议庭最后认为：原告、被告婚后初期，夫妻关系尚可。不久，被告热衷于跳舞、打麻将，夫妻关系名存实亡，现原告要求离婚，应准许。关于原被告夫妻财产及住房、孩子问题、许母明确表示在被告李某出现时另行主张。依照法律，尊重当事人的意见，从实际出发，法庭作出了准予许某桂与李某离婚的判决。❷

---

❶ 资料来源：中国裁判文书网，https://wenshu.court.gov.cn/website/wenshu/181217 BMTKHNT2W0/index.html？pageId=21b4ce78eb24982d11c1eb804389abcb&s8=03，访问日期：2021年1月19日。

❷ 舒瑶芝. 民事诉讼法原理与案例教程 [M]. 北京：清华大学出版社，2016：137.

【法律问题】

许某桂的母亲在本案中处于什么诉讼地位？

【法理分析与参考意见】

一、诉讼代理人的概念、特征及种类

诉讼代理人，是指以当事人一方的名义，在法律规定或者当事人授予的权限范围内代理实施诉讼行为的人。代理人实施诉讼行为的权限，称为诉讼代理权。❶

诉讼代理人具有如下法律特征：1. 诉讼代理人必须以被代理人的名义进行诉讼。民事诉讼是在当事人之间发生的，当事人是民事权利的享有者和民事义务的承担者。诉讼代理人所从事的一切行为，都必须以被代理人的名义进行，并对被代理的当事人发生法律效力。诉讼代理人只是代理当事人进行诉讼活动，自己并不承担诉讼产生的法律后果。2. 同一诉讼代理人只能代理一方当事人，不能同时代理双方当事人。3. 诉讼代理人是维护被代理人利益的诉讼参加人。诉讼代理人与诉讼没有直接的利害关系，他参加诉讼是为了维护被代理人的利益，其代理诉讼行为所产生的法律后果，直接由被代理人承担。

根据诉讼代理权发生的原因不同，可以将诉讼代理人分为两类：法定诉讼代理人和委托诉讼代理人。

二、法定诉讼代理人

法定诉讼代理人，是指根据法律规定而取得代理权，代理无诉讼行为能力的当事人进行诉讼的人。法定诉讼代理是为无诉讼行为能力的人在法律上设立的一种代理制度。

法定诉讼代理人具有以下特点：1. 代理权产生的基础特殊。法定诉讼代理之所以产生，既不是基于当事人本人的意志，也不是基于代理人的意志，而是基于法律的规定。2. 代理对象特殊。法定诉讼代理是专门为无诉讼行为能力的人设立的一种诉讼代理制度，因此，法定诉讼代理人只能代理无诉讼行为能力人进行诉讼。3. 代理人的范围特殊。即法定诉讼代理人的范围只限于对被代理人享有亲权和监护权的人，其他人不能担任法定诉讼代理人。

我国《民事诉讼法》第 60 条规定："无诉讼行为能力人由他的监护人作为法定代理人代为诉讼。"

法定诉讼代理人的代理权是全权代理。凡是被代理人享有的诉讼权利，他都有权代为行使；凡是被代理人应履行的诉讼义务，他都应当代为履行。法定诉讼代

---

❶ 江伟. 民事诉讼法［M］. 第四版. 北京：高等教育出版社，2013：109.

理人既可以代理当事人处分程序权利，也可以代理当事人处分实体权利。法定诉讼代理人所为的一切诉讼行为，均应视为被代理人本人所为，与被代理人本人所为的诉讼行为具有同等效力。法定诉讼代理人在诉讼中处于与当事人类似的诉讼地位，即法定诉讼代理人在诉讼中与其所代理的当事人的诉讼地位基本相同，但其在性质上不是当事人，而是诉讼代代理人。

三、委托诉讼代理人

委托诉讼代理人，是指受当事人、法定代理人委托并以他们的名义在授权范围内进行民事诉讼活动的人。

委托诉讼代理人主要有以下特点：1. 代理权的产生基于当事人、法定代理人的授权，即委托代理人的诉讼代理权来自委托人的委托行为。2. 代理的权限和事项一般由委托人自行决定。3. 当事人、法定代理人必须向受诉人民法院提交授权委托书。

根据《民事诉讼法》第 61 条的规定，当事人、法定代理人可以委托 1 至 2 人作为代理人。下列人员可以被委托为诉讼代理人：1. 律师、基层法律服务工作者；2. 当事人的近亲属或者工作人员；3. 当事人所在社区、单位以及有关社会团体推荐的公民。

委托代理人在当事人授权范围内代理当事人行使诉讼权利，履行诉讼义务，代为诉讼行为。委托代理人在代理的权限范围内，为诉讼行为和接受诉讼行为，视为当事人的诉讼行为，在法律上对当事人发生效力。❶

委托诉讼代理权是基于委托人的授权而发生的。委托诉讼代理关系成立后，被代理人可以在法律许可的范围内变更或解除代理事项。委托诉讼代理权可以由于各种原因而消灭。

本案中，许某桂的母亲是原告许某桂的法定代理人。因为，作为原告的许某桂是"植物人"，但是并没有死亡，故其民事权利能力及诉讼权利能力依然存在。由于其已经丧失意识，无法作出意思表达，根据《民事诉讼法》第 60 条的规定，无诉讼行为能力人由他的监护人作为法定诉讼代理人代为诉讼。无诉讼行为能力人提起离婚诉讼，须为其设置法定诉讼代理人，许母是原告许某桂的监护人，当然可以作为本案的法定诉讼代理人参加诉讼。❷

【法律索引】

1. 《中华人民共和国民事诉讼法》第 60—65 条。

---

❶ 陈桂明，刘芝祥. 民事诉讼法［M］. 北京：中国人民大学出版社，2015：82-83.
❷ 舒瑶芝. 民事诉讼法原理与案例教程［M］. 北京：清华大学出版社，2016：138.

2.《最高人民法院关于适用〈中华人民共和国民事诉讼法〉的解释》（2021 年 1 月施行）第 83—89 条。

【阅读与参考文献】

［1］江伟．民事诉讼法［M］．第四版．北京：高等教育出版社，2013.

［2］陈桂明，刘芝祥．民事诉讼法［M］．北京：中国人民大学出版社，2015.

［3］舒瑶芝．民事诉讼法原理与案例教程［M］．北京：清华大学出版社，2016.

［4］周艳萍．民事诉讼法学案例评析［M］．北京：中国政法大学出版社，2017.

［5］郑金余．民事诉讼法案例教程［M］．北京：法律出版社，2019.

［6］张海燕，刘延杰，等．民事诉讼法案例研习［M］．北京：清华大学出版社，2017.

［7］王琳，王仁波．民事诉讼法案例教程［M］．北京：中国民主法制出版社，2016.

【思考题】

1.民事诉讼当事人的概念是什么？

2.共同诉讼的概念和特征是什么？

3.代表人诉讼的概念和特征是什么？

4.诉讼第三人的概念和特征是什么？

5.民事诉讼代理人的概念和特征是什么？

6.诉讼第三人的种类及区别是什么？

第六章 证 据

本章学习任务

重点学习证据的分类、种类，证明对象、举证责任，证据的收集、交换和保全，举证、质证、认证等问题。

1. 证据的概念、特征和分类

2. 证据的种类

3. 证明对象和举证责任

4. 证据的收集、交换和保全

5. 举证、质证、认证

【案例一】民事诉讼证据的概念、特征与证明力

李某诉钱某侵权案

李某因在钱某的饭馆里吃了不洁食物，发生食物中毒，造成身体上的损害和经济上的损失。双方就赔偿数额发生争执，诉至法院。庭审过程中，李某出示了3张医药费单据。钱某对其中一张单据无异议，但对另两张单据分别提出异议，认为其中一张单据属于美容性质的单据，与治疗食物中毒无关；另一张单据数额过高，不真实。法院当庭认定了无异议的医药费单据为本案证据；有异议的高额医药费单据待调查后决定是否认定；美容单据不属于本案证据，予以排除。

【法律问题】

法院为什么如此认定？法院如何认定证据？

【法理分析与参考意见】

一、民事诉讼证据的概念和特征

民事诉讼证据，是指在民事诉讼中用以证明和确认案件事实的各种证明材料。

民事诉讼证据具有以下特征：

1. 证据的真实性。证据的真实性，是指证据能够真实反映客观事实并能够达到令人确信的真实程度。证据能够真实反映客观事实，是指证据本身是客观的或者反映的事实是客观的。证据能够达到令人确信的真实程度，是指事实裁判者内心对证据的真实性达到确信的状态。证据能够真实反映客观事实并能够达到令人确信的真实程度，是两个相互依存的要件，缺一不可。

2. 证据的关联性。证据的关联性，是指证据与本案待证事实之间存在内在的、必然的联系，并且证据所证明的事实属于本案需要证明的事实。证据与本案待证事实之间存在内在的、必然的联系，是指每一个证据与所要证明的案件事实之间的必然逻辑联系。证据所证明的事实属于本案争议的事实，实际上是指待证事实或者证明得出的事实应当是本案需要证明的事实。证据与本案待证事实之间存在内在的、必然的联系，并且证据所证明的事实属于本案需要证明的事实，是两个共同并列、相互依存的要件，缺一不可。

3. 证据的合法性。证据的合法性，是指作为民事案件定案依据的证据必须符合各项法律规定的形式、程序和许可性。证据的合法性包括以下三个方面的含义：一是证据的形式合法。《民事诉讼法》第66条明确规定了证据的八种形式，即当事人的陈述、书证、物证、视听资料、电子数据、证人证言、鉴定意见和勘验笔录。二是证据的取得合法。证据必须合法取得。以侵害他人合法权益和违反法律禁止性规定的方法取得的证据，不能作为认定案件事实的依据。三是证据提交和认定的程序合法。作为定案根据的证据，都应当在法庭上出示，由双方当事人进行质证。对未经法定程序取得、认定的证明材料，不能作为认定案件事实的根据。

以上真实性、关联性、合法性三个特征，通常称为"证据三性"，是从不同的侧面分析民事诉讼定案证据的特性。任何一种诉讼证据，只要以其作为定案根据，都必须全部具备上述三个特征，缺一不可。❶

二、民事诉讼证据的证据能力与证明力

证据能力，是指一定的事实材料作为诉讼证据的法律上的资格，故又称为证据资格。证据能力涉及的是有还是无的问题，是否具有证据能力，要由法律作出规定或者由最高法院通过司法解释、判例来确定。

---

❶ 陈桂明，刘芝祥. 民事诉讼法 [M]. 北京：中国人民大学出版社，2015：86-88.

证据的证明力，是指证据证明案件事实的能力。虽然各类证据对待证的案件事实都具有一定的证明作用，但证明作用的大小却不尽相同。有的证据具有很强的证明力，有的证据具有较强的证明力，有的证据只有相当弱的证明力。证据证明力之间的差异是客观存在的。证据证明力的大小虽然是一种客观存在，但由于诉讼是法官依据法律规定运用证据判断事实真伪、认定案件事实的活动，因此对证明力大小的判断离不开法律的规定和法官的认识活动。我国民事诉讼中实行的是，首先依照法律规定，法律没有规定的由法官依据心证判断。法律规定与法官心证相结合，可以防止法官恣意使用心证。❶

本案中，原告提出的第一份证据材料，被告无异议，法院根据本案已经发生的损害事实，当庭认定了该证据的证明力。这是因为该证据材料在真实性、关联性和合法性上均无疑问。原告提出的第二份证据材料，被告认为属于美容性质的单据，不属于治疗食物中毒费用范围。法院认为被告的异议有理，该证据材料不符合证据关联性的要求，因此当庭予以排除。原告提出的第三份证据材料，被告提出了异议，但是法院没有当庭确定是否可以作为本案证据。被告认为该单据所列费用过高不真实。不真实的证据材料不可以作为本案证。但是，该医药费单据是否真实，难以当庭确认，需要通过调查核实才能确定。❷

【法律索引】

《最高人民法院关于适用〈中华人民共和国民事诉讼法〉的解释》（2021 年 1 月施行）第 103 条、第 104 条。

【案例二】民事诉讼证据的学理分类

冒某军诉电信集团南通分公司如皋分公司案

2009 年 1 月 2 日，原告冒某军在中国电信股份有限公司如皋分公司（以下简称电信如皋分公司）办理新装住宅电话（88××××）及宽带入网业务时，开通了号簿列名服务、114 列名服务。

原告冒某军诉称：2010 年年初开始，中国电信集团黄页信息有限公司南通分公司（以下简称电信集团南通分公司）在原告乡镇所属村居的电信用户大量发放 2010 年电信乡情网号簿，该号簿除了刊登了包括原告在内的该镇所属村居电信用

---

❶ 江伟. 民事诉讼法 [M]. 第四版. 北京：高等教育出版社，2013：171-174.
❷ 陈桂明，刘芝祥. 民事诉讼法 [M]. 北京：中国人民大学出版社，2015：100-101.

户详实的姓名、住址和电信号码信息外，还充斥着大量商业广告。

2010年上半年期间，原告冒某军收到两被告编印、制作的该乡情网号簿一册后，认为该号簿载有其本人姓名、家庭固定电话号码及住址，侵害了其隐私权，为此向被告投诉要求取消登载，后因交涉未果，从而向法院提起诉讼，请求判令两被告：1. 停止发放该乡情网号簿；2. 收回已发放的该乡情网号簿；3. 在南通范围内登报向原告赔礼道歉；4. 赔偿告精神损失费100元；5. 承担本案诉讼费用。

被告电信集团南通分公司、电信如皋分公司辩称：1. 私人电话号码本身并不是隐私权，因为电话号码是社会的公共资源；2. 提供号簿列名服务是原告的需求，是其自主选择，亦是其真实意愿的表示。而且被告后来对于需要特殊保密进行登记等又专门进行了公告；3. 根据现行法律及司法解释，并没有对隐私权保护做出专门性规定，原告所诉无法律依据。综上，原告的诉求缺少事实与法律依据，请求法院判令驳回原告全部诉讼请求。❶

【法律问题】

本案中涉及的证据属于证据理论上哪种类型？

【法理分析与参考意见】

民事诉讼证据的学理分类：

1. 本证和反证。按照证据与证明责任的关系，可以把证据分为本证和反证。本证是指对待证事实负有证明责任的一方当事人提出的、用于证明待证事实的证据。反证则是指对待证事实不负证明责任的一方当事人，为证明该事实不存在或不真实而提供的证据。区分本证与反证的标准是举证人与证明责任的关系，它与举证人在诉讼中处于原告还是被告的诉讼地位无关。

2. 直接证据和间接证据。根据证据与待证事实之间联系的不同，可以把证据分为直接证据和间接证据。直接证据是指与待证的案件事实具有直接联系，能够单独证明案件事实的证据。如合伙协议书可直接证明合伙关系的存在。间接证据是指与待证的案件事实之间具有间接联系，不能单独证明案件事实，因而需要与其他证据结合起来才能证明案件事实的证据。

直接证据能够单独证明案件事实，其证明力一般强于间接证据。在缺乏直接证据的情况下，运用多个间接证据，形成证据链条，也可以证明案件事实。运用间接证据认定案件事实须遵循如下的证明规则：第一，各个间接证据本身必须真实可

---

❶ 舒瑶芝. 民事诉讼法原理与案例教程［M］. 北京：清华大学出版社，2016：155.

靠；第二，间接证据须具备一定的数量，并构成完整的证据链条；第三，间接证据本身须具有一致性，相互之间不存在矛盾。

3. 原始证据和传来证据。按照证据来源的不同，即按照是否来自原始出处，可以把证据分为原始证据和传来证据。原始证据是直接来源于案件原始事实的证据，是第一手证据材料。当事人建立合同关系时制作的合同书、立遗嘱人亲笔所书的遗嘱、证人亲眼所见的侵权事实等，都属于原始证据。传来证据又称派生证据，是指由原始证据派生出来的证据，是经过复制、转述等中间环节而形成的证据。相对于原始证据而言，是第二手证据材料。合同的抄本、物证的复制品、证人转述他人所见的案件事实等，都属于传来证据。

原始证据直接来源于案件事实，未经过任何中间环节，因而其可靠性和证明力优于传来证据。❶

本案中，原告的陈述以及提供的2010年电信乡情网号簿，意在证明其隐私权被侵害的事实存在，为本证；开通了号簿列名服务、114列名服务的原告办理新装住宅电话及宽带入网业务时与被告签订的合同书、被告对于需要特殊保密进行登记的专门公告，意在证明原告主张的事实不存在或不真实，为反证。依据证据与案件事实、证明对象的关系，证据分为直接证据和间接证据。本案中开通了号簿列名服务、114列名服务的原告办理新装住宅电话及宽带入网业务时与被告签订的合同书与被告未构成侵权具有直接联系，能够单独证明原告允许被告开通了号簿列名服务、114列名服务的事实，为直接证据；而当事人的陈述因具有真实与虚假并存的两面性，不能单独证明案件事实，需要与其他证据结合方能证明案件事实，为间接证据。依据证据来源不同，证据分为原始证据和传来证据。本案中的当事人陈述、原告办理新装住宅电话与被告订立的合同书、2010年电信乡情网号簿直接来源于案件事实，为原始证据。❷

【案例三】民事诉讼证据的种类

肖某诉简某欠款案

肖先生称其与简先生是朋友关系，简先生因缺乏资金，从2014年12月起陆续向自己借款。双方于2015年7月通过微信确认，简先生尚欠自己6.6万元。但是

---

❶ 江伟. 民事诉讼法 [M]. 第四版. 北京：高等教育出版社，2013：175-176.
❷ 舒瑶芝. 民事诉讼法原理与案例教程 [M]. 北京：清华大学出版社，2016：156.

肖先生多次催讨未果，无奈之下诉至法院，要求简先生归还本金及利息。❶

【法律问题】

本案中，微信聊天记录能否成为证据？属于哪一种法定证据？

【法理分析与参考意见】

法律对民事诉讼证据形式作出的规定就是民事诉讼证据的法定种类。《民事诉讼法》把证据分为八种：当事人的陈述、书证、物证、视听资料、电子数据、证人证言、鉴定意见和勘验笔录。

一、当事人的陈述

当事人的陈述，是指当事人就有关案件事实向人民法院所作的叙述。当事人的陈述作为证据，必须同时符合两个条件：一是只有对案件事实有证明意义的陈述才可以作为证据；二是只有记入法院审理笔录或者收入卷宗的当事人的陈述才能作为证据。

与其他证据相比，当事人的陈述最主要的特征是其具有两面性：一方面，当事人是案件有关事实的亲身经历者，最了解案件事实，最能够提供案件真实情况；另一方面，他们是民事案件的利害关系人，容易从自身利益出发，在陈述中夸大或者缩小某些事实，有时甚至歪曲事实真相，进行虚假陈述。基于这种两面性特征，当事人的陈述通常需要借助其他证据与之相互印证。

当事人的陈述，可以分为一般陈述和承认陈述两种。当事人不具有承认性质的陈述，为一般陈述。当事人承认，是指一方当事人就对方当事人提出的诉讼请求或者事实主张表示认可的陈述。一方当事人承认对方当事人的诉讼请求或者事实主张，经人民法院确认，可以免除对方当事人的举证责任。

二、书证

书证，是指用文字、符号、图形等形式记载的内容所表达的意思来证明案件事实的证据。书证的主要形式是各种书面文件，如合同书、信函、电报、电传、图纸、图表等，但书证有时也可能表现为一定的物品，如刻有文字或图案的石碑、竹木等。

书证的特征在于：1. 书证以其表达的思想内容证明案件事实。2. 书证往往能够直接证明案件的主要事实。3. 书证的真实性强，即使经过伪造或变造，也易于发现。经篡改的书证一般可以通过笔迹鉴定等方式来发现。书证在民事诉讼中具有

---

❶ 资料来源：中国法院网，https://www.chinacourt.org/article/detail/2017/03/id/2647471.shtml，访问日期：2021 年 1 月 24 日。

十分重要的证明作用。

书证的种类繁多，形式多样，对书证可以从不同的角度、以不同的标准作如下分类：1. 公文书和私文书。这是以制作书证的主体为标准进行的分类。公文书一般是指国家公务人员在其职权范围内制作的文书，如法院的判决书等。私文书是指个人制作的文书，如借条等。2. 处分性书证与报道性书证。这是以文书的内容和所产生的法律效果为标准进行的分类。处分性书证能够直接证明有争议的民事权利义务关系，因而一般具有较强的证明力。3. 普通书证与特别书证。这是以书证的制作是否必须采用特定形式或履特定手续为标准进行的分类。通常情况下特别书证具有较强的证明力。4. 原本、正本、副本、影印本、节录本。这是以文书制作方式为标准进行的分类。

三、物证

物证是指以其外部特征、物质属性和存在形式等标志和特征来证明案件事实的物品和痕迹。常见的物证有权属存在争议的物品、合同纠纷中质量存在争议的标的物、受到损坏的物品、受到损害的身体等。

物证的特征如下：第一，以实体物的属性、特征和存在状况证明案件事实。这是物证的最本质的特征，是物证与言词证据的重要区别。第二，稳定性较强。物证是客观存在的物品或者痕迹，除了易腐蚀、易变质的物品外，不会在短期内发生变化。第三，可靠性较强。物证不受人们主观因素的影响和制约，只要判明物证是真实的，并非伪造的，则具有较强的可靠性和证明力。第四，间接性较明显。在绝大多数情况下，单个物证只能证明案件主要事实的某一方面，难以直接证明的案件的主要事实，需要与其他证据相结合。通常情况下，办案人员单纯审视物证难以查明其与案件的关联性。❶

依据《民事诉讼法》的规定，物证应当提交原物。但是有时确实无法是交原物，也可以提交复制品或照片。在审判实践中，有时会遇到同一物品既是书证又是物证的情况。

四、视听资料

视听资料是指运用先进科学技术手段，以录音、录像所反映的声音和形象、电子计算储存的资料以及其他科技设备所提供的资料来证明案件事实的证据。视听资料包括录音资料和影像资料等。

视听资料的主要特征：第一，具有生动形象性。视听资料是运用现代科技手段取得的，能够再现与案件有关的形象和声音，直观地展现案件事实；视听资料能

---

❶ 舒瑶芝. 民事诉讼法原理与案例教程 [M]. 北京：清华大学出版社，2016：150.

够连续地反映案件情况，是一个动态的过程。第二，准确性较高。除非伪造、变造或者操作失误外，视听资料对案件事实的记录是准确可靠的。第三，易改性。视听资料很容易被伪造、变造。法院对视听资料，应当辨别真伪，并结合本案的其他证据，审查确定能否作为认定事实的根据。对于存有疑点的视听资料，不能单独作为认定案件事实的依据。

五、电子数据

电子数据是指通过电子邮件、电子数据交换、网上聊天记录、博客、微博客、手机短信、电子签名、域名等形成或者存储在电子介质中的信息。存储在电子介质中的录音资料和影像资料，适用电子数据的规定。

电子数据具有以下特征：第一，具有较强的高科技性和专业性。电子数据是信息技术高度发达的产物，其形成、存在与传递等无不依赖于磁盘、电脑、网络服务器等高端电子设备和数据复制、数据还原、数据传输等信息处理技术。第二，易改性。电子数据极易被改或出差错，各种错误操作、病毒、系统崩溃、断电等原因都有可能使其受到影响。电子数据通过信息技术、设备形成，很难留下个人特征，而且由于它以二进制数字的形式存在，具有非连续的特性，信息或数据被篡改后难以发现和证明，可改动性较强。

基于电子数据的特点，一般应当提前保存电子数据，如有必要应当公证保全或者申请诉前保全。存有疑点的电子数据不能单独作为定案证据，应当结合其他证据形成证据链才能作为定案依据。

六、证人证言

证人是指知晓案件事实，应当事人的要求和法院的传唤出庭作证的人。证人可以是单位或个人，需要具备如下条件：一是知道案件的情况。只要求知道案件情况，而不论知晓多少。二是能够正确表达意思，否则不在证人之列。不能作为证人的人员如下：第一，不能正确表达意思的人。第二，办理本案的审判人员、书记员、鉴定人、勘验人、翻译人员和检察人员等。第三，同一案件的诉讼代理人。

证人证言是指证人就其所了解的案件情况，向法庭所作的陈述。证人证言具有以下特征：第一，证人的资格限制较少。除法律明确规定不能作证的人以外，其他了解案件情况常都有资格作证。法律没有明确限制证人的年龄、智力，与案件有利害关系或者与当事人有亲疏关系的人也不限制其证人资格。第二，证人证言通过口头和书面两种形式表达。证人证言主要通过口头方式在法庭上直接表达，也可用口头和书面两种形式同时表达。第三，证人证言具有一定的主观性。证人证言是对其知道或者经历的事情所作回忆性表述。其观察、感受是否客观，其表述是否客观，受其观察力、记忆力、表达力以及其他因素的影响很大。

证人有按时出庭作证、如实提供证言的义务。人民法院在证人出庭作证前应当告知其如实作证的义务以及作伪证的法律后果，并责令其签署保证书。证人出庭作证而支出的交通、住宿、就餐等必要费用以及误工损失，通常由败诉一方当事人负担。

七、鉴定意见

鉴定意见，是指用鉴定人对与案件有关的专门性问题进行科学分析研究后所作的判断意见来证明案件事实的证据。在民事诉讼中，常常会遇到审判人员难以判断的专门性问题。为了查明案件事实，必由具有专门知识的专家对专门性问题进行科学鉴定。民事诉讼中常见的鉴定有医学鉴定、文书鉴定、产品质量鉴定、工程质量鉴定等。

鉴定意见的主要特征是其具有专业性、科学性和中立性以及法定程序性。鉴定的启动方式有当事人商定式、法院指定式、法院委托式和当事人单方委托式。鉴定意见以鉴定书的形式表现出来，鉴定书的内容主要包括鉴定对象、鉴定方法、鉴定意见和依据。鉴定书制作完成后，鉴定人须在鉴定书上签名或盖章，然后加盖证明鉴定人身份的鉴定部门的公章。

八、勘验笔录

勘验笔录是指审判人员在诉讼过程中对与争议有关的现场、物品等进行查验、测量、拍照后制作的笔录，是通过勘查、检验等方法形成的证据。民事诉讼中的勘验笔录主要包括现场勘验笔录、物证勘验笔录和人身检查笔录。勘验笔录是一种独立的证据，也是一种固定和保全证据的方法。

勘验笔录是审判人员以查看、检验等方式亲自认知现场、物品等，并将认知结果记录下来后形成的证据。制作勘验笔录，我国有两种情形：一是法院依据当事人的申请而制作；二是法院在认为有必要时依职权而制作。法院在对现场或物品进行勘验时，应严格按照法定程序进行。制作勘验笔录以文字记载方式为主，以拍照、摄像、测量、绘图等方式为辅。

本案中，微信号为 js196034×××× （昵称×××）于 2015 年与肖先生的微信号 187502××× （昵称××）在微信平台上进行聊天，肖先生应对方要求进行银行转账，根据银行提供个人对账单来看，该笔转账交易对方户名为简先生；结合证人郑先生的证言，可以认定微信号 js1960034×××× （昵称×××）的使用人是简先生。从简先生微信号 js1960034×××× （昵称×××）于 2015 年 7 月，在微信聊天平台上向肖先生微信号 187502××× （昵称××）承认"之前不是还欠你 3.5 万元，一共 6.6 万元"的事实，结合本案汽车抵押借款合同、银行对账单、银行交易查询单、证人证言、双方微信聊天记录等证据及肖先生的陈述，可以

认定简先生尚欠肖先生6.6万元。微信聊天记录属于证据法定种类中的电子数据。❶

【法律索引】

1.《中华人民共和国民事诉讼法》第66条。

2.《最高人民法院关于适用〈中华人民共和国民事诉讼法〉的解释》（2021年1月施行）第111—124条。

3.《民诉证据规定》第11—17条。

【案例四】证明对象与举证责任

徐寿兰诉彭宇人身权损害赔偿纠纷案

南京彭宇案，是2006年年末发生于中国江苏南京市的一起引起极大争议的民事诉讼案。2006年11月20日上午，徐寿兰老人（以下简称徐某）在南京市水西门广场一公交站台等83路公交车。人来人往中，徐某被撞倒。南京市民彭宇陪同徐某前往医院检查，检查结果表明徐某股骨颈骨折，需进行人造股骨头置换手术。徐某随即向彭宇索赔医疗费，指认撞人者是刚下车的彭宇。在遭到拒绝，并在各种调解失败后，徐某于2007年1月4日在鼓楼区人民法院提出民事诉讼。❷

原告徐某诉称，2006年11月20日上午，原告在本市水西门公交车站等83路公交车。大约9点半左右，两辆83路公交车进站，原告准备乘坐后面的83路公交车，在行至前一辆公交车后门时，被从车内冲下的被告撞倒，导致原告左股骨颈骨折，住院手术治疗。因原告、被告未能在公交治安分局城中派出所达成调解协议，故原告诉至法院，请求判令被告赔偿原告医疗费40460.7元、护理费4497元、营养费3000元、伙食费346元、住院期间伙补助费630元、残疾赔偿金71985.6元、精神损害抚慰金15000元、鉴定费500元，共计人民币136419.3元，并由被告承担本案诉讼费。

被告彭宇辩称，被告当时是第一个下车的，在下车前，车内有人从后面碰了被告，但下车后原告、被告之间没有碰撞。被告发现原告摔倒后做好事对其进行帮扶，而非被告将其撞伤。原告没有充分的证据证明被告存在侵权行为，被告客观上也没有侵犯原告的权利，不应当承担侵权赔偿责任。如果由于做好事而承担赔偿责任，则不利于弘扬社会正气。原告的诉讼请求没有法律及事实依据，请求法院依法

❶ 资料来源：中国法院网，https://www.chinacourt.org/article/detail/2017/03/id/2647471.shtml，访问日期：2021年1月24日。

❷ 周艳萍.民事诉讼法学案例评析［M］.北京：中国政法大学出版社，2017：132.

予以驳回。❶

【法律问题一】

本案中需要证明的对象有哪些？

【法理分析与参考意见】

一、证明对象

证明对象是指民事诉讼中需要提供证据加以证明的案件事实。证明对象又称为证明客体、要证事实、待证事实。在民事诉讼中，当事人在起诉状、答辩状提出的事实主张即为证明对象。

具体来说，民事诉讼证明对象的范围包括以下几类：第一，实体法律事实。即引起民事法律关系发生、变更或消灭的事实。不同的案件，所涉及的实体法事实不同。例如，在侵权案件中，主要涉及的是实施侵权行为的事实，包括侵权行为的发生、发展和结果等。第二，程序法律事实。即能够引起诉讼法律关系发生、变更、消灭等对解决诉讼程序问题具有法律意义的事实。一般来说，程序法事实大多属于法院应当依职权调查的事项。例如，当事人是否适格、是否有诉讼能力，诉讼代理人是否有代理权等。第三，外国法律和地方性法规、习惯。由于地方性法规数量多、变化快，本地的法官未必完全了解外地制定的地方性法规。地方习惯和外国法律也是如此，在不为法官所了解时，需要作为证明对象加以证明。

二、无须证明的事实

在民事诉讼中，存在以下无须证明的事实，第一，诉讼上自认的事实。指在诉讼过程中，一方当事人对另一方当事人所主张的案件事实，承认其为真实。第二，自然规律及定理、定律。自然规律、自然现象、科学定理、定律，已经为人们普遍认识或者早已证明，不可能被当事人推翻，所以无须证明。第三，众所周知的事实。众所周知的事实，是指在一定范围内为人们所广为知晓的事实，包括生活常识、道德、习俗或者有重大影响的事件等广为人知的事实。这些事实通常没有必要再去证明。第四，推定的事实。指根据法律的规定或者经验法则，从已知事实中所推断出的另一事实。推定具有免除主张推定事实的当事人的举证责任的法律效力。第五，预决的事实。指已为人民法院发生法律效力的裁判所确认的事实，或者已经为仲裁机构的生效裁决所确认的事实。第六，公证证明的事实。经过法定程序已为有效公证文书所证明的法律事实和文书，人民法院应当作为认定事实的根据，但有

---

❶ 张海燕，刘延杰等著．民事诉讼法案例研习［M］．北京：清华大学出版社，2017：177.

相反证据足以推翻的除外。❶

结合本案进行分析，本案在性质上属于侵权责任损害赔偿纠纷，主要证明对象包括以下内容：关于原告、被告是否相撞是侵权行为是否发生的事实；关于原告损失的具体数额，涉及的是导致的损害后果被告是否相撞是侵权这一事实要件；被告应否承担原告的损失，涉及的是原告、被告相撞与徐某的损害后果之间是否存在因果关系，以及被告彭宇是否存在过错的事实要件。

【法律问题二】

当事人双方的举证责任是如何分配的？

【法理分析与参考意见】

一、举证责任的概念与特征

举证责任，又称证明责任，是指诉讼当事人在诉讼中应当承担的举出证据证明其主张的事实，以及不能证明所要承担的不利后果。

举证责任具有以下特征：1. 证明责任的主体是诉讼当事人。2. 举证责任的客体是当事人所主张的诉讼请求及其事实。3. 举证责任的性质属法律责任。当事人不举证或者举证不足、举证不能的，会承担不利的法律后果。4. 不履行举证责任的后果为主张不成立。不履行举证责任，是指提出主张的当事人不举证、举证不能或者所举证据不足以证明案件事实。

二、举证责任的分配原则

民事案件举证责任的分配有三种原则：

1. 一般证明责任分配原则，即"谁主张，谁举证"。《民事诉讼法》第 67 条第 1 款的规定："当事人对自己提出的主张，有责任提供证据。"《适用民事诉讼法解释》第 90 条第 1 款进一步规定："当事人对自己提出的诉讼请求所依据的事实或者反驳对方诉讼请求所依据的事实，应当提供证据加以证明，但法律另有规定的除外。"

2. 特殊证明责任分配原则，即举证责任倒置。举证责任倒置是指在一些特殊情况下，法律规定提出主张的一方当事人不用举证，改由对方当事人承担举证责任。举证责任倒置通常由法律明确规定，法官不得任意将证明责任的分配加以倒置。《最高人民法院关于民事诉讼证据的若干规定》规定的特殊证明责任中的部分规定属于证明责任倒置，具体如下：因新产品制造方法发明专利引起的专利侵权诉

---

❶ 本部分内容综合参考了江伟、陈桂明、周艳萍的三本书的相关内容。

讼，由制造同样产品的单位或者个人对其产品制造方法不同于专利方法承担举证责任；高度危险作业致人损害的侵权诉讼，由加害人就受害人故意造成损害的事实承担举证责任；因环境污染引起的损害赔偿诉讼，由加害人就法律规定的免责事由及其行为与损害结果之间不存在因果关系承担举证责任；建筑物或者其他设施以及建筑物上的搁置物、悬挂物发生倒塌、脱落、坠落致人损害的侵权诉讼，由所有人或者管理人对其无过错承担举证责任；饲养动物致人损害的侵权诉讼，由动物饲养人或者管理人就受害人有过错或者第三人有过错承担举证责任；因缺陷产品致人损害的侵权诉讼，由产品的生产者就法律规定的免责事由承担举证责任；因共同危险行为致人损害的侵权诉讼，由实施危险行为的人就其行为与损害结果之间不存在因果关系承担举证责任；因医疗行为引起的侵权诉讼，由医疗机构就医疗行为与损害结果之间不存在因果关系及不存在医疗过错承担举证责任。有关法律对侵权诉讼的举证责任有特殊规定的，从其规定。

3. 公平原则，即在法律没有具体规定，无法确定举证责任承担时，人民法院可以根据公平原则和诚信原则，综合当事人举证能力等因素确定举证责任的承担。❶

本案是因碰撞摔倒引发的人身权侵权赔偿纠纷，是一般侵权损害赔偿纠纷案件，应当适用一般证明责任分配原则，即谁主张，谁举证，来确定原告、被告双方的证明责任。

本案中，原告诉称被被告彭宇撞倒，导致原告左股骨颈骨折，住院手术治疗，花费医疗费等共计13万多元，并提出请求判令被告赔偿的主张。据此，原告应当对其主张的以下侵权事实承担证明责任：一是存在被被告彭宇撞倒这一侵权行为发生的事实；二是存在侵权行为结果的事实，即导致左股骨颈骨折，住院手术治疗，花费医疗费等共计13万多元；三是侵权行为的发生与侵权结果之间存在因果关系的事实，即其摔倒受伤住院手术是由被被告彭宇撞倒所直接引起的；四是与被告彭宇相撞中，被告负有过错的事实，即由于被告下车时不小心没有尽到注意义务而将其撞倒。

本案中的被告彭宇辩称，原告、被告之间并没有碰撞，而是被告发现原告摔倒后做好事对其进行帮扶，不应当承担侵权赔偿责任。可见，被告彭宇并没有提出独立的反请求，而只是反驳原告的主张。彭宇应当就其反驳对方诉讼请求所依据的事实，提供证据加以证明。据此，被告应当就其不存在与原告相撞，而仅仅是帮扶的事实承担证明责任。❷

---

❶ 本部分内容综合参考了江伟、陈桂明、周艳萍的三本书的相关内容。

❷ 周艳萍. 民事诉讼法学案例评析［M］. 北京：中国政法大学出版社，2017：140-141.

【法律索引】

1.《中华人民共和国民事诉讼法》第 67 条。

2.《最高人民法院关于适用〈中华人民共和国民事诉讼法〉的解释》（2021 年 1 月施行）第 90—93 条。

3.《最高人民法院关于民事诉讼证据的若干规定》第 1—10 条。

【案例五】证据的调查、收集与保全

原告金某起诉某证券公司越权抛售其股票，挪用其资金，要求偿还当期股票本金并赔偿其损失。由于能证明证券公司侵权的证据储存在被告电脑和账簿里自己无法收集，原告请求法院对证券公司的电脑和账簿采取证据保全措施。法院依职权搜查证券公司的电脑和账簿，查到了有关证据，并将有关材料从电脑中复制到移动硬盘上。法院对搜查的经过和搜查到的材料做了笔录，证券公司的财务人员在笔录上签了字。

【法律问题】

法院的做法是否妥当？为什么？

【法理分析与参考意见】

一、证据的调查与收集

根据《民事诉讼法》的规定，调查收集证据的主体有两个：一个是当事人及其诉讼代理人；另一个是人民法院。

根据《民事诉讼法》第 52 条第 1 款的规定，当事人有权收集、提供证据；根据该法第 64 条的规定，代理诉讼的律师和其他诉讼代理人有权调查收集证据。

人民法院依法主动调查收集的证据包括以下情形：1. 涉及可能损害国家利益、社会公共利益的；2. 涉及身份关系的；3. 涉及《民事诉讼法》第 58 条关于公益诉讼规定的；4. 当事人有恶意串通损害他人合法权益可能的；5. 涉及依职权追加当事人、中止诉讼、终结诉讼、回避等程序性事项的。

人民法院依照当事人的申请调查收集的证据包括下列三种情形：1. 证据属于国家有关部门保存，当事人及其诉讼代理人无权查阅调取的；2. 涉及国家秘密、商业秘密或者个人隐私的；3. 当事人及其诉讼代理人因客观原因不能自行收集的其他证据。

二、证据交换

证据交换，是指举证期限届满后开庭审理前人民法院组织双方当事人公开并交换各自提交的证据材料。

证据交换不是每一个案件的必经程序。证据交换适用于以下情形：1. 证据较多或者复杂疑难的案件。2. 当事人提出申请。当事人申请交换证据，不受证据是否较多或者是否复杂疑难案件的限制。

证据交换应当在审判人员的主持下进行。证据交换一般不超过两次。

三、证据保全

诉讼证据保全，是指人民法院对于可能灭失或者以后难以取得的证据，根据当事人的申请或者依职权对该证据采取固定和保护措施。证据保全有两种类型：诉前证据保全和诉讼证据保全；

证据保全具有以下特征：1. 民事诉讼中证据保全的主体是人民法院。2. 当事人申请和法院依职权并行。通常情况下，证据保全是人民法院根据当事人的申请进行的；但是，遇有紧急、必要的情况，也可以由人民法院依职权主动进行。3. 证据保全属司法行为，必要时可采用强制手段。4. 被保全的证据是认定案件事实的重要证据。5. 证据保全应当及时进行。

证据保全主要适用于以下几种情形：1. 证据随时都有可能灭失。例如，作为证据的物品，属于容易腐坏、变质消灭的东西，随时可能失去证明作用的紧急情况。2. 如不及时取证，以后将难以取得。例如，证人将长期出国远行，以后难以联系、询问、出庭等紧急情况。

证据保全可以因当事人申请证据保全而开始，也可以不经当事人的申请，由人民法院直接裁定对有关证据予以证据保全。人民法院对需要保全的证据，根据需要可以分别采取笔录、录音、录像、照相、实物提取、责令使用人保管、查封、扣押等措施。

本案中，法院的做法是妥当的。法院对证券公司的搜查和取证，是法院根据当事人的申请依法采取的证据保全措施。如果法院不采取搜查措施，有关交易的电子资料和账簿将难以取得，并有可能被随时篡改或者毁灭。所以，法院根据当事人的申请及时采取搜查措施是必要的。法院对搜查过程中发现的电子证据材料，复制到移动硬盘上，带回法院保管，是对电子证据的保全。❶

【法律索引】

1.《中华人民共和国民事诉讼法》第 67 条、第 69 条、第 70 条、条 84 条。

2.《最高人民法院关于适用〈中华人民共和国民事诉讼法〉的解释》（2021 年 1 月施行）第 94—98 条。

---

❶ 陈桂明，刘芝祥. 民事诉讼法 [M]. 第四版. 北京：中国人民大学出版社，2015：113-120.

3. 《最高人民法院关于民事诉讼证据的若干规定》第 20—48 条。

【案例六】举证、质证与认证

张某、张某棋等与邓州市鹏飞农机有限公司等生命权、健康权、身体权纠纷一审民事判决书（节选）❶

原告朱某花、张某川、夏某珍、张某、张某棋诉称，2020 年 2 月 22 日，第三人刘某聚在被告邓州市鹏飞农机有限公司处购买农业机械自走式喷杆喷雾机，型号为 3WPZ-1800，该农业机由被告青州华武机械有限公司生产配置，出厂日期：2019 年 11 月 1 日。2020 年 4 月 21 日，根据第三人刘某聚的安排，受害人张某涛驾驶该农业机械前往荣冠集团承包的农场进行田间喷洒农药，然而在车辆正常行驶至邓州市 ×× 杨营乡 ×× 村西边时，该农业机械右前轮驱动轴突然断裂，致使车辆侧翻，导致张某涛当场死亡。事发之后，虽经相关部门多次组织各方进行协商，但被告方相互推诿责任，最终没有达成意见。张某涛的突然去世使原本困难的家庭更加雪上加霜，为维护原告方的合法权益，特诉至法院。并提出如下诉讼请求：1. 依法判令被告赔偿原告死亡赔偿金、丧葬费、精神损害抚慰金、被扶养人生活费、交通费等费用共计 1207084.8 元；2. 本案的诉讼费及其他费用由被告方承担。

原告朱某花、张某川、夏某珍、张某、张某棋针对其诉讼请求，向法庭提交如下证据：1. 朱某花、张某川、夏某珍的身份证复印件各一份；2. 张某川一家的户口簿复印件一本及残疾证一份；3. 出生医学证明两份和邓州小杨营乡角门村证明一份。4. 火化证明。5. 河南增值税普通发票复印件各一份。6. 襄阳汇驰司法鉴定中心出具的司法鉴定意见书一份。7. 邓州市公安局调取的现场勘验笔录、事故现场照片各一组及鉴定书一份。8. 陕西长安大学机动车物证司法鉴定中心鉴定意见书一份。

被告邓州市鹏飞农机有限公司辩称：1. 本案原告主体资格不合适，本案中原告朱某花与死者张某涛没有办理婚姻登记，其婚姻关系不受法律保护，在本案中不具备作为原告起诉的资格。本案中张某、张某棋的原告资格缺乏证据支持，二人母亲是未依法登记结婚生育，二人的出生证明只显示母亲朱某花，并不显示二人生父信息，尚需原告提供父子关系鉴定证据进一步证明。2. 原告在法律关系竞合的情

---

❶ 资料来源：中国裁判文书网，https://wenshu.court.gov.cn/website/wenshu/181217 BMTKHNT2WO/index.html？pageId=21b4ce78eb24982d11c1eb804389abcb&s8=03，访问日期：2021 年 1 月 19 日。

况下将雇佣关系混同产品质量关系一起起诉不符合法律规定的程序。本案中，法庭调查已查明，死者张某涛为第三人刘某聚所雇佣，是典型的雇佣关系，原告在诉讼中要么选择雇佣关系起诉，要么选择产品质量关系起诉，二者只能选择其一。原告在雇佣关系和产品质量关系两种法律关系竞合的情况下，没有选择起诉，混同一起起诉不符合法律程序规定。3. 原告已经以雇佣关系获得赔偿，另行起诉缺乏法律依据，2020 年 6 月 9 日原告与雇主刘某聚已签订了赔偿协议，刘某聚支付了原告20 万元赔偿金，其余部分原告放弃对刘某聚索赔，至此，因张某涛在雇佣期间死亡引发的索赔纠纷已经终结。4. 本案中抛开原告重复起诉缺乏法律依据的程序问题，单就产品质量关系而言，原告起诉证据不足。

被告邓州市鹏飞农机有限公司向法庭提交如下证据：1. 营业执照副本复印件及法定代表人身份证明，证明鹏飞公司及法定代表人信息。2. 青州华武机械有限公司营业执照副本、强制性产品认证证书、检验报告、产品合格证复印件，证明鹏飞公司经销青州华武机械有限公司的自走式喷杆喷雾机产品属于正规企业的检验合格农机产品。3. 收款收据、发票复印件一份，证明本案事故自走式喷杆喷雾机购买人是刘某聚，该农机属于刘某聚所有。

被告青州华武机械有限公司辩称：1. 本案部分原告主体不适格，从庭审提供的证据看，原告朱某花与受害人不存在法律婚姻关系，原告张某与张某棋也没有证据证实其与受害人存在父子及父女关系。因此请求法庭依法裁定驳回原告朱某花、张某、张某棋的起诉。2. 涉案事故车辆驱动轴断裂是个不争的事实，引起驱动断裂的原因很多，并不能说驱动轴断裂就是因为产品质量不合格，3. 被告依法提供车辆 3C 产品质量认证书及产品检验报告，恰好充分证实被告生产的车辆质量合格。4. 庭审中，被告青州华武机械有限公司依法向法院提出追加被告申请，涉案车辆是由案外人潍坊巨沃世昌农业装备有限公司整车生产，因此案外人潍坊巨沃世昌农业装备有限公司与本案有直接的利害关系应追加为本案被告。5. 雇主承担赔偿责任后，可以向第三人追偿，受害人可以选择赔偿义务人，并因赔偿义务人一人的赔偿责任而使全体责任人的责任归于消灭，如果承担责任的是雇主，雇主可以要求第三人最终承担赔偿责任。

被告青州华武机械有限公司提供如下证据：两张汇款单，证明我司出售的事故机器整机从巨沃购买。

第三人刘某聚述称：1. 本案属产品质量纠纷，我方作为购买人和使用人不承担产品质量责任。2. 本案事故的原因是由于车辆断轴的质量缺陷造成，事发后我方已垫支原告损失 20 万元并且该事故造成车辆损坏，我方保留对第一和第二被告的赔偿责任和追偿责任的请求权。

第三人刘某聚向法庭提交如下证据：1. 被告身份证复印件。2. 赔偿协议。3. 支付赔偿 20 万元凭证。

根据上列有效证据，经庭审质证，结合当事人陈述，法院可确认如下案件事实：2020 年 4 月 21 日，原告朱某花丈夫张某涛经雇主第三人刘某聚安排，驾驶第三人从被告邓州市鹏飞农机有限公司购买被告青州华武机械有限公司生产的自走式喷杆喷雾机到荣冠集团一农场进行作业。当该农机行驶到邓州市××杨营乡××村西边时。因该农业机械右前轮驱动轴突然断裂，车辆侧翻，张某涛当场死亡。经邓州市公安局交通交警大队委托，陕西长安大学机动车物证鉴定中心鉴定，该车"右前轮驱动轴在环槽根部存在应力集中现象，导致产生在早期断裂，属于产品质量问题"。事故发生后，第三人刘某聚向原告方垫支各种费用 200000 元。因被告方不承认产品质量缺陷且不予赔偿，双方形成纠纷。诉讼中，五原告要求被告青州华武机械有限公司赔偿如下费用：1. 死亡赔偿金：34200.97 元 /×20 年 =684019.4 元；2. 被抚养人生活费：439431.4 元，张某：2197.57 元 / 年 ×（18-3）年 ÷2 人 =164786.78 元，张某棋：2197.57 元 / 年 ×（18-1）年 ÷2 人 =186758.35 元，张某川：2197.57 元 / 年 ×20 年 ÷2 人 =219715.7 元，夏某珍：2197.57 元 / 年 ×20 年 ÷2 人 =219715.7 元；以上四项，根据被抚养人有数人的，年赔偿总额累计不超过上一年度城镇居民人均消费性支出额或者农村居民人均年生活消费支出额的规定，被扶养人的生活费应为：21971.57 元 / 年 ×15 年 +21971.57 元 /+21971.57 元 /×2 年 =439431.4 元。3. 丧葬费：67268 元 /÷12 月 ×6 月 =33634 元；4. 精神抚慰金：50000 元。合计 1207084.8 元。另查明朱某花与受害人张某涛生育女儿朱某，儿子朱某棋曾随朱某花姓进行出生登记，后户口簿改正为张某和张某棋。本案经调解不获成立。

法院认为，公民的生民权健康权应受法律保护。受害人张某涛的死亡系被告青州华武机械有限公司生产的产品缺陷所致，理应得到赔偿。被告青州华武机械有限公司辩称原告部分主体不适格及雇主承担赔偿责任且其产品为合格产品等。原告主体资格由有关机构出具书面证据证实，可以证明其亲属关系。关于第三人支出 200000 元经核实为垫支款项，且被告未能证明其产品无质量缺陷，其抗辩法院均无法采信。故依照《中华人民共和国民法典》第 1167 条，并参照最高人民法院人身损害赔偿司法解释的有关规定判决如下：

被告青州华武机械有限公司于本判决生效后十日内赔偿原告张某、张某棋、朱某花、张某川、夏某珍各项损失 1207084.80 元。

驳回原告的其他诉讼请求。

案件受理费 15650 元减半收取 7825 元由被告青州华武机械公司承担。

如不服本判决，可在判决书送达之日起十五日内向法院递交上诉状，并按对方当事人的人数提出副本，预交上诉案件受理费，上诉于南阳市中级人民法院。如在上诉期满后七日内未交纳上诉案件受理费的，按自动撤回上诉处理。

　　　　　　　　　　　　　　　　　审　判　长　　王　嗅
　　　　　　　　　　　　　　　　　人民陪审员　　唐玉锁
　　　　　　　　　　　　　　　　　人民陪审员　　汤晓龙
　　　　　　　　　　　　　　　　　二〇二〇年八月十九日
　　　　　　　　　　　　　　　　　书　记　员　　鲁淑芳

【法律问题】

请结合案例内容，研习《民事诉讼法》中举证、质证、认证相关内容。

【法理分析与参考意见】

一、举证

举证是指当事人向法院实际提交证据或者提供证据的线索的行为。当事人对自己提出的主张及时进行举证是其法定责任与义务。当事人举证的范围包括两种情况：一是当事人对自己提出的主张应当及时提供的证据；二是人民法院根据当事人的主张和案件审理情况，确定当事人应当提供的证据。

当事人举证主要有以下两种方式：1. 实际提交证据。当事人对其实际占有或控制的，并能将其提交的证据材料，应采用实际提交方式向人民法院提供证据。2. 提供证据线索。当事人对其不便或者无法提交的证据材料，应向人民法院提供证据线索。

举证时限，是指当事人向人民法院提交有效证据的时间限制。在诉讼中向人民法院提交证据，是当事人的权利。超过举证时限没有提交证据的，当事人失去提交证据的权利。

人民法院根据当事人的主张和案件审理情况，确定当事人应当提供的证据及其期限。举证期限可以由当事人协商，并经人民法院准许。人民法院确定举证期限，第一审普通程序案件不得少于 15 日，当事人提供新的证据的第二审案件不得少于 10 日。当事人在人民法院指定的举证期限内提供证据确有困难的，可以向人民法院申请延长期限，人民法院根据当事人的申请适当延长。

二、质证

质证，又称法庭质证，是指当事人及其诉讼代理人在法庭主持下，围绕证据的真实性、合法性、关联性以及证明力的有无、大小，进行说明、提出质疑和辩论。证据应当在法庭上出示，由当事人相互质证。未经质证的证据，不能作为认定案件事实的依据。

质证主体主要包括一审中的原告、被告、第三人及其诉讼代理人，二审中的上诉人、被上诉人及其诉讼代理人等。质证客体包括当事人向人民法院提交的证据和经当事人申请由人民法院调查收集的证据。质证的程序一般包括三个步骤：出示证据、辨认证据、质询和辩驳证据。

质证按下列顺序进行：1.原告出示证据，被告、第三人与原告进行质证；2.被告出示证据，原告、第三人与被告进行质证；3.第三人出示证据，原告、被告与第三人进行质证。质证通常采用一证一质、逐个进行的方法。

三、认证

认证是指人民法院对经过质证或者当事人无异议的证据，公开确认其有无证明资格、能否证明相关事实。认证的主体是人民法院。认证的形式包括：当庭口头认定，并记录在卷；在判决书中一并认定。认证是举证、质证目的的实现，是法庭认定案件事实的基础。

审判人员应当运用单一证据具体分析法和全部证据综合分析法，依照法定程序，全面、客观地审核证据；依据法律的规定，遵循法官职业道德，运用逻辑推理和日常生活经验，对证据有无证力和证明力大小独立进行判断，并公开判断的理由和结果。人民法院对证据判断的结论，应当向当事人宣告。宣告证据判断结论的方式有两种：一是当庭口头宣告；二是书面裁判宣告。

【法律索引】

1.《中华人民共和国民事诉讼法》第67条、第68条、第71—74条。

2.《最高人民法院关于适用〈中华人民共和国民事诉讼法〉的解释》（2021年1月施行）第99—124条。

3.《民诉证据规定》第49—97条。

【阅读与参考文献】

[1] 江伟.民事诉讼法（第四版）[M].北京：高等教育出版社，2013.

[2] 陈桂明，刘芝祥.民事诉讼法（第四版）[M].北京：中国人民大学出版社，2015.

[3] 舒瑶芝.民事诉讼法原理与案例教程[M].北京：清华大学出版社，2016.

[4] 周艳萍.民事诉讼法学案例评析[M].北京：中国政法大学出版社，

2017.

[5] 郑金余 . 民事诉讼法案例教程 [M] . 北京：法律出版社，2019.

[6] 张海燕，刘延杰，等 . 《民事诉讼法案例研习》[M] . 北京：清华大学出版社，2017.

[7] 王琳，王仁波 . 民事诉讼法案例教程 [M] . 北京：中国民主法制出版社，2016.

【思考题】

1. 民事诉讼证据具有哪些特征？

2. 简述民事诉讼证据的分类。

3. 简述民事诉讼证据的种类。

4. 民事诉讼的证明对象是什么？

5. 当事人承担举证责任有何原则？

6. 诉讼证据保全如何启动？适用于哪些情形？

7. 法庭质证应当按照什么程序进行？

8. 法官认证有何法定要求？

第七章　期间、送达和诉讼费用

本章学习任务

重点学习期间的概念和种类，期间的计算，送达的概念与特征，送达的方式，诉讼费用的范围，诉讼费用的交纳，诉讼费用的负担等问题。

1. 期间的概念和种类

2. 期间的计算

3. 送达的概念与特征

4. 送达的方式

5. 诉讼费用的范围

6. 诉讼费用的交纳

【案例一】期间

甲诉乙贷款纠纷案

债权人甲与债务人乙因货款发生纠纷，经协商不成，2013 年 12 月 2 日甲将乙起诉到法院。法院于 12 月 9 日作出驳回起诉的裁定书，并于 12 月 10 日将该裁定书直接送达到甲。甲对此不服，于 12 月 23 日提出上诉。法院以超过上诉期为由不予受理。但甲认为未超过上诉期，理由是 12 月 11 日至 20 日刚好 10 日，但 12 月 21 日、22 日是双休日，上诉期届满日应顺延到 12 月 23 日。甲还指出法院未按法定期间作出驳回起诉的裁定书。❶

【法律问题】

1. 本案中法院是否在法定期间内作出驳回起诉的裁定书？为什么？

2. 当事人甲对上诉期的计算是否正确？为什么？

---

❶ 选编自舒瑶芝. 民事诉讼法原理与案例教程［M］. 北京：清华大学出版社，2016：212.

【法理分析与参考意见】

一、期间的概念

期间，就是诉讼期间，是指民事诉讼中，人民法院、当事人或其他诉讼参与人各自完成某项诉讼行为，或会合一起共同完成某项诉讼行为所必须遵守的期限。

期间包括期限和期日。期限，是指人民法院和诉讼参与人单独实施或完成某种诉讼行为所应遵守的时间。如人民法院收到起诉状，登记立案后，应于 5 日内向被告送达起诉状副本；被告应在收到起诉状副本 15 日内提出答辩状；等等。

期日，是指人民法院同诉讼参与人在一定场所一同实施或完成诉讼行为的日期。如人民法院开庭日、宣判日等，一般由人民法院根据案件的具体情况指定。

二、期间的分类

1. 以确定期间的根据为标准，可将期间分为法定期间、指定期间和约定期间。法定期间是指法律直接规定的诉讼期间。法律规定某项诉讼行为只能在一定的时间内完成，诉讼参与人超越规定的期间为某项诉讼行为，其所为的诉讼行为就不发生效力。例如，根据《民事诉讼法》第 171 条的规定，当事人不服地方人民法院第一审判决、裁定的，提起上诉的期间分别为 15 日、10 日。如果当事人超过了上诉期间，其上诉行为不会产生引起上诉审的后果。

指定期间，是指人民法院依职权指定诉讼参与人为某种诉讼行为或与诉讼参与一起为某种诉讼行为的期限。如法院指定当事人限期补正起诉状中的欠缺等。指定期间的特点是，可以是一段时限，也可能是一个期日。

约定期间，是指当事人根据法律或司法解释的规定，协商一致并经人民法院认可的期间。如《证据规定》第 51 条第一款规定"举证期限可以由当事人协商一致，并经人民法院认可"。

2. 以期间被确定以后是否可以变更为标准，可将期间分为不变期间和可变期间。不变期间是指期间经法律作出规定后，人民法院和诉讼参与人不得变更的情形。大多数法定期间为不变期间。

可变期间是指期间确定后，因情况发生了变化，在该期间内完成一定的诉讼行为确有困难，人民法院根据当事人的申请或依职权对期间进行变更的情形。指定期间为可变期间；有一部分法定期间为可变期间。

三、期间的计算

期间以时、日、月、年计算单位。期间开始的时和日，不计算在期间内。以时起算的期间从次时起算；以日、月、年计算的期间从次日起算。如《民事诉讼法》规定，人民法院采取诉讼保全措施，在接受当事人的申请后，情况紧急的，应在 48 小时内作出裁定并开始执行。如果当事人提出申请是在 10 时，那么计算这一期间应从 11 时开始起算。如当事人不服第一审人民法院的判决，提起上诉的期间为 15 日，期间的计算就应从判决书送达的次日开始起算。

期间以月计算的，不分大月、小月；以年计算的，不分平年、闰年。期间届满的日期，应当是届满那个月对应于开始月份的那一天；没有对应于开始月份的那一天的，应当是届满那个月的最后一天。例如，在一起宣告失踪的案件中，人民法院于 2012 年 2 月 28 日公告寻找下落不明人，公告期为 30 日，公告期届满日期在 2012 年 3 月 30 日。在该日期下落不明人还未出现的，人民法院就可以判决宣告下落不明人失踪。

期间届满的最后一日是节假日的，以节假日后的第一日为期间届满的日期。例如，当事人不服判决的上诉期为 15 日，若第 15 日正好是星期天，那么就应以星期天的次日为期间届满的日期。期间的最后一日虽然是节假日，但节假日有变通规定的，应以实际休假日的次日为期间的最后一日。

诉讼文书在期满前交邮的，不算过期。确定期满前是否交邮，应以邮局的邮戳为凭，只要邮戳上的时间证明在期间届满前当事人或人民法院已将需邮寄的诉讼文书交付邮局，就不算过期。

四、期间的耽误

期间的耽误，是指当事人及其诉讼代理人在法律规定或者人民法院指定的期间内，没有完成应当进行的诉讼行为。期间耽误的原因不同，法律后果也有所不同。由于当事人或其诉讼代理人主观上故意或过失，导致了期间耽误，其直接后果是当事人失去了在规定的期间内行使某种权利的机会。如果由于客观上不可抗拒的事由或者其他正当理由造成了期间的耽误，法律上则给予救济的机会。

分析本案，法院作出驳回起诉的裁定书的法定期间为 7 日，应从收到原告的起诉状的次日开始计算。期间开始的日，不计算在期间内。以日为计算单位从次日起算。如果期间届满的最后一日是节假日的，以节假日后的第一日为期间届满的日期。本案中，原告甲 12 月 2 日起诉，法院立案或者作出驳回起诉裁定书的法定期间均为 7 日，从 12 月 3 日开始计算，12 月 9 日届满。因此，法院遵守了法定期间，甲的说法不正确。

根据《民事诉讼法》第 167 条的规定，当事人不服地方人民法院第一审判决的，有权在判决书送达之日起 15 日内向上一级人民法院提起上诉；当事人、不服地方人民法院一审裁定的，有权在裁定书送达之日起 10 日内向上一级人民法院提起上诉。本案中，甲的上诉期为 10 日，从 12 月 11 日至 20 日，甲应在 12 月 20 日前提出上诉。但甲认为届满日后紧接着为双休日，应顺延到双休日后的第一个工作日，这是一种误读。

【法律索引】

1. 《中华人民共和国民事诉讼法》第85条、第86条。

2. 《最高人民法院关于适用〈中华人民共和国民事诉讼法〉的解释》（2021年1月施行）第125—129条。

【案例二】送达

重庆市某小额贷款有限公司与陈某小额借款合同纠纷案

2015年7月25日，重庆市某小额贷款有限公司与陈某在线签订《网商贷贷款合同》，约定借款以及相关双方权利义务。其中，合同特别约定：对于因合同争议引起的纠纷，司法机关可以手机短信或电子邮件等现代通信方式送达法律文书；陈某指定接收法律文书的手机号码或电子邮箱为合同签约时输入支付宝密码的支付宝账户绑定的手机号码或电子邮箱；陈某同意司法机关采取一种或多种送达方式送达法律文书，送达时间以上述送达方式中最先送达的为准；陈某确认上述送达方式适用于各个司法阶段，包括但不限于一审、二审、再审、执行以及督促程序；陈某保证送达地址准确、有效，如果提供的地址不确切，或者不及时告知变更后的地址，使法律文书无法送达或未及时送达，自行承担由此可能产生的法律后果。合同签订后，重庆市某小额贷款有限公司发放贷款，但被告未依约还款付息，故重庆市某小额贷款有限公司提起诉讼。

审理过程中，法院通过12368诉讼服务平台，向被告陈某支付宝账户绑定的手机号码发送应诉通知书、举证通知书、开庭传票等诉讼文书，平台系统显示发送成功。陈某无正当理由拒不到庭参加诉讼，法院依法缺席审理。

【法律问题】

本案中法院的送达方式是否正确？为什么？

【法理分析与参考意见】

一、送达的概念和特点

送达，是指人民法院依照法律规定的程序和方式，将诉讼文书送交当事人或其他诉讼参与人的行为。

送达具有下列特征：1. 送达的主体是法院。当事人或其他诉讼参与人向人民法院递交诉讼文书，不能称其为送达。2. 送达的对象是当事人或其他诉讼参与人。当事人和其他诉参与人之间、法院之间相互递送材料以及法院对其他单位或个人发送材料，都不是送达。3. 送达的内容是各种诉讼文书，如起诉状副本、开庭通知书、判决书、裁定书等。4. 送达必须按法定的程序和方式进行。

二、送达的方式

送达必须依法定方式进行。根据《民事诉讼法》的规定，送达的方式有七种。

（一）直接送达

直接送达是指人民法院指派专人将诉讼文书直接面交受送达人本人或法律明确规定的相关人等的送达方式。在民事诉讼中的诸种送达方式中，直接送达是首选方式。只有在直接送达确有困难时，方可酌情使用其他适宜的送达方式。

依照《民事诉讼法》第88条的规定，达诉讼文书，应当直接送交受送达人。受送达人是公民的，本人不在的，交他的同住成年家属签收；受送达人是法人或者其他组织的，应当由法人的法定代表人、其他组织的主要负责人或者该法人、组织负责收件的人签收；受送达人有诉讼代理人的，可以送交其代理人签收；受送达人已向人民法院指定代收人的，送交代收人签收。受送达人的同住成年家属，法人或者其他组织的负责收件的人，诉讼代理人或者代收人回证上签收的日期为送达日期。

根据《适用民事诉讼法解释》第131条之规定，有两种视为送达的情形：第一，人民法院直接送达诉讼文书的，可以通知当事人到人民法院领取。当事人到达人民法院，拒绝签署送达回证的，视为送达；第二，人民法院可以在当事人住所地以外向当事人直接送达诉讼文书。事人拒绝签署送达回证的，采用拍照、录像等方式记录送达过程即视为送达。上述情形均要求审判人员、书记员在送达回证上注明送达情况并签名。

（二）留置送达

留置送达是指受送达人拒收诉讼文书时，送达人把诉讼文书留在受送达人住处的送达方式。留置送达与直接送达具有同等的效力。

留置送达的做法有两种：第一，送达人可以邀请有关基层组织或者所在单位的代表到场，说明情况，在送达回证上记明拒收事由和日期，由送达人、见证人签名或者盖章，把诉讼文书留在受送达人的住所。第二，送达人可以把诉讼文书留在受送达人的住所，并采用拍照、录像等方式记录送达过程。

调解书应当直接送达当事人本人，不适用留置送达。当事人本人因故不能签收的，可由其指定的代收人签收。

（三）电子送达

《民事诉讼法》第90条规定了传真、电子邮件等送达方式："经受送达人同意，人民法院可以采用传真、电子邮件等能够确认其收悉的方式送达诉讼文书，但判决书、裁定书、调解书除外。采用前款方式送达的，以传真、电子邮件等到达受送达人特定系统的日期为送达日期。"

电子送达必须首先经过当事人同意，只有在当事人能够并愿意接受和使用电子送达方式，人民法院才可以采用这一途径。电子送达的方式包括采用传真、电子邮件、移动通信等即时收悉的特定系统作为达媒介。电子送达的时间，以到达受送达人特定系统的日期为送达日期。由于判决书、裁定书、调解书对当事人的诉讼权利义务产生终局性或决定性的影响，所以不能适用电子送达方式。

（四）委托送达

委托送达是指受诉人民法院直接送达诉讼文书有困难时，委托受送达人所在地人民法院代为送达的方式。

委托送达一般是在受送达人不在受诉法院的辖区内，直接送达有困难时适用，接受委托的只能是人民法院。人民法院需要委托送达时，应当出具委托函，将委托的事项和要求明确地告知受托的人民法院，并附送达回证，以受送达人在送达回证上签收的日期为送达日期。委托送达的，受委托人民法院应当自收到委托函及相关诉讼文书之日起10日内代为送达。

（五）邮寄送达

邮寄送达是指人民法院直接送达有困难时，将诉讼文书附送达回证交邮局用挂号信寄给受送达人的送达方式。邮寄送达方式简便易行，实践中采用较普遍，但是，应当在直接送达有困难时才予以采用。

根据《民事诉讼法》第91条的规定，邮寄送达的，以回执上注明的收件日期为送达日期。以法院专递方式邮寄送达民事诉讼文书的，其送达与人民法院送达具有同等的法律效力。

（六）转交送达

转交送达是指人民法院将诉讼文书交受送达人所在部队或有关单位代收后转交给受送达人的送达方式。

根据《民事诉讼法》的规定，转交送达分为以下三种情形：第一，受送达人是军人的，通过其所在部队团以上单位的政治机关转交；第二，受送达人是被监禁的，通过其所在监所或者劳动改造单位转交；第三，受送达人是被采取强制性教育措施的，通过其所在强制性教育机构转交。代为转交的机关、单位收到诉讼文书后，必须立即交受送达人签收，以受送达人在达回证上的签收日期为送达日期。

（七）公告送达

公告送达是指人民法院以公告的方式，将需要送达的诉讼文书的有关内容告知受送达人。无论受送达人是否知悉公告内容，经过法定的公告期限，即视为已经送达。

公告送达具体要求如下：1. 公告送达是在受送达人下落不明或用其他方式无法送达的情况下所适用的一种送达方式。2. 公告的法定期限是 30 日。自公告之日起，经过 30 日，即视为送达。3. 公告的方式可以在法院的公告栏、受送达人住所地张贴公告，可以在报纸、网络等媒体上刊登公告，发出公告日期以最后张贴或者刊登的日期为准。对告送达方式有特殊要求的，应当按要求的方式进行。人民法院在受送达人住所地张贴公告的，应当采取拍照、录像等方式记录张贴过程。4. 公告的内容。公告送达应当说明公告送达的原因；公告送达起诉状或上诉状副本的，应说明起诉或上诉要点、受送达人答辩期限以及逾期不答辩的法律后果；公告送达传票的，应当说明出庭地点、时间以及逾期不出庭的后果；公告送达判决书、裁定书的，应当说明裁判的主要内容，当事人有权上诉的，还应当说明上诉权利、上诉期限和上诉法院。

三、送达回证

送达回证，是人民法院按照法定格式制作的，用以证明完成送达行为的书面凭证。送达回证是检查人民法院是否按法定程序和方式送达诉讼文书的标志，是送达人完成送达任务的凭证。

《民事诉讼法》第 87 条规定，送达诉讼文书必须有送达回证，由受送达人在送达回证上记明收到日期、签名或盖章。受送达人在送达回证上的签收日期即为送达日期，它是计算期间的主要根据。

本案中，法院的送达方式是正确的，属于电子送达。本案当事人在签订合同时经合意约定了因合同纠纷诉讼后，可使用电子送达方式及电子送达地址、可适用的程序范围、地址变更方式、因过错导致文书未送达的法律后果等内容，内容明确、具体，双方对送达条款均能够预见诉讼后产生的法律后果。符合《民事诉讼法》有关电子送达的规定。

【法律索引】

1. 《中华人民共和国民事诉讼法》第 87—95 条。

2. 《最高人民法院关于适用〈中华人民共和国民事诉讼法〉的解释》（2021 年 1 月施行）第 130—141 条。

【案例三】诉讼费用

甲诉乙房屋租赁合同纠纷案

甲与乙签订了房屋租赁合同，后因乙不按期交纳房租发生纠纷，协商不成，甲起诉乙，请求判令乙迁出承租房屋、交纳所欠房租及其利息。经审理，某人民法院支持了原告甲交纳所欠房租及其利息的诉讼请求。对于某人民法院的判决，甲、乙均不服，分别向人民法院邮寄了上诉状，提出上诉。某人民法院收到上诉状后，通知乙在 3 日内交纳上诉费，否则视为放弃上诉。乙按人民法院的通知交纳了上诉费。二审人民法院经过审理，驳回了上诉。❶

【法律问题】

1. 人民法院通知交纳上诉费的做法有无不当之处？

2. 本上诉案件被驳回，案件受理费由谁负担？

【法理分析与参考意见】

一、诉讼费用的概念、性质与意义

诉讼费用，是指当事人进行民事诉讼，依法应向受诉法院交纳和支付的费用。

诉讼费在我国属于规费的性质，规费即程序费或手续费。人民法院收取诉讼费应当严格遵循"无明文规定不收费"的原则，严格依照国务院制定的《诉讼费用交纳办法》，不得另行收取任何额外的费用。

民事诉讼费用的意义在于：1. 减少国家财政支出。法院的经费来源于国家的财政拨款，而民事诉讼当事人进行诉讼是为了解决他们之间的民事权益争议，这些民事权益属于私权。用国家资源、社会公共资源为部分民事主体服务，显然不大合理。因此，应当向当事人收取一定的诉讼费用。2. 防止当事人滥用诉权。向当事人收取一定的诉讼费用，可以促使当事人慎重行使其诉权，还可以防止少数当事人滥用诉权。3. 制裁民事违法行为。诉讼费用先由原告预交，最终由败诉方负担，这在一定程度上起到了对民事违法行为者予以制裁的作用。4. 维护国家的司法主权和经济利益。对涉外案件的外方当事人收取诉讼费用，有利于维护国家的司法主权和经济利益。

二、诉讼费用的交纳范围和交纳标准

根据《民事诉讼法》和《诉讼费用交纳办法》的规定，诉讼费用的交纳范

---

❶ 选编自舒瑶芝. 民事诉讼法原理与案例教程［M］. 北京：清华大学出版社，2016：228.

围包括当事人向法院缴纳的案件受理费、程序申请费和应当由当事人支付的其他费用。

案件受理费包括第一审案件受理费、第二审案件受理费、再审案件受理费。程序申请费是指当事人申请财产保全、证据保全、强制执行等程序时需要支付的费用。应当由当事人支付的其他费用是指诉讼中可能发生的证人、鉴定人、翻译人员、理算人员在人民法院指定日期出庭发生的交通费、住宿费、生活费和误工补贴。

不同种类的诉讼费用有不同的交纳标准。案件受理费的交纳标准分为财产案件受理费的交纳标准、非财产案件受理费的交纳标准、知识产权民事案件受理费的交纳标准、劳动争议案件受理费的交纳标准、管辖权异议案件受理费的交纳标准等。程序申请费因申请不同的程序交纳标准也有所不同。

三、诉讼费用的预交和退还

诉讼费用通常应当由原告、有独立请求权的第三人、提出反诉的被告、提起上诉的上诉人或提出申请的申请人预交，待案件审结后，法院在裁判中决定由哪一方当事人负担，或者在执行中由义务人负担。

在下列情形下，当事人交纳的诉讼费用应按不同情况予以退还或不予退还。1. 人民法院审理民事案件过程中发现涉嫌刑事犯罪并将案件移送有关部门处理的，当事人交纳的案件受理费应予以退还；移送后民事案件需要继续审理的，当事人已交纳的案件受理费则不予退还。2. 中止诉讼、中止执行的案件，已交纳的案件受理费、申请费不予退还。中止诉讼、中止执行的原因消除，恢复诉讼、执行的，不再交纳案件受理费、申请费。3. 第二审人民法院决定将案件发回重审的，应退还上诉人已交纳的第二审案件受理费。4. 第一审人民法院裁定不予受理或者驳回起诉的，应退还当事人已交纳的案件受理费；当事人对第一审人民法院不予受理、驳回起诉的裁定提起上诉，第二审人民法院维持第一审人民法院作出的裁定的，第一审人民法院亦应退还当事人已交纳的案件受理费。5. 依照《民事诉讼法》第153条规定终结诉讼的案件，依照《交纳办法》规定已交纳的案件受理费不予退还。

四、诉讼费用的负担

诉讼费用的负担，是指在案件审判终了和执行完毕后，当事人对诉讼费用的实际承担。在我国的民事诉讼中，实行的是"败诉人负担"的一般原则，同时辅之以"按比例负担""当事人协商负担""原告或上诉人负担""申请人负担""法院直接决定负担"和"当事人自行负担"等其他诉讼费用负担规则。

诉讼费用由败诉人负担是诉讼费用负担最基本的原则，因为诉讼是由不依法履行义务的败诉人引起的，所以诉讼费用最终应当由其承担。按比例负担是指根据《诉讼费用交纳办法》第 29 条的规定，当事人部分胜诉、部分败诉的，人民法院根据案件的具体情况决定当事人各自负担的诉讼费用数额。当事人协商负担适用于调解解决的案件、离婚案件、执行和解案件。原告或上诉人负担的规则适用于撤诉的案件。对于申请人申请引起的案件或程序，原则上适用败诉人负担的规则，但特殊情况下适用申请人负担的规则。当事人自行负担，是指因当事人不符合常规的诉讼行为而支出的诉讼费用，实行由其自行负担的规则。

五、诉讼费用的司法救助

诉讼费用的司法救助，是指对经济确有困难的诉讼当事人，法院在诉讼费用方面给予免除或减少或延缓交纳的经济救助的制度。司法救助属于法律援助范围之列。司法救助的方式有免交诉讼费用、减交诉讼费用、缓交诉讼费用三种。

司法救助的主体限于自然人、特殊社会组织或团体。法人或一般经济组织不是司法救助的主体。《诉讼费用交纳办法》第 44 条和第 46 条规定，诉讼费用的免交只适用于自然人，社会福利机构和救助管理站交纳诉讼费用有困难的，可以申请减交诉讼费用。可以申请法院诉讼费用司法救助的主体限于这两类当事人。

人民法院提供司法救助，须以当事人提出申请为前提。当事人申请司法救助，应当在起诉或者上诉时提交书面申请和足以证明其确有经济困难的证明材料以及其他相关证明材料。人民法院接到当事人关于司法救助的书面申请和相关证明材料后，应当进行审查。经审查合格的，应当批准并予以司法救助。不予批准的，应当向当事人书面说明理由。

本案中，针对甲、乙的上诉，该人民法院的做法有不当之处：一是只通知乙交纳上诉费用；二是指定的交纳费用期限为 3 日。本案的当事人双方均提出上诉，双方均应预交上诉费用。上诉费用交纳的期间为当事人接到人民法院的通知起 7 日内。本案的二审人民法院驳回了上诉，但因双方都提出了上诉，则案件受理费由双方负担。

【法律索引】

1.《中华人民共和国民事诉讼法》第 121 条。

2.《最高人民法院关于适用〈中华人民共和国民事诉讼法〉的解释》（2021 年 1 月施行）第 194—207 条。

3.《诉讼费用交纳办法》。

【阅读与参考文献】

［1］江伟．民事诉讼法（第四版）［M］．北京：高等教育出版社，2013.

［2］陈桂明，刘芝祥．民事诉讼法（第四版）［M］．北京：中国人民大学出版社，2015.

［3］舒瑶芝．民事诉讼法原理与案例教程［M］．北京：清华大学出版社，2016.

［4］周艳萍．民事诉讼法学案例评析［M］．北京：中国政法大学出版社，2017.

［5］郑金余．民事诉讼法案例教程［M］．北京：法律出版社，2019.

［6］张海燕，刘延杰，等．民事诉讼法案例研习［M］．北京：清华大学出版社，2017.

［7］王琳，王仁波．民事诉讼法案例教程［M］．北京：中国民主法制出版社，2016.

【思考题】

1. 期间的种类有哪些？

2. 期间如何计算？

3. 送达有哪些法定类型？

4. 各种送达的具体要求是什么？

5. 诉讼费用的类型有哪些？

6. 诉讼费用负担的原则有哪些？

第八章　法院调解与当事人和解

本章学习任务

重点学习法院调解的概念和特点、法院调解的原则、法院调解的程序、法院调解的效力、与当事人和解等问题。

1. 法院调解的概念和特点

2. 法院调解的原则

3. 法院调解的程序

4. 法院调解的效力

5. 与当事人和解

【案例一】法院调解的概念与特征

孙某与钱某侵权损害赔偿纠纷

孙某与钱某合伙经营一家五金店，后因经营理念不合，经常发生争吵。孙某唆使赵某1、赵某2兄弟寻衅将钱某打伤，钱某花费医疗费2万元，营养费3000元，交通费2000元。钱某委托李律师向甲县法院起诉赵家兄弟，要求其赔偿经济损失2.5万元，精神损失5000元，并提供了医院诊断书、处方、出租车票、发票、目击者周某的书面证言等证据。甲县法院适用简易程序审理本案。二被告没有提供证据，庭审中承认将钱某打伤，但对赔偿金额提出异议。甲县法院最终支持了钱某的所有主张。

二被告不服，向乙市中级人民法院提起上诉，并向该法院承认，二人是受孙某唆使。钱某要求追加孙某为共同被告，赔偿损失，并要求退伙析产。乙市中级人民法院经过审查，认定孙某是必须参加诉讼的当事人，遂通知孙某参加调解。后各方达成调解协议，钱某放弃精神损害赔偿，孙某即时向钱某支付赔偿金1.5万元，赵家兄弟在7日内向钱某支付赔偿金1万元，孙某和钱某同意继续合伙经营。　乙

市中级人民法院制作调解书送达各方后结案。❶

【法律问题】

通过本案来理解法院调解的特征和意义。

【法理分析与参考意见】

一、法院调解的概念和特征

法院调解，是指在法院审判人员的主持下，双方当事人就民事权益争议自愿、平等地进行协商，达成协议，解决纠纷的诉讼活动和结案方式。当事人达成的调解协议经人民法院认可后，发生与判决同等的法律效力。

法院调解具有以下特征：

1. 法院调解是在法院审判人员的主持下依法进行的。在整个调解过程中，审判人员都居于主导的地位。调解要依照《民事诉讼法》规定的程序进行。

2. 法院调解贯穿于民事审判程序的全过程。人民法院审理民事案件时，根据案件的具体情况，能够调解的，随时都可以进行调解。在当事人自愿的基础上，第一审普通程序、简易程序、第二审程序和审判监督程序中，均可适用法院调解。但是，以特别程序、督促程序、公示催告程序和企业法人破产还债程序审理的案件，法院依执行程序执行的案件，都不适用法院调解。

3. 非必经审理程序。法院调解是人民法院审理民事案件的一项基本原则，也是一种结案方式，但不是人民法院审理一切民事案件的必经程序。如果当事人不愿调解或调解无效，法院应及时作出判决。不过，人民法院审理离婚案件，必须经过调解。

4. 法院调解是人民法院行使审判权的方式之一。凡经法院调解达成协议并生效的，即产生与生效判决相同的法律效力。

二、法院调解的意义

法院调解的意义在于：

1. 有利于及时彻底地解决民事争议。法院调解是在当事人双方自愿的基础上，以平等协商的方式解决相互之间的纠纷。一旦调解成功，就能及时彻底地解决民事争议，达到最高人民法院倡导的"案结事了"的良好社会效果。

2. 有利于公民自觉遵守法律。人民法院审判人员在主持调解的过程中，针对案件争议焦点和是非责任，厘清事实、分清是非，向当事人宣传法律，尊重双方的

---

❶ 舒瑶芝. 民事诉讼法原理与案例教程［M］. 北京：清华大学出版社，2016：176.

民事权益，促使当事人自觉履行法律规定的义务，从而维护正常的社会秩序和经济秩序。

3. 有利于增强团结并促进人际关系的和谐。民事纠纷如果不及时解决或处理不当，在一定条件下可能会转化为恶性刑事案件，危及社会安定。而法院调解具有快速简捷的特点，调解过程又是法官释法析理、当事人自我教育的过程，当事人的诉讼主体意识得到充分体现，有利于消除当事人之间的隔阂，增强团结，促进人际关系的和谐。

通过本案可以看出，法院调解是在法院审判人员的主持下依法进行的，法院调解贯穿于民事审判程序的全过程，二审过程中也可调解。法院调解是非必经审理程序。

本案中，最后钱某放弃精神损害赔偿，孙某向钱某支付赔偿金，赵家兄弟也向钱某支付赔偿金，并且孙某和钱某同意继续合伙经营。可以看出，法院调解有效实现了"案结事了"的良好社会效果，增强团结并促进了人际关系的和谐。

【法律索引】

1. 《中华人民共和国民事诉讼法》第 9 条、第 125 条。

2. 《最高人民法院关于适用〈中华人民共和国民事诉讼法〉的解释》（2021 年1 月施行）第 142—144 条。

【案例二】法院调解的原则与程序

张三与李四合伙合同纠纷

张三与李四本是好朋友，两人合伙开了个早餐店卖早餐。营业 3 个月后两人在饭店的营业方式上产生了分歧，张三不愿再与李四合作，可是李四为了挽留张三，不给张三发放这 3 个月来经营的利润。张三将李四起诉到了当地的基层法院。法官见二人原先是好朋友，于是建议两人先调解一下。李四欣然同意，张三心想：打官司又花钱又浪费时间，如果能调解，早点把钱拿回来也好。但是在调解过程中，就数额问题，张三和李四意见不能达成一致。张三见李四没有丝毫让步的意愿，感到十分伤心，于是他要求法官进行判决。法官对张三说，判决可以，但是如果不接受调解，结果对你更不利。张三听后，只能接受李四的要求达成了调解协议。❶

---

❶ 郑金余. 民事诉讼法案例教程［M］. 北京：法律出版社，2019：122.

【法律问题】

本案中法官的做法有什么不当之处？

【法理分析与参考意见】

一、法院调解的原则

法院调解的原则是指人民法院和当事人在法院调解的过程中，应当共同遵守的准则。根据我国《民事诉讼法》的规定，法院调解必须遵循三个原则。

（一）双方当事人自愿的原则

自愿原则，是指人民法院必须在双方当事人自愿的基础上进行调解。自愿原则既包括程序意义上的自愿，也包括实体意义上的自愿。前者指用调解的方式解决纠纷，应出于双方当事人的意愿或取得双方的同意，人民法院不能强制进行。后者指调解达成的协议，也要出于当事人双方的意愿，协议的内必须是双方真实意志的表示，不带任何勉强的成分。当事人不愿调解或调解无效的，应当及时判决，不能久调不决。审判人员不能片面追求调解结案率，不管当事人是否愿意就进行调解。

（二）查明事实、分清是非原则

根据《民事诉讼法》第96条的规定，法院对民事案件进行调解，应当在查明事实、分清是非的基础上进行。《适用民事诉讼法解释》也明确规定，人民法院受理案件后，经审查，认为法律关系明确、事实清楚，在征得当事人双方同意后，可以进行调解。所以，查明事实和分清是非是法院调解的基础，调解绝不等于和稀泥。审判人员在进行调解过程中必须查明案件的基本事实，查清争议的是非曲直，明确当事人各自的责任，然后确定双方的权利义务。

（三）合法原则

合法原则是指人民法院和双方当事人的调解活动及其达成的调解协议的内容必须符合法律的规定。合法原则要求，一方面，调解在程序上要合法，要依照《民事诉讼法》的规定进行。另一方面，调解协议的内容也要合法，要符合实体法的规定，不得损害国家、集体和他人的合法权益，不得违反法律的有关禁止性规定。对当事人双方达成的调解协议，人民法院需要进行审查，如果发现有违反法律禁止性规定，损害国家、集体和他人合法权益情形的，不得批准。

二、法院调解的程序

法院调解的程序是指调解的过程。根据立法精神和司法实践，我国法院调解有开始、进行和结束三个阶段。

（一）调解的开始

法院调解既可以依当事人申请而开始，也可以由人民法院依职权主动开始。

在审判实践中，人民法院依职权主动进行调解的居多数。人民法院受理民事案件后，一般首先考虑有无调解解决的可能，如果认为有可能调解解决，即可在征得当事人同意的前提下，由合议庭或独任审判员进行调解。凡不能调解解决，或当事人一方或双方不同意的，人民法院不能强迫调解。

（二）调解的进行

法院调解的进行通常要按照开庭审理的方式和步骤。调解开始前，审判人员要告知当事人有关诉讼权利和诉讼义务、主持调解人员和书记员的姓名，询问当事人是否申请回避。当事人申请不公开进行调解的，人民法院应当准许。调解时当事人各方应同时在场，根据需要也可以对当事人分别做调解工作。另外，在调解过程中，往往涉及当事人的商业秘密或个人隐私，为了避免当事人的信息外泄，应保证调解程序和信息的保密性。

（三）调解的结束

法院调解的结束有两种情况：第一种是因调解无效而结束。即经过调解，双方当事人不能达成协议，或虽已达成协议，但协议内容不合法，当事人又不愿修改以及在调解书送达前一方反悔的，人民法院应当及时判决。第二种是因调解成立而结束。即双方当事人经法院调解后，达成了调解协议，经过人民法院审查，协议内容符合国家法律、政策的，应予以批准。需制作调解书的，应制作调解书并发给双方当事人。不需要制作调解书的，协议内容应记入笔录，并由双方当事人、审判人员和书记员签名盖章，从而结束案件的审理程序。

三、法院调解书的制作

调解书是指人民法院制作的记载当事人之间协议内容的法律文书。调解书既是当事人相互协商结果的记录，又是人民法院承认当事人之间的协议，并依法赋予其法律效力的法律文书。用调解方式结案的案件一般应当制作调解书。第二审人民法院调解结案的，也应当制作调解书。

调解书一般应包括：1. 首部。首部应写明制作调解书的人民法院、案件编号、当事人、第三人以及诉讼代理人的情况，写明案由和主持调解的审判人员姓名。2. 主文。调解书的主文是调解书的核心内容，应当写明诉讼请求、案件事实和调解结果。3. 尾部。调解书最后由审判员、书记员签名，加盖人民法院印章，并写明调解书的制作时间。同时，调解书的尾部要写明"本调解书与发生法律效力的判决书具有同等效力"。

本案中，法官违反了当事人自愿原则。在张三见李四没有丝毫让步的意愿再三要求法官进行判决的情况下，法官应该及时判决。案中法官对张三说"判决可以，但是如果不接受调解，结果对你更不利"的话，更是对张三形成了巨大的精神压力，无奈之下才接受了李四的要求。在此种情势下，达成的调解协议显然不是张三的真实意思表示，违背了自愿的调解原则。

【法律索引】

1. 《中华人民共和国民事诉讼法》第 9 条、第 96 条、第 125 条。

2. 《最高人民法院关于适用〈中华人民共和国民事诉讼法〉的解释》（2021 年 1 月施行）第 145—148 条。

3. 《最高人民法院关于人民法院民事调解工作若干问题的规定》第 1—12 条。

【案例三】法院调解的效力

某化肥厂环境污染侵权案

某化肥厂排放的废水污染了附近甲、乙、丙三个村共有的水库，使鱼类大量减产，损失数万元。三个村联合向法院起诉索赔。经法院调解，化肥厂只同意赔偿索赔金额的 50%，甲、乙两村表示同意，遂与化肥厂达成协议。调解书送达丙村时，丙村拒收，并声称当天调解时不在场，甲、乙两村事先也未征求丙村的意见，因此，仍坚持要求化肥厂按诉讼请求全额赔偿。❶

【法律问题】

甲、乙两村与化肥厂达成的调解协议是否有效？为什么？

【法理分析与参考意见】

一、法院调解发生效力的时间

依照《民事诉讼法》的规定，法院调解发生效力的时间，因是否制作调解书而有所不同。

（一）调解书生效的时间

《民事诉讼法》第 100 条第 3 款规定："调解书经双方当事人签收后，即具有法律效力。"这说明如果当事人没有选择调解协议的生效方式，那么凡是需要制作调解书的案件，必须将调解书送达当事人，并经当事人包括第三人、必要的共同诉讼人签收后，才产生法律效力。签收之前，一方当事人反悔的，调解书不发生法律效力。所以，送达调解书应采用直接送达的方式，如果当事人拒绝签收，应视为调解

---

❶ 陈桂明，刘芝祥. 民事诉讼法 [M]. 北京：中国人民大学出版社，2015：148.

不成立，调解书不发生法律效力。

（二）不需制作调解书的调解协议生效的时间

依照《民事诉讼法》第101条的规定，下列案件在调解协议达成后，人民法院可以不制作调解书：1. 调解和好的离婚案件；2. 调解维持收养关系的案件；3. 能够即时履行的案件；4. 其他不需要制作调解书的案件。对不需要制作调解书的案件，书记员应当将当事人协议的条款记入笔录，由双方当事人、审判人员、书记员签名或盖章后，即产生法律效力。

二、法院调解的效力

法院调解是人民法院审理民事案件、结束诉讼程序的一种方式，所以它与生效的法院判决具有同等的法律效力。主要表现在以下方面：

（一）结束诉讼程序

这是法院调解在程序方面的法律效力。它和法院判决一样，都是正常结束诉讼程序的方式。凡经调解结案的，人民法院不得再行审理和另行判决。

（二）确认当事人之间的权利义务关系

这是法院调解在实体方面的法律效力。法院调解生效，即表明当事人之间的实体权利义务争议已经得到了解决和确认，双方当事人不得就同一诉讼标的和以同一诉讼理由再向人民法院提起诉讼。

（三）不得提起上诉

由于调解协议是双方当事人自愿达成的，所以不产生对调解不服的问题，法律也不允许当事人对调解提起上诉。

（四）具有强制执行效力

调解书生效后，即产生与生效判决一样的强制执行效力，负有义务的一方当事人不自觉履行调解书中确定的义务的，对方当事人可向人民法院申请强制执行。

分析本案，甲、乙两村与化肥厂达成的调解协议不能生效。因为，在必要的共同诉讼中达成的调解协议有效的前提，是所有共同诉讼的当事人都参加了调解。而本案中，丙村拒收调解协议，并声称当天调解时不在场，甲、乙两村事先也未征求丙村的意见，所以该调解协议不能生效。

【法律索引】

1.《中华人民共和国民事诉讼法》第100条、第101条。

2.《最高人民法院关于适用〈中华人民共和国民事诉讼法〉的解释》（2021年1月施行）第149—151条。

3.《最高人民法院关于人民法院民事调解工作若干问题的规定》第13—17条。

【案例四】当事人和解

罗某与广东某网络公司侵权纠纷

罗某（笔名光影猎人）是国家高级摄影师、省摄影家协会会员，作品经常被各大媒体、网络转载。某日，广东省某网络信息有限公司将罗某发表于摄影网站"色影无忌"的图文游记《冰雪黄山行》，擅自转载、摘编于该公司主办的"读图时代"栏目，至被告因侵权行为败露而被迫删除转载的图文为止，其作品被非法使用长达 4 个月零 7 天。罗某发现侵权行为后，当日发出电子邮件给被告，要求被告与自己联系以便协商解决问题。不见被告答复后，罗某以笔名"光影猎人"在被告网站"阳光投诉建议咨询"板块注册发言，再次要求被告与本人联系，不料却受到网站管理人员的删帖、威胁和侮辱。之后，罗某在出示法律咨询记录后，被告某编辑给罗某发来电子邮件，承认转载了罗某部分文字及 4 张图片，将其侵权行为定性为无法联系作者而导致拖欠稿费，以掩盖其非法侵权事实。

罗某遂将广东省某网络信息有限公司告上法庭，请求法院判令被告公开赔礼道歉并赔偿其经济损失，并要求被告的道歉声明在被告网站上连续刊登 4 个月零 7 天。经过调解，原被告双方达成和解协议，广东省某网络信息有限公司表示歉意，并向罗某支付各项费用共计人民币 7600 元（含图片使用费、公证费、诉讼费及其他相关费用）。和解之后，罗某撤诉。❶

【法律问题】

如果广东省某网络信息有限公司不履行双方达成的和解协议，罗某是否可以依据该和解协议申请人民法院强制执行？为什么？

【法理分析与参考意见】

一、当事人和解的概念和法律效力

当事人和解是指在民事诉讼过程中，双方当事人在平等自愿的基础上通过自行协商，达成协议，以解决民事纠纷的活动。我国民事诉讼中的当事人和解包括审判程序中的和解与执行程序中的和解。

当事人和解的法律效力分为两个方面：第一，当事人达成和解协议后，可以申请法院予以确认并制作调解书。此时，则发生法院调解结束诉讼程序的法律后果，调解书与生效判决具有同等效力，当事人不得就同一纠纷再行上诉。第二，如

---

❶ 舒瑶芝. 民事诉讼法原理与案例教程［M］. 北京：清华大学出版社：185-186.

果当事人未申请法院制作调解书，则当事人和解后可以选择撤诉。当事人撤诉后在法定期间内仍然可以再行起诉。

二、当事人和解与法院调解的区别

当事人和解与法院调解都是双方当事人在平等自愿的基础上，通过相互协商、互谅互让，以解决民事纠纷的活动，都是当事人行使处分权的行为。当事人和解与法院调解具有很多相同之处，但不能把两者完全等同起来，因为两者在以下几个方面存在明显区别。

首先，性质不同。当事人和解不是一种独立的结案方式，只是当事人对自己的实体权利和诉讼权利的一种自由处分行为。而法院调解是人民法院行使审判权，审理民事案件的一种方式，调解活动本身就是法院对案件的一种审理活动。

其次，参与主体不同。当事人和解一般由双方当事人自己进行，只在有需要的情况下，可以申请人民法院或者有关组织和个人对和解活动进行协调。而法院调解作为人民法院行使审判权的一种方式，是在人民法院组织、主持下进行。

最后，效力不同。双方当事人达成和解协议后并不能当然结束诉讼，而是需要通过撤诉或者通过申请法院制作调解书予以终结诉讼，且和解协议不属于执行依据，不具有强制执行的法律效力。而调解协议是人民法院审理民事案件的一种方式，所达成的调解协议与生效判决书具有同等法律效力。在一方当事人不履行其义务时，对方当事人有权依据生效调解书申请人民法院强制执行。

本案中，如果广东省某网络信息有限公司不履行双方达成的和解协议，罗某不能够依据该和解协议申请人民法院强制执行。因为双方当事人达成的和解协议不具有强制执行的法律效力。

【法律索引】

1.《中华人民共和国民事诉讼法》第 53 条、第 237 条。

2.《最高人民法院关于适用〈中华人民共和国民事诉讼法〉的解释》（2021 年1 月施行）第 148 条。

3.《最高人民法院关于人民法院民事调解工作若干问题的规定》第 4 条、第18 条。

【阅读与参考文献】

[1] 江伟 . 民事诉讼法（第四版）[M] . 北京：高等教育出版社，2013.

[2] 陈桂明，刘芝祥 . 民事诉讼法（第四版）[M] . 北京：中国人民大学出版社，2015.

［3］舒瑶芝.民事诉讼法原理与案例教程［M］.北京：清华大学出版社，2016.

［4］周艳萍.民事诉讼法学案例评析［M］.北京：中国政法大学出版社，2017.

［5］郑金余.民事诉讼法案例教程［M］.北京：法律出版社，2019.

［6］张海燕，刘延杰，等.民事诉讼法案例研习［M］.北京：清华大学出版社，2017.

［7］王琳，王仁波.民事诉讼法案例教程［M］.北京：中国民主法制出版社，2016.

【思考题】

1. 简述法院调解的概念和特点。

2. 简述法院调解的原则。

3. 简述法院调解的效力。

4. 简述法院调解与当事人和解的区别。

第九章 诉讼保障制度

本章学习任务

民事诉讼保障制度是保障审判程序、执行程序或者其他权利保护程序中权利人的利益设立的。通过本章学习重点掌握:

1. 保全程序

2. 先予执行

3. 妨害民事诉讼强制措施的种类

【案例一】保全程序

柴某申请财产保全案

2007年9月29日,上市公司广东雪莱特光电科技股份有限公司(以下简称雪莱特公司)的控股股东、董事长柴某生将刚刚辞职的公司副总经理李某辉告上法院,要求李某辉返还之前自己赠给他的雪莱特公司股份5223886股,赔偿经济损失17812080.45元,并承担全部诉讼费用,理由是李某辉违反双方之间签订的协议,没有履行在雪莱特公司服务满5年的约定。在案件审理过程中,法院根据柴某生的申请,对李某辉名下的5223886股雪莱特公司股票、两处房产及一辆机动车进行了财产保全。雪莱特公司股票在保全当天的收盘价为17.2元/股,而保全的房产与机动车价值约20万元,上述被保全财物的总价值约为10860万元。案件经过一审、二审,法院最终于2009年7月27日作出李某辉向柴某生退还雪莱特公司股份348259股,赔偿经济损失1929万余元的判决,而雪莱特公司股票在判决生效之日的价格为12.77元/股。也就是说,法院最终仅支持了柴某生2374万元的诉讼请求。此后,李某辉以柴某生超标申请查封财产8486万元,超过合理范围,造成其财物损失为由提起诉讼,请求确认柴某生的申请保全错误,并判令柴某生赔偿超额

保全财产在保全期间的贬值损失和相应的利息损失。❶

【法律问题】

1. 在本案中，柴某生的申请保全是否存在错误，是否要赔偿李某辉的损失？
2. 我国的财产保全制度如何规定的？

【法理分析与参考意见】

一、财产保全

财产保全按照提起时间的不同可分为诉中财产保全和诉前财产保全。

（一）诉中财产保全

诉中财产保全是指人民法院在受理案件之后、作出判决之前，对当事人的财产或者争执标的物采取限制当事人处分的强制措施。民事案件从人民法院受理到作出生效判决需要经过几个月甚至更长的时间，法院判决生效后，如果债务人不履行义务，债权人申请强制执行又需要一段时间，在这一过程中，如果债务人隐匿、转移或者挥霍争议中的财产或者以后用于执行的财产而得不到制止，不仅会激化当事人双方的矛盾，而且可能会使生效的判决不能得到执行。有些争执标的物，如水果、水产品等，容易腐烂变质，必须及时处理，保存价款，以减少当事人的损失。

采用诉中财产保全应当具备如下条件：

（1）需要采取诉中财产保全的案件必须是给付之诉，即该案的诉讼请求具有财产给付内容。

（2）适用情况是案件以后不能执行或者难以执行。

（3）适用时间是在民事案件受理后、法院尚未作出生效判决前。在一审或二审程序中，如果案件尚未审结，就可以申请财产保全。如果法院的判决已经生效，当事人可以申请强制执行，但是不得申请财产保全。

（4）申请的形式一般应当由当事人书面提出。

（5）人民法院可以责令当事人提供担保。人民法院依据申请人的申请，在采取诉中财产保全措施前，可以责令申请人提供担保。提供担保的数额应当相当于请求保全的数额。申请人不提供担保的，人民法院可以驳回申请。

（二）诉前财产保全

诉前财产保全，是指在紧急情况下，法院不立即采取财产保全措施，利害关系人的合法权利会受到难以弥补的损害，因此法律赋予利害关系人在起诉前有权申

---

❶ 选自《中华人民共和国最高人民法院公报》2014 年第 3 期。

请人民法院采取财产保全措施。

诉前财产保全的适用条件是：

（1）需要采取诉前财产保全的申请必须具有给付内容，即申请人将来提起案件的诉讼请求具有财产给付内容。

（2）适用情况是如不立即采取相应的保全措施，可能使申请人的合法权益受到难以弥补的损失。

（3）适用时间是由利害关系人提出诉前财产保全申请。利害关系人，即与被申请人发生争议，或者认为权利受到被申请人侵犯的人。

（4）申请诉前财产保全的，应当提供相当于请求保全数额的担保；情况特殊的，人民法院可以酌情处理。申请诉前行为保全的，担保的数额由人民法院根据案件的具体情况决定。

本案柴某生的申请保全没有错误，不应赔偿李某辉的损失。

《民事诉讼法》第103条规定："人民法院对于可能因当事人一方的行为或者其他原因，使判决难以执行或者造成当事人其他损失的案件，根据对方当事人的申请，可以裁定对其财产进行保全、责令其作出一定行为或者禁止其作出一定行为。"因此，申请财产保全系当事人的一种权利。但当事人也应依法正确地行使权利，不得滥用，否则也应承担相应的法律责任。《民事诉讼法》第108条规定："申请有错误的，申请人应当赔偿被申请人因保全所遭受的损失。"实践中申请有错误的情形多种多样，如诉前财产保全措施采取后，申请人未在法定期限内提起诉讼或者仲裁；诉讼中财产保全后，法院最终判决驳回申请人的起诉或者诉讼请求、申请保全的原因根本就不存在、因被申请人提出异议法院撤销了保全裁定或者其他可归责于申请人的原因导致保全裁定被撤销。但对于保全申请是否错误，不能仅依据判决支持的请求额与保全财产额的差异来认定。而应综合具体案情，依据申请人是否具有以保全损害被申请人合法权益的过错，保全对象是否属存在权属争议的标的物、被申请人是否存在损失、是否为了保证判决的执行等因素进行判断。

就本案而言，柴某生提起诉讼的原因是认为李某辉违约，因此要求返还全部股份，其为了保证将来的判决能够得到执行，因此就涉案的股票申请了保全。从客观上来说，柴某生申请保全的财产在其诉讼请求的范围之内在保全财产的范围上符合法律规定；从主观上来说，柴某生只是为了保证将来生效判决的实现，并无损害李某辉财产的意图，即主观上不存在滥用权利来损害被申请人的故意或者明显过失。因此，对于李某辉提出的赔偿贬值损失和利息损失的诉讼请求，法院应当判决驳回。

二、行为保全

行为保全是指为了保证法院将来的生效判决能够得到执行，或者为了避免当事人、利害关系人的利益受到不应有的损害或者进一步的损害，人民法院根据当事人、利害关系人的申请，裁定被申请人为一定行为或者不为一定行为的强制性措施。

（一）行为保全的启动

行为保全应以当事人申请为原则，以法院依职权启动为例外。

（二）适用的情况

（1）有初步证据表明申请人的合法权益正在或者将要受到被申请人的侵害；（2）如不采取行为保全，将会给申请人造成损害或者使其损害扩大；（3）如不采取行为保全，可能给申请人造成的损害大于如采取行为保全可能给被申请人造成的损害。但如采取行为保全会损害公共利益的，不得采取行为保全。

（三）应当提供担保

我国《民事诉讼法》第103条第2款规定："人民法院采取保全措施，可以责令申请人提供担保，申请人不提供担保的，裁定驳回申请。"该规定赋予了人民法院有自由裁量权，即根据具体情况，可以责令申请人提供担保，也可以责令申请人不提供担保。但法院决定申请人提供担保的，申请人应当提供担保，否则，法院可裁定驳回其申请。因此，责令申请人提供担保是原则，不提供担保是特例。

（四）执行方式

行为保全一般是命令被申请人为或者不为一定行为，新《民事诉讼法》对行为保全的措施未作立法规定，但法院可以根据案件需要而酌定，保全措施大体包括指定监管禁止被申请人一定行为、强制被申请人实施一定行为等，裁判言辞可相应采用"指定监管令""禁止令""强制令"等，这样的称呼与保全措施的内容比较符合，通俗易懂，便于公众的理解和接受。

三、行为保全与财产保全的区别

行为保全和财产保全都属于民事保全制度，都具有保障判决执行的目的。根据申请保全的时间不同，都可以划分为诉中保全和诉前保全两种情形。二者有很多共同之处，但是作为不同的保全制度，二者也有很多的区别。

（一）适用对象不同

财产保全主要适用于争议标的为财物的案件，其保全对象是被申请人的财产或者双方当事人争议的财产。而行为保全适用于诉讼请求为非金钱请求的民事案件，其保全对象是行为，包括积极的作为和消极的不作为。

（二）是否提供担保不同

诉前财产保全申请人必须提供担保，否则法院就会驳回财产保全的申请。诉讼财产保全是否提供担保，可以由人民法院根据案件的具体情况自由裁量。而行为保全主要是限制被申请人的行为，往往涉及当事人的重大利益，容易造成难以弥补的损害或者进一步的损害。为了使被申请人因错误的行为保全措施造成的损失能够得到及时的补偿，人民法院可以责令当事人提供担保。

（三）保全措施不同

财产保全的对象是财物，采取的保全措施主要是查封、扣押、冻结等限制财产转移的方法。行为保全主要是责令被申请人为一定的行为或者不为一定的行为。根据案件具体情形的不同，行为保全的方式具有多样性，法官可以自由裁量，通常采取责令停止侵害、排除妨碍、限制活动等方式。

【法律索引】

《中华人民共和国民事诉讼法》第 103 条、第 104 条、第 106 条、第 108 条。

【案例二】先予执行

李某申请先予执行案

一日下午，李某像往常一样，下班后就到其女儿赵某某（4 岁）所在的幼儿园接其回家。母女俩在穿越人行横道线的时候，被酒后驾车的王某所驾驶的"东风"牌小货车撞伤。李某诉王某道路交通事故人身损害赔偿一案被法院立案。经查，赵某某系李某与邻村赵某未婚同居所生子女。事故发生后，赵某以其之间没有结婚登记，没有婚姻关系的存在为由拒绝承担责任。李某的娘家则认为"嫁出去的女，就是泼出去的水"，也袖手旁观。而王某在事故发生后，弃车下落不明，未替受害母女俩预付任何治疗费用。诉至法院时，母女俩均未脱离治疗，生活极度困难。李某申请法院先予执行。主审法官审查后认定符合先予执行的条件，协调交警部门对王某驾驶的"东风"牌小货车进行了变卖，卖得价款全部用以支付给李某母女，解决了母女俩的燃眉之急。在母女治疗结束后，该案得到及时开庭审理和判决。❶

【法律问题】

1. 本案中法院的审判是否正当？

2. 我国的先予执行制度是如何规定的？

---

❶ 叶青. 民事诉讼法：案例与图表 [M]. 北京：法律出版社，2015：138.

【法理分析与参考意见】

本案中，人民法院的判决完全正确，可以解决李某母女的燃眉之急。先予执行制度克服了传统的事后制裁赔偿救济模式，体现了法律的救济功能，解决了弱势一方当事人在生活和生产经营上的急迫情形，从而消除当事人在诉讼地位上的实质不平等。

先予执行，是指在受理案件后、终局执行以前，由于权利人生活或生产经营的急需，法院裁定义务人预先给付权利人一定数额的金钱或者财物的措施。

先予执行的着眼点是满足权利人的迫切需要。例如，原告因高度危险作业而遭受严重的身体伤害，急需住院治疗，原告无力负担医疗费用，而与负有承担医疗费用义务的被告不能协商解决，原告诉至人民法院，请求法院判决。民事案件从起诉到作出生效判决，需要经过较长的时间。在这样的案件中，如不先予执行，等人民法院作出生效判决后再由义务人履行义务，就会使权利人不能得到及时治疗。

一、先予执行的适用范围

先予执行是法院已经受理案件但是尚未作出终审判决，法院责令当事人预先履行义务。所以，它只适用于特定的案件。根据《民事诉讼法》第109条的规定，下列案件，可根据当事人的申请，裁定先予执行：（1）追索赡养费、扶养费、抚养费、抚恤金、医疗费用的；（2）追索劳动报酬的；（3）因情况紧急需要先予执行的。

《适用民事诉讼法解释》规定，因情况紧急需要先予执行的案件包括：（1）需要立即停止侵害、排除妨碍的；（2）需要立即制止某项行为的；（3）追索恢复生产、经营急需的保险理赔费的；（4）需要立即返还社会保险金、社会救助资金的；（5）不立即返还款项，将严重影响权利人生活和生产经营的。

在先予执行的数额方面，应当限于当事人诉讼请求的范围，并以当事人的生产、生活的急需为限。

二、先予执行的适用条件

先予执行要求义务人提前履行法定义务，是针对某些案件而确立的一种诉讼制度。为了避免损害被申请人的利益，避免给法院判决的执行带来不必要的争议，人民法院作出先予执行裁定时，必须严格遵守法定条件。根据《民事诉讼法》第110条的规定，裁定先予执行的条件包括以下方面：

（一）当事人之间的权利义务关系明确，不先予执行将严重影响申请人的生活或生产经营

先予执行的案件，应当是在发生争议的民事法律关系中，双方当事人之间各自应享有什么样的权利、承担什么样的具体义务都十分清楚。例如，原告与被告是父子关系，原告因无生活来源，请求被告给付赡养费。这种案件权利义务关系很明

确，法院可以根据原告的申请，在诉讼请求的限度内，裁定被告预先给付原告一定数额的金钱，以解决原告生活急用。

（二）申请人确有困难并提出申请

申请人确有困难主要指两种情况：1. 原告是依靠被告履行义务而维持正常生活，在人民法院作出生效判决前，如不裁定先予执行，原告就无法维持正常的生活；2. 原告的生产经营活动必须依靠被告提供定条件或履行一定义务才能够进行，在人民法院判决前，如不裁定先予执行，将严重影响原告的生活或生产经营，甚至导致原告无法维持生活，或者不能生产经营。

只有当事人生活或生产十分困难或者急需，并主动向人民法院提出先予执行申请，人民法院才能作出裁定，要求被告先予执行。人民法院不能依职权作出先予执行的裁定。

（三）案件的诉讼请求属于给付之诉

案件不具有给付性质的，不能先予执行。如原告要求被告给付抚育费、赡养费等诉讼，可以申请先予执行，而请求解除收养关系等诉讼，则不能申请先予执行。

（四）被申请人有履行能力

先予执行的目的是及时解决原告的实际困难。但是，如果被告根本就没有能力先行给付，法院即使裁定先予执行也无法实际执行。所以，在诉讼判决作出前，法院裁定先予执行，必须是在被申请人有履行能力的条件下作出的。

三、行为保全与先予执行的区别

行为保全和先予执行的共同之处在于，二者的适用都不同程度地强调了案件事项的紧急性，都要求在终局裁判之前给予申请人以临时救济，都可以指向一定的行为。但是，二者也有明显的不同。

（一）适用时间不同

先予执行是提前实现判决的全部或部分内容，只能在诉讼开始之后、案件审理过程中适用；而在紧急情况下，无论是在起诉之前还是在诉讼进行中，都可以申请行为保全。

（二）适用范围不同

行为保全可以广泛地适用于所有非金钱请求的民事案件；而先予执行则仅限于法律明确规定的几类案件，具体为追索劳动报酬、抚养费、赡养费、抚育费、抚恤金、医疗费用以及其他情况紧急需要先予执行的案件。

（三）适用条件不同

先予执行的适用条件是：当事人之间的权利义务关系明确；不先予执行将会

严重影响申请人的生活或生产；被申请人有履行能力。而行为保全的适用条件是：有不法行为将要或者正在威胁申请人的利益，若不及时制止可能会给申请人带来不可弥补的损失或者导致损失的扩大。

（四）担保要求不同

行为保全的适用对象一般是债务人的行为，也可能会涉及人身利益，因此人民法院可以责令申请人提供担保。先予执行是否提供担保，法官可以行使自由裁量权。由于先予执行的目的就是满足申请人生活或生产上的急需，一般不需要提供担保。

【法律索引】

1.《中华人民共和国民事诉讼法》第 109 条、第 110 条。

2.《最高人民法院关于适用〈中华人民共和国民事诉讼法〉的解释》（2021 年 1 月施行）第 170 条。

【案例三】妨害民事诉讼强制措施的种类和适用

胡某妨害民事诉讼强制措施案

2010 年 2 月 7 日，在河南某村空旷的田野上，几个放羊人围坐在背风处的火堆旁烤火。突然，从火堆里发出一声巨响。村民王某龙被炸伤了眼睛。原来，是在场的 14 岁少年武某抢到一只蜡烛般大小的花炮，他两次将花炮埋入火堆中，花炮爆炸而引起的。武某的父亲将王某龙送往医院，并为其付了 2000 多元的医疗费用。王某龙被鉴定为八级伤残，继续治疗的费用高达 7000 多元。王某龙再次找到孩子的父亲要求赔偿，但孩子的父亲却认为，孩子不懂事，事发现场的成年人看到孩子两次往火堆里埋炮而不加以制止，责任应由成年人承担。由于双方不能达成一致，王某龙便把武某和他的父亲告上了法庭。法院受理此案后认为，双方争执的焦点即责任的认定取决于事发现场的成年人是否看到孩子两次向火堆里埋炮这一行为。在场的另一小孩证明王某龙看到武某的行为而不加以制止，武某也如此说。法院最初调查时，在场的另一成年人胡某说自己什么也没看到，自己刚坐下，花炮就响了。在场的两个小孩也证明胡某后到，只看到结果。可是，来到法庭上，胡某替王某龙作证说，王某龙没有看到武某往火堆里扔花炮。由于胡某的前后说法自相矛盾，法庭对其进行了耐心细致的询问，胡某终于说出了实情，由于王某龙曾帮助胡某的侄女在县城找到工作，所以当王某龙找到他要他作伪证时，他碍于人情，便答应了。合议庭在了解事实真相后，当场作出口头决定，对胡某罚款 100 元和拘留 3 天。

【法律问题】

1. 胡某的行为属于什么行为？
2. 罚款和拘留的强制措施是否可以同时适用？
3. 妨害民事诉讼强制措施的种类和适用是如何规定的？

【法理分析与参考意见】

本案中胡某的行为符合妨害民事诉讼行为的构成要件，属于妨害民事诉讼的行为，对其进行罚款和拘留可以同时使用。罚款和拘留只能由合议庭或独任审判员提出处理意见，报请院长批准后执行。同时人民法院应当制作决定书，并将此决定书正式通知给行为人。所以，本案中合议庭当场作出口头决定，对胡某实行罚款和拘留的强制措施是不正确的。

我国对妨害民事诉讼的强制措施的种类与适用有如下规定。

一、拘传

拘传，是人民法院对必须到庭或者必须接受询问的被告、被执行人采取强制手段，使其到庭或者到场的一种强制措施。

（一）拘传的适用范围

1. 对拒不到庭的被告的拘传

《民事诉讼法》第 112 条规定："人民法院对必须到庭的被告，经两次传票传唤，无正当理由拒不到庭的，可以拘传。"对被告拘传应当具备以下条件：

（1）拘传对象是依照法律规定及人民法院认为必须到庭的被告。根据最高人民法院的司法解释，必须到庭的被告，主要是指追索赡养费、扶养费、抚育费案件的被告，损害赔偿案件的被告，以及被告不到庭就无法查清案情的被告。此外，给国家、集体或者他人造成损害的未成年人的法定代理人，如其必须到庭，人民法院也可以适用拘传措施。

（2）必须是经过两次传票传唤的必须到庭而拒不到庭的被告，人民法院可以适用拘传措施。用拘传措施的必要前提性程序是，被拘传的是人民法院使用传票传唤必须到庭的被告。必须是在人民法院两次传票传唤后仍不到庭，而不是用打电话、捎口信等简易方式传唤被告两次。

（3）必须是经传唤无正当理由拒不到庭的被告。必须到庭的被告经人民法院两次传票传唤后，均无正当理由而不到庭，构成拒不到庭行为，可以适用拘传。如果被告经过人民法院传票传唤后，突然生病住院治疗，或者发生了不可抗拒的自然灾害等（如发生地震致使交通中断），属于有一定的正当理由无法出庭，不构成拒不到庭行为，不能适用拘传。

2. 对拒不接受传唤的被执行人的拘传

根据《最高人民法院关于人民法院执行工作若干问题的规定》，人民法院可以对拒不接受传唤的被执行人采取拘传手段。对被执行人适用拘传，应当同时符合下列条件：（1）拘传的对象是被执行人或者被执行人的法定代表人；（2）被拘传人是必须到人民法院接受询问的被执行人；（3）人民法院已经向被执行人发出两次传票传唤其接受询问；（4）被执行人无正当理由拒不到场。

（二）拘传的适用程序

拘传是一种较为严厉的强制性手段，必须严格按照法定程序进行。人民法院适用拘传必须使用拘传票，并直接送达被拘传人。在拘传前，应向被拘传人说明拒不到庭的后果，经批评教育仍不到庭的，可以拘传其到庭。拘传应当由司法警察执行。

对被执行人采取拘传方式进行调查询问，应当拘传至人民法院；在人民法院本辖区以外采取拘传措施时，应当将被拘传人拘传到当地人民法院，当地人民法院应当予以协助。由于拘传不同于拘留，所以最高人民法院进一步规定，对被拘传人的调查询问不得超过 24 小时，调查询问后不得限制被拘传人的人身自由。

二、训诫

训诫，是人民法院对妨害民事诉讼与执行的行为人，以口头的方式，劝阻并警告行为人及时改正其错误的强制措施。

在司法实践中，人民法院常常采用训诫的方法强制教育有轻微妨害行为的行为人，以保证民事诉讼与执行的正常进行。人民法院在对妨害行为人适用训诫措施后，如果尚不足以排除妨害或消除影响的，可以并处或继续适用其他措施。

人民法院适用训诫强制措施时，由合议庭或者独任审判员决定，通常由审判长或独任审判员以口头形式指出行为人的错误事实，对其提出要求。训诫内容应记入笔录备查。

三、责令退出法庭

责令退出法庭，是人民法院对违反法庭规则、扰乱法庭秩序的行为人，强迫其退出法庭的一种强制措施。合议庭或独任审判员对上述行为人进行批评教育、训诫后，仍不改过的，经合议庭或独任审判员决定并当庭宣布，责令行为人立即退出法庭。

四、罚款

罚款，又称司法罚款，是人民法院对严重妨害民事诉讼与执行的行为人采取的一种经济上的惩罚手段。

罚款措施不仅适用于妨害民事诉讼与执行的自然人，而且同样适用于法人或其他组织以及有关的责任者。《民事诉讼法》规定，对公民个人的罚款金额，为人民币 10 万元以下；对法人或其他组织的罚款金额，为人民币 5 万元以上 100 万元以下。在司法实践中，人民法院根据妨害行为的具体情节及造成的危害来决定罚款数额，以达到惩戒妨害行为人的目的。

对妨害行为人采取罚款措施时，先由合议庭或独任审判员提出一个具体罚款的意见，经人民法院院长批准后，制作罚款决定书。被罚款的单位或个人对罚款决定不服的，可以向上一级人民法院申请复议一次，但复议期间不停止罚款决定的执行。

罚款措施可以与其他强制措施合并使用。

民事案件中的罚款措施与刑事案件中的罚金，虽然都是对行为人在经济上进行一定的制裁，但两者在性质、适用法律等方面有很大的不同。罚金是一种刑罚，是由人民法院根据我国《刑法》的有关规定来确定的，适用于刑事犯罪分子；罚款是一种司法措施，是由人民法院根据《民事诉讼法》的有关规定来确定的，适用于妨害民事诉讼与执行的行为人。

五、拘留

拘留，又称司法拘留，是人民法院对严重妨害民事诉讼与执行的行为人，在一定时间内限制其人身自由的强制措施。这是对妨害民事诉讼与执行情节比较严重的行为人采取的一种最严厉的强制性手段。

根据《民事诉讼法》第 118 条第 2 款的规定，拘留的期限为 15 日以下。被拘留人在拘留期间承认并改正错误的，可以提前解除拘留。

人民法院采取拘留措施前，先由合议庭或者独任审判员提出意见，报院长批准后，制作拘留决定书，由司法警察将被拘留人送交当地公安机关看管。执行时，要向被拘留人出示并当场宣读拘留决定书。在司法实践中，发生行为人哄闹、冲击法庭或者用暴力等方法抗拒执行公务等紧急情况，必须立即采取拘留措施的，可以在拘留后立即报告院长补办批准手续。被拘留人对拘留决定不服的，可以向上一级人民法院申请复议一次，但复议期间不停止拘留决定的执行。

拘留措施可以与罚款等其他措施合并使用。

以上五种强制措施，只能由人民法院依法使用。根据《民事诉讼法》第 120 条的规定，任何单位和个人采用非法拘禁他人或者非法私自扣押他人财产追索债务的，应当依法追究其刑事责任，情节轻微的予以拘留、罚款。

【法律索引】

1.《中华人民共和国民事诉讼法》第 112 条、第 118 条、第 120 条。

2.《最高人民法院关于适用〈中华人民共和国民事诉讼法〉的解释》（2021 年 1 月施行）第 174 条、第 175 条、第 189 条。

【阅读与参考文献】

［1］陈桂明，刘芝祥．民事诉讼法（第五版）［M］．北京：中国人民大学出版社，2019.

［2］李仕春．民事保全程序研究［M］．北京：中国法制出版社，2005.

［3］江伟，肖建国．民事诉讼中的行为保全初探［J］．政法论坛，1994（3）．

［4］潘伟．关于知识产权诉前行为保全的法律思考［J］．法律适用，2004（4）．

［5］王琳，王仁波．民事诉讼法案例教程［M］．北京：中国民主法制出版社，2016.

［6］叶青．民事诉讼法：案例与图表［M］．北京：法律出版社，2015.

【思考题】

1. 诉前保全与诉讼保全的区别有哪些？

2. 对财产保全的裁定的救济方式有哪些？

3. 行为保全与财产保全有何区别？

4. 先予执行适用的范围是怎样的？

5. 先予执行的条件有哪些？

6. 民事诉讼强制中的拘留、作为刑事诉讼强制措施的拘留以及和治安拘留有何区别？

7. 如何理解民事诉讼强制措施的特点和性质？

第二编 审判程序

第十章　一审普通程序

本章学习任务

重点学习起诉与受理、开庭审理前的准备、开庭审理、撤诉、缺席判决、延期审理、诉讼中止等问题。

1. 起诉的条件

2. 审理前的准备

3. 开庭审理的程序

4. 申请撤诉与缺席判决

5. 延期审理

6. 中止诉讼与诉讼终结

【案例一】起诉的条件

王某诉葫芦岛市龙港区鼎汤川味火锅城、张某买卖合同纠纷案[❶]

原告王某，男，住葫芦岛市南票区。被告葫芦岛市龙港区鼎汤川味火锅城，住所地葫芦岛市龙港区，法定代表人张某某。被告张某，男，出生年月不详，汉族，住葫芦岛市龙港区。原告王某诉被告张某、葫芦岛市龙港区鼎汤川味火锅城买卖合同纠纷一案，葫芦岛市龙港区人民法院于2020年7月9日立案后，依法进行了审理。

原告王某向葫芦岛市龙港区人民法院提出诉讼请求：1. 判令被告付原告货款3750元人民币。2. 本案诉讼费、邮寄费由被告承担。事实和理由：2017年原告为被告张某经营的葫芦岛市龙港区鼎汤川味火锅城送木炭，原告每送一次木炭，被告葫芦岛市龙港区鼎汤川味火锅城为原告出具单据一份，当时货款未结算。到结算时，被告对原告说过几天给，现经原告多次向被告催要货款，被告拒绝给付。因此

---

❶ 资料来源：中国裁判文书网，https://wenshu.court.gov.cn/website/wenshu/181107
ANFZOBXS K4/index.html？docId=6b84e7f661664fffb31fac8100181689，访问日期：2021年1
月15日。

诉讼到贵院，请求贵院依法支持原告的诉讼请求。

葫芦岛市龙港区人民法院根据原告王某提供的被告的住所地进行查证，结果发现被告葫芦岛市龙港区鼎汤川味火锅城已经关店，被告张某并未在此居住。人民法院依法通知原告王某尽快补正被告的居住地址及详细联系方式，但是原告王某没有提供被告的准确住址及信息。

【法律问题】

本案是否符合起诉的条件？

【法理分析与参考意见】

民事诉讼法中的起诉，是指自然人、法人或者非法人组织因自己的或依法受其管理、支配的民事权益受到侵犯，或者与他人发生争议，以自己的名义向人民法院提起诉讼，请求人民法院予以审判保护的诉讼行为。民事主体提起诉讼是人民法院审理案件的前提和基础，当然，不是所有的诉讼请求都能得到人民法院的受理，民事主体的诉讼要得到人民法院的受理，必须具备法律规定的起诉条件。人民法院在立案之后发现不符合起诉条件的，应当裁定驳回起诉。

根据我国《民事诉讼法》的规定，起诉应当具备以下条件：

1. 原告必须是与本案有直接利害关系的自然人、法人或者非法人组织。原告必须是具有诉讼权利能力的自然人、法人或者非法人组织，不具有诉讼权利能力的当事人不得作为民事诉讼主体，并且原告必须与案件有直接利害关系。所谓"直接利害关系"是指原告与受到侵害的民事权益或者发生争议的民事法律关系具有直接的法律上的利害关系。

2. 有明确的被告。原告起诉必须明确指出侵犯其民事权益或者与其发生民事法律关系争议的被告是谁，如果没有明确具体的被告或者无法提供被告的信息，人民法院无法与被告取得联系，案件就没有办法进行审理。有明确的被告是指被告是自然人应当有其姓名，被告是法人应当有其具体的法人名称，被告是非法人组织应当有其字号。另外，在原告起诉的法院管辖内还必须有被告具体的住所或者经常居住地。我国《民事诉讼法》明确规定原告起诉时的起诉状应当记明被告的姓名、性别、工作单位、住所等信息，法人或者其他组织的名称、住所等信息。

3. 有具体的诉讼请求和事实、理由。原告起诉必须明确指出要求人民法院保护其民事权益的内容，也就是说原告要提出具体的诉讼请求，一般情况原告在诉讼时都会罗列几项诉讼请求。如果原告提出的是确认之诉，原告写明需要确认的具体民事法律关系存在与否即可；如果原告提出的是形成之诉，原告需要写明请求发生、变更或者消灭的具体民事法律关系；如果原告提出的是给付之诉，原告要写明要求被告承担民事责任的具体形式，金钱责任赔偿还要写明具体损失的种类、金额或者计算方法。原告起诉应当写明事实和理由。原告一般应当按照事件发生的时间、地点、人物、经过、结果的顺序，详细陈述事实经过，把事实叙述清楚，陈述事实时要做到详略得当，关键情节必须详细具体。原告起诉时还应当写明提出诉讼请求所依据的具体的法律规定，也就是原告要求人民法院支持其诉讼请求所依据的具体法律条文或者合同约定的条款，这就是"理由"。

4. 属于人民法院受理民事诉讼的范围和受诉人民法院管辖。原告提起诉讼应当属于人民法院行使审判权的范围，即应当属于平等主体之间的因财产关系和人身关系引起的纠纷。起诉还应当属于受诉人民法院的管辖范围，人民法院在受理第一审案件时，各级别的人民法院和同级人民法院之间依法进行分工，原告应到具有管辖权的人民法院起诉。一般来说，先确定自己的民事纠纷属于基层、中级还是高级人民法院受理，再确定该级别的人民法院中哪个地区的人民法院有权受理。否则人民法院无权对案件进行审理。

原告起诉必须同时具备以上四个条件，人民法院才可以立案审理。

本案中，原告王某起诉被告张某、葫芦岛市龙港区鼎汤川味火锅城，索要货款，原告提供了葫芦岛市龙港区鼎汤川味火锅城的地址和被告张某的住所地，但是经法院查证，葫芦岛市龙港区鼎汤川味火锅城已经关店，人去楼空，张某并不在原告提供的住所地居住。人民法院依法通知原告王某尽快补正被告的居住地址及详细联系方式，但是原告王某无法提供被告的准确住址及联系方式，人民法院无法与被告取得联系，案件没有办法进行审理。此案的被告不明确，不符合法定的起诉条件，所以，葫芦岛市龙港区人民法院应当依法裁定驳回原告王某的起诉。

【法律索引】

1. 《中华人民共和国民事诉讼法》第 122 条。

2. 《最高人民法院关于适用〈中华人民共和国民事诉讼法〉的解释》（2021 年 1 月施行）第 208 条、第 209 条。

【案例二】一审中人民法院调查收集证据的形式

深圳前海万通融资租赁有限公司诉张某文、戴某蓉民间借贷纠纷案 [❶]

万通公司与张某文于 2017 年 12 月 22 日签署了合同编号为借字第 20171202 号的《借款合同》，约定万通公司向张某文提供借款，用途为资金周转，借款金额为 4000 万元（以借款实际到账为准），借款期限为 6 个月，自 2017 年 12 月 25 日起至 2018 年 6 月 24 日止（以借款实际到账日为准起算），借款月利率为 1.15%。《借款合同》第七条约定，张某文借款到期没有偿还本金，每逾期一天按照逾期借款及利息总金额的千分之三向万通公司支付违约金。《借款合同》第八条第二款约定，发生本条第一款所述违约事件时，以及在此之后任何时间，万通公司有权要求张某文按本合同借款总额或尚未发放的款项金额的 20% 偿付违约金，万通公司有权宣布借款提前到期，提前收回部分或全部已发放借款本息并要求支付相关费用。

2017 年 12 月 25 日，万通公司通过银行转账方式向张某文发放了 4000 万元借款，同日张某文向万通公司出具了《收款确认书》，张某文确认已经收到上述款项，并明确借款期限为 6 个月，自 2017 年 12 月 25 日至 2018 年 6 月 24 日。

万通公司与张某文于 2017 年 12 月 22 日签署了合同编号为质字第 20171202 号的《股票质押合同》，约定张某文以其持有的邦讯技术股份有限公司（股票代码：300312）550 万股流通股及其孳息为其在合同编号借字第 20171202 号的《借款合同》项下的全部债务提供担保。万通公司与张某文于同日就上述股票质押向中国证券登记结算有限责任公司深圳分公司申请了质押登记；2017 年 12 月 25 日，中国证券登记结算有限责任公司出具了《证券质押登记证明》。

万通公司与戴某蓉于 2017 年 12 月 22 日签署了《保证合同》，约定戴某蓉为张某文在合同编号借字第 20171202 号的《借款合同》项下的全部债务提供无限连带保证责任担保，保证合同所担保的主债权数额为 4000 万元。保证范围包括本金及利息（包括复利和罚息）、违约金、赔偿金和债权人为实现债权而发生的一切费用。

借款期限届满后，张某文尚欠万通公司本金 39629380 元，故万通公司起诉至法院要求还款。

答辩中，张某文请求申请人民法院对以下事项调查取证：1. 万通公司登记为质权人的所有信息及相应的股权质押合同和主合同；2. 贵阳金融控股有限公司、

❶ 资料来源：中国裁判文书网，https://wenshu.court.gov.cn/website/wenshu/181107 ANFZOBXS K4/index.html？docId=7b1e0c67b09641b2a39cac1b00abb3bf，访问日期：2021 年 1 月 15 日。

万通公司于 2015 年 7 月签署的《融资租赁合同（售后回租）》系列合同及合同履行情况；3. 万通公司 2017 年度、2018 年度财务会计报告、审计报告；4. 万通公司员工名录及参保档案信息；5. 万通公司和王安京签署的编号为借字第 20171115-001 号《借款合同》原件、万通公司和郑志伟签订的编号为借字第 20171211-001 号《借款合同》原件、万通公司和拉萨市知合科技发展有限公司签订的编号为借字第 20180701 号《借款合同》原件。

【法律问题】

本案被告张某文申请人民法院调查收取证据能否成功？

【法理分析与参考意见】

根据我国《民事诉讼法》的规定，人民法院调查收集证据有两种情形。一是依据当事人申请调查收集证据；二是人民法院依职权调查收集证据。

一、当事人申请调查收集证据

我国民事诉讼举证责任的分配是"谁主张，谁举证"，但是，当事人因客观原因不能调查收集证据时，也可以申请人民法院帮助其调查收集证据。当事人申请人民法院调查收集证据是《民事诉讼法》赋予当事人的一项重要权利。在民事诉讼中，当事人及其诉讼代理人在收集证据过程中遇到客观上的障碍，无法获得必要的证据时，可以向人民法院提交调查收集证据申请书，请求人民法院依法调查收集证据。

当事人提交的调查收集证据申请书不一定都能得到人民法院的认可，其申请能否成功主要看其申请是否符合以下几点要求。

（一）申请调查收集的证据应当与待证争议事实有密切联系

当事人申请调查收集的证据应当是非常重要的与案件事实有密切联系的证据，是证明待证的争议事实的关键证据，缺少该证据则会影响案件的处理结果。首先，当事人申请调查收集的证据应当是与待证事实有关联性的证据。关联性是证据的自然属性，是证据与案件事实之间的客观存在的联系，只有与案件事实存在客观联系的证据，才能起到证明案件真实情况的作用。其次，当事人申请调查收集的证据应当是对证明待证事实有意义的证据。此处"有意义的证据"主要是指有价值或者有证明力的证据。证据的证明力是指证据对案件事实的证明作用与效力的大小强弱。证据的证明力表现证据的价值，即证据在多大程度上对待证事实有证明作用。证据之间证明力的大小是客观存在的，取决于证据自身的特征以及证据与待证事实之间的逻辑关系。没有证明力或者证明力极其微弱的证据不能有效证明待证事实的存在与否，这些证据即属于对证明待证事实没有意义的证据，没有调取的价值，人民法院也不会同意收集该证据。最后，当事人申请调查收集的证据应当是有调查收集必要的证据。有时候，当事人申请调取的证据虽然与争议事实有密切联系，但人民法院如果认为案件现有证据已经能够有效证明待证事实的存在与否，即使没有这一证据，也不会影响案件的裁判结果，没有再进行调查收集证据的必要，便会拒绝当事人的申请。

（二）申请调查收集的证据

应当是当事人因客观原因不能自行收集的证据。"因客观原因不能自行收集的证据"是我国《民事诉讼法》规定的人民法院应当调查收集证据的范围，该证据具体包括：证据由国家有关部门保存，当事人及其诉讼代理人无权查阅调取的；涉及国家秘密、商业秘密或者个人隐私的；当事人及其诉讼代理人因客观原因不能自行收集的其他证据。

（三）在合理期限内向人民法院提交调查收集证据申请书

当事人及其诉讼代理人申请人民法院调查收集证据，应当在举证期限届满前提交书面申请。申请书应当载明被调查人的姓名或者单位名称、住所地等基本情况、所要调查收集的证据名称或者内容、需要由人民法院调查收集证据的原因及其要证明的事实以及明确的线索。当事人如果在举证期限届满后才提出调查收集证据的申请，人民法院就无法在开庭之前完成调查取证的工作。

二、人民法院依职权调查收集证据

民事诉讼中法院调查取证是指在民事案件审理过程中，法院为了证明特定的案件事实，按照法律规定的范围和程序，收集证据材料的法律活动。人民法院依职权调查收集证据能够起到以下积极的作用：

（1）人民法院依职权主动调查收集证据，可以进一步发现案件事实真相，从而达到息诉止争、案结事了的目的，实现社会公平和正义。

（2）人民法院依职权调查收集证据，能够更好地保护处于弱势地位的当事人的合法权益。现实生活中，处于强势地位的一方当事人往往有办法取得于己有利的证据，而处于弱势地位的一方当事人有时则因无法取得证据而不得不承担败诉的结果，人民法院主动调查收集证据，可以起到平衡当事人在现实的生活中实际地位不平等的作用。

（3）人民法院依职权调查收集证据，有助于改善人民法院和人民法官在群众中的形象，进一步提高人民法院的威信和司法公信力。

（4）人民法院依职权主动调查收集证据，可以激发法官办案的积极性，确保裁判成功率，提高办案质效。

人民法院依职权调查收集的证据是人民法院认为审理案件需要的证据,其范围主要包括以下证据:其一,涉及可能损害国家利益、社会公共利益的;其二,涉及身份关系的;其三,涉及《民事诉讼法》第55条规定诉讼的;其四,当事人有恶意串通损害他人合法权益可能的;其五,涉及依职权追加当事人、中止诉讼、终结诉讼、回避等程序性事项的。

本案中,被告张某文向人民法院提出了调查收集万通公司作为质权人的全部股票质押贷款登记信息及有关财务报表等证据的申请,但张某文对于调查收集上述证据的必要性缺乏基础事实依据,所申请调查取证的事项与本案合同效力没有直接关联。根据我国法律规定,当事人申请调查收集的证据,与待证事实无关联、对证明待证事实无意义或者其他无调查收集必要的,人民法院不予准许。因此,被告张某文向人民法院提出的调查收集证据申请,人民法院不应予以准许。

【法律索引】

1. 《中华人民共和国民事诉讼法》第67条。

2. 《最高人民法院关于适用〈中华人民共和国民事诉讼法〉的解释》(2021年1月施行)第94条、第95条。

【案例三】开庭审理的程序

田某芳诉田某荣、田某云法定继承纠纷案 ❶

原告田某芳向法院提出诉讼请求:1. 依法分割原告田某芳父母田某连、王某英购买位于沅陵县沅陵镇迎宾北路荷花池3栋203号房屋(所有权证号为:沅房权证城区字第000××350号),确认原告田某芳享有该房屋85%以上的份额;2. 本案诉讼费由二被告负担。诉讼期间,原告田某芳增加了一项诉讼请求:原告田某芳对该房屋装修费用50000元由二被告分担。事实和理由:1995年因原告、被告父亲田某连是沅陵县农业局干部,可以享受房改政策,第一次出售价格为6000元左右,经过被告田某云召集开会商议原告、被告平均分担购房款,但因被告田某荣不愿意而未达成协议。第二次出售时田某连询问原告、被告意见,二被告都表示不愿意购买,田某连与妻子王某英就表明房子谁出资购买谁享有,有王某英、王某华等多人予以证实。在此情况下,原告田某芳出资购买了该房屋,2004年4月份

---

❶ 资料来源:中国裁判文书网,https://wenshu.court.gov.cn/website/wenshu/181107 ANFZ0BXS K4/index.html? docId=8cb21e1e982447528d5bac9c01231e45,访问日期:2021年1月17日。

领取了房产证和国土证（目前该证已遗失）。父亲田某连 2002 年去世，母亲王某英 2015 年去世。父母去世后，被告田某荣于 2020 年 6 月份私自将该房屋出租给他人，并收取了租金。原告田某芳认为其个人出资 7618.4 元购买该房屋后对房屋进行了装修，装修投入部分要求二被告分担，原告田某芳享有该房屋的份额应该高于二被告，且鉴于父母去世前已经将房屋份额处分给原告田某芳，故原告田某芳应当享有该房屋 85% 以上的份额。现因双方无法达成分割协议，特诉至法院，请求依法判决。

被告田某荣辩称：一是原告田某芳所诉不属实，案涉房屋原告田某芳不应享有 85% 以上的份额，因为该房屋产权登记是在父母亲名下，所有权应属于原告、被告父母亲。该房屋属于房改房，由父亲田某连的工龄抵扣、旧房抵扣及原告田某芳部分出资组成，但大部分是田某连的工龄福利，而原告田某芳不是沅陵县农业局职工，不能参与单位房改购房，故应按由原告、被告均等继承；二是原告田某芳诉讼中称未在《协议》上签字，是无效协议，但在《协议》达成后原告田某芳又收取了二被告给付的房屋出资补偿金各 6000 元，也出具了收条，说明原告田某芳是认可《协议》内容的；三是原告田某芳未对该房屋进行过装修，不存在装修费用分担问题。

被告田某云辩称：一是 2012 年 11 月 11 日在三位亲属在场的情况下签订的《协议》是原告、被告双方在协商一致的基础上达成的，应当按此《协议》处理父母亲的遗产问题，即享有均等份额；二是在诉讼前被告田某云承诺过放弃继承父母亲的遗产，不是其真实意思表示，现予翻悔，并要求按均等份额继承；三是原告田某芳对房屋的装修投入部分费用愿意由原告、被告公平分摊。

【法律问题】

本案开庭审理有哪些法定程序？

【法理分析与参考意见】

开庭审理是案件审判的中心环节。人民法院依照普通程序开庭审理案件必须严格按照法定的程序和顺序进行，根据《民事诉讼法》的规定，开庭审理分为以下几个阶段。

一、庭审准备

庭审准备是人民法院在正式对案件进行实体审理之前，为保证案件审理的顺利进行而进行的各项准备工作。一般情况下，在案件正式开庭之前，由书记员首先核对双方当事人和应到庭的其他诉讼参与人的到庭情况，包括姓名、年龄、职业等情况，并向审判长报告。能正常开庭的，由书记员宣布法庭纪律，然后请审判长、审判员入庭。随后，审判长宣布正式开庭，宣布案由以及本案合议庭组成人员名单，口头告知当事人有关的诉讼权利和义务，并询问当事人是否提出回避申请。

二、法庭调查

法庭调查是开庭审理的重要阶段，其任务是通过当事人在法庭上展示与案件有关的所有证据，审查核实各种证据，对案件进行直接全面的调查，为正确认定案件事实和适用法律奠定基础。依照《民事诉讼法》和《最高人民法院关于民事诉讼证据的若干规定》之规定，法庭调查应按照下列顺序进行：

首先，当事人陈述。由原告口头陈述其诉讼请求及其所依据的事实、理由，然后由被告陈述案件事实及其所持的不同意见。被告提出反诉的，应陈述反诉的诉讼请求及其所依据的事实、理由。有诉讼第三人的，先由有独立请求权的第三人陈述诉讼请求及其所依据的事实、理由，再由无独立请求权的第三人针对原告、被告的陈述提出承认或者否认的答辩意见。

其次，出示证据和质证。当事人陈述结束后，必须将案件的有关证据在法庭上展示，并由当事人进行质证。质证是指当事人、诉讼代理人及第三人在法庭的主持下，对当事人及第三人提出的证据就其真实性、合法性、关联性以及证明力的有无、大小予以说明和质辩的活动或过程。各类证据按以下顺序出示，由当事人进行质证：1. 证人证言。2. 书证、物证和视听资料。3. 鉴定意见。4. 勘验笔录。质证的顺序是：首先，由原告出示证据，被告、第三人与原告进行质证；其次，由被告出示证据，原告、第三人与被告进行质证；最后，由第三人出示证据，原告、被告与第三人进行质证。法庭调查结束后，庭审就进入法庭辩论阶段。

三、法庭辩论

法庭辩论是当事人及其诉讼代理人在合议庭的主持下，根据法庭调查阶段查明的事实和证据，阐明自己的观点和意见，相互进行言词辩驳的诉讼活动。法庭辩论是开庭审理的重要阶段之一，是民事诉讼辩论原则在普通程序中最集中、最生动的体现，当事人及其诉讼代理人针对法庭调查阶段审核的事实和证据，围绕案件争执焦点，互相进行口头辩论，争取合议庭作出有利于自己的裁判。法庭辩论先由原告及其代理人发表辩论意见；然后是被告、第三人及其代理人阐明自己的观点和意见；最后审判人员应当引导当事人围绕争议焦点进行互相辩论。辩论终结后，由审判长按照原告、被告、第三人的先后顺序征询各方最后意见。法庭辩论结束后，庭审将进入评议、宣判阶段。

四、评议和宣判

评议和宣判阶段是开庭审理的最后阶段，主要任务是在法庭调查和法庭辩论的基础上，通过合议庭评议，认定案件事实，确定案件性质，分清是非责任，正确运用法律，依法制作并宣布判决书，以解决双方争议。

首先，应当进行合议庭评议。在法庭辩论结束后，合议庭成员全部退庭进行评议。评议时，要对未当庭认证的证据进行评议认证，认定案件事实，评议如何运用法律以及明确诉讼费用如何负担等问题。合议庭评议案件实行少数服从多数的原则，评议情况应当制成笔录，由合议庭成员签名，评议中的不同意见必须如实记入笔录。

其次，作出判决，公开宣判。依照《民事诉讼法》第 137 条的规定，"人民法院对公开审理或者不公开审理的案件，一律公开宣告判决。"公开审理的案件，可以当庭宣判的，一般先作出判决结论，在合议庭成员重新入庭就座后由审判长宣判，并在十日内向当事人发送判决书。不公开审理的案件以及需要经过审判委员会讨论决定的案件只能定期宣判，审判长可以当庭告知双方当事人定期宣判的时间和地点，也可以另行通知。定期宣判后，要立即发给判决书。

最后，交代上诉权利、上诉期限和上诉审法院。宣告判决后，法官应当向当事人交代上诉权利和上诉的有关注意事项，并将裁判文书送达给当事人。

本案开庭审理应当有如下法定程序：

首先，在庭审准备阶段，书记员应当核对双方当事人和应到庭的其他诉讼参与人的到庭情况，并宣布法庭纪律。正式开庭后，审判长应当宣布案由以及本案合议庭组成人员名单，并询问当事人是否提出回避申请。

其次，在法庭调查阶段，应当先由原告田某芳陈述其诉讼请求及其所依据的事实、理由，然后由被告田某荣、田某云陈述案件事实及其所持的不同意见。接着，法官引导原告、被告围绕诉讼请求依法提交证据，组织当事人进行证据交换和质证，对当事人无异议的证据予以采信，对于有争议的证据及事实予以认定。

再次，在法庭辩论阶段，先由原告田某芳及其代理人发表辩论意见，然后是被告田某荣、田某云及其代理人阐明自己的观点和意见，最后审判人员应当引导原告田某芳与被告田某荣、田某云围绕 2012 年 11 月 11 日《协议》的效力问题和案涉遗产范围及遗产份额确认问题这两个争议焦点进行互相辩论。

最后，在评议和宣判阶段，合议庭应当对庭审情况进行总结，对双方当事人发表的意见进行评析，表明是否予以支持，并阐明理由。然后，审判长将公开宣告判决结果，并告知原告田某芳与被告田某荣、田某云诉讼费用的承担情况以及上诉权利、上诉期限和上诉审法院。

【法律索引】

1. 《中华人民共和国民法典》第 1122 条、第 1123 条、第 1127 条、第 1130 条、第 1156 条。

2. 《中华人民共和国民事诉讼法》第 67 条、第 140 条、第 131 条、第 144 条、第 145 条、第 151 条。

【案例四】缺席判决

李某君诉王某珺、李某民间借贷纠纷案 ❶

2009 年 6 月 25 日，二被告王某珺、李某登记结婚。2017 年 7 月 26 日，原告通过案外人何某琴向被告王某珺转账支付 5000 元。2017 年 10 月 11 日，原告通过案外人何某琴向被告王某珺转账支付 116400 元，以上共计 121400 元。

2017 年 12 月 14 日，被告王某珺作为借款人向原告出具一份借条，载明：今借到李某君人民币贰拾万元，借款人王某珺于 2018 年 1 月 15 日归还。

后因原告李某君认为被告王某珺未归还其借款，故诉至法院，提出如下诉讼请求：1. 判令被告偿还原告借款本金 200000 元，资金占用费 66597.64 元（分别以 5000 元和 19.5 万元为基数，以银行同期贷款利率 4 倍，分别从 2017 年 7 月 26 日、2017 年 10 月 11 日计算至还清本息之日止，暂计算至 2019 年 7 月 2 日），共计 266597.64 元。2. 判令被告承担本案的诉讼费用。事实及理由：被告未归还银行到期借款，及时将资金调头出来，于 2017 年 7 月 26 日向原告借款 5000 元，2017 年 10 月 11 日向原告借款 195000 元，共计 20 万元，其中 78600 元系现金支付。121400 元系原告委托案外人何某琴通过其银行账户向被告支付。后被告王某珺于 2017 年 12 月 14 日向原告出具借条一张载明"今借到李某君人民币贰拾万元整（￥200000），借款人王某珺，身份证号 5201021983×××××××，于 2018 年 1 月 15 日归还。"还款期限届满后，经原告多次催促，被告均拒绝还款。综上，被告的行为已严重损害了原告的合法权益，现原告依据《民事诉讼法》及其相关规定，特向法院提起诉讼请求。

被告王某珺、李某经人民法院合法公告传唤，公告期间届满既未到庭参加诉讼，亦未向人民法院提交书面答辩意见和证据。

---

❶ 资料来源：中国裁判文书网，https://wenshu.court.gov.cn/website/wenshu/181107 ANFZ0BXS K4/index.html？docId=84dab80727434e9d8195ac5a016a6361，访问日期：2021 年 1 月 15 日。

【法律问题】

本案中被告王某珺、李某未到庭参加诉讼，人民法院能否缺席判决？

【法理分析与参考意见】

缺席判决是指开庭审理案件时，只有一方当事人到庭，人民法院依法对案件进行审理之后所作出的判决。缺席判决是相对于对席判决而言的，是开庭审理时，只有一方当事人到庭，人民法院仅就到庭的一方当事人进行询问、核对证据、听取意见，在审查核实未到庭一方当事人提出的起诉状或答辩状和证据后，依法作出的判决。缺席判决是为了维持法庭秩序，维护人民法院的权威和法律的尊严，保障参加法庭审理的一方当事人的合法权益及法庭审理的正常进行而设立的制度。通常情况下，当事人为了避免遭受不利于自己的诉讼后果，都会于言词辩论之日到庭并进行辩论。当事人对自己的权利具有处分权，而且，实践中经常存在一些阻碍当事人到庭的因素，所以当事人不能到庭的情形实属难免。由于一方当事人不到庭就无法参与庭审质证、陈述与辩论等诉讼活动，从一定意义上来说，缺席判决实际是对未到庭一方当事人的惩罚。

缺席判决适用于下列几种情况：

1. 原告不出庭或中途退庭按撤诉处理，被告提出反诉的，可以缺席判决；

2. 被告经传票传唤，无正当理由拒不到庭的或未经法庭许可中途退庭的；

3. 法院裁定不准撤诉的，原告经传票传唤，无正当理由拒不到庭的；

4. 无民事行为能力被告人的法定代理人，经传票传唤无正当理由拒不到庭的；

5. 在借贷案件中，债权人起诉时，债务人下落不明的，人民法院受理案件后公告传唤债务人应诉。公告期限届满，债务人仍不应诉，借贷关系明确的，经审理后可缺席判决。在审理中债务人出走，下落不明，借贷关系明确的，可以缺席判决。

但是被告必须到庭的，可以拘传。依据我国《民事诉讼法》的规定，人民法院对必须到庭的被告，经两次传票传唤，无正当理由拒不到庭的，可以拘传。此处所说的必须到庭的被告，是指负有赡养、抚育、扶养义务和不到庭就无法查清案情的被告。另外，给国家、集体或他人造成损害的未成年人的法定代理人，如其必须到庭，经两次传票传唤无正当理由拒不到庭的，也可以适用拘传。

本案中被告王某珺、李某经人民法院传票传唤无正当理由未按时到庭参加诉讼，亦未向人民法院提交书面答辩意见和证据，视为被告王某珺、李某自己放弃了出庭参加答辩的权利，属于缺席判决适用的法定情形之一。为了维持法庭秩序，维护人民法院的权威和法律的尊严，保障参加法庭审理的原告李某君的合法权益及法庭审理的正常进行，人民法院依照法定程序进行审理后可以作出缺席判决。

【法律索引】

1. 《中华人民共和国民法典》第 509 条、第 667 条、第 671 条。

2. 《中华人民共和国民事诉讼法》第 67 条、第 147 条。

【案例五】一审中的特殊情况处理

北票煤业有限责任公司诉辽宁富达能源
科技有限公司租赁合同纠纷案 ❶

原告北票煤业有限责任公司（以下简称北煤公司）向人民法提出诉讼请求：1. 判令解除原被告辽宁富达能源科技有限公司（以下简称辽宁富达公司）2014 年 3 月 1 日签订的资产租赁合同，被告交还出租标的物；2. 判令被告给付拖欠从 2018 年 3 月 20 日至 2020 年 6 月 1 日前的租金 606000 元（若有误，以法院计算为准）；3. 被告承担诉讼费用。

事实与理由：2014 年 3 月 1 日，原被告经协商，签订一份资产租赁合同，原告将位于北票三宝砖厂面积 32331.95 平方米的土地出租给被告使用，合同对出租标的物、租赁用途、期限、租金及给付方式、权利义务、解除合同条件均作了约定。合同签订后，原告人将租赁物及时交给了被告，但被告经营期间，不能按时足额交纳租金，在原告数次催缴下，被告亦多次承诺偿还租金，也承诺如不能交纳租金，可用煤矸石抵账，但均不能兑现。无奈，原告于 2018 年对被告提起了诉讼。（2018）辽 1381 民初 1776 号民事判决书已送达各方并生效，根据此判决，从 2018 年 3 月 2 日起至 2020 年 6 月 1 日之间被告应欠原告租金 60.6 万元。同时依据合同解除的条款，由于被告长期拖欠租金，使合同履行成为不必要，合同解除条件成立，请求解除双方签订的资产租赁合同，将此案诉至法院，寻求依法解决。

在诉讼中，被告辽宁富达公司提出本案中止审理或驳回原告的诉讼请求。其理由是，现被告辽宁富达公司提出双方另外存在买卖合同的纠纷案件，该案件尚未审理结束，由于原告北煤公司在买卖煤矸石合同中存在缔约过错，造成煤矸石不能供应，给被告辽宁富达公司生产经营造成损失，被告辽宁富达公司依法起诉原告北煤公司要求赔偿其损失。根据《民事诉讼法》第 150 条规定，本案必须以另案审理

---

❶ 资源来源：中国裁判文书网，https://wenshu.court.gov.cn/website/wenshu/181107ANFZ0BXSK4/index.html？docId=46e560dfab6743e9afc9aca0001e46cf，访问日期：2021 年 5 月 17 日。

结果为依据，而另一案尚未审结的，应当中止诉讼。现在被告诉原告的案件尚未审理结束，所以应当中止本案的审理。

【法律问题】

本案中被告辽宁富达能源科技有限公司申请诉讼中止的理由是否合法？人民法院能否准许？

【法理分析与参考意见】

民事诉讼的诉讼中止是指在诉讼进行过程中，因发生某种法定中止诉讼的原因，诉讼无法继续进行或不宜进行，因而法院裁定暂时停止诉讼程序，待特殊情况消除后，再恢复诉讼程序的制度。

根据《民事诉讼法》第153条的规定，有下列情况之一的，应当中止诉讼：

1. 一方当事人死亡，需要等待继承人表明是否参加诉讼的；

2. 一方当事人丧失诉讼行为能力，尚未确定法定代理人的；

3. 作为一方当事人的法人或者其他组织终止，尚未确定权利义务承受人的；

4. 一方当事人因不可抗拒的事由，不能参加诉讼的；

5. 本案必须以另一案的审理结果为依据，而另一案尚未审结的；

6. 其他应当中止诉讼的情形。

最高人民法院在有关司法解释中针对司法实践中出现的问题，还规定了下列几种适用诉讼中止的情形：

1. 在借贷案件中，债权人起诉时，债务人下落不明的，法院应要求债权人提供证明借贷关系存在的证据，受理后公告传唤债务人应诉。公告期限届满，债务人仍不应诉，借贷关系无法查明的，裁定中止诉讼；在审理中债务人出走，下落不明，事实难以查清的，裁定中止诉讼。

2. 人民法院受理实用新型或外观设计专利侵权案件后，在向被告送达起诉状副本时，应当通知被告如欲请求宣告该项专利权无效，须在答辩期间内向专利复审委员会提出。被告在答辩期间请求宣告该项专利无效的，人民法院应当中止诉讼。专利权人提出财产保全申请并提供担保的，人民法院认为必要时，在裁定中止诉讼的同时责令被告停止侵权行为或者采取其他制止侵权损害继续扩大的措施。被告在答辩期间未请求宣告该项专利权无效，而在其后的审理过程中提出无效请求的，人民法院可以不中止诉讼。人民法院受理的发明专利侵权案件或者经专利复审委员会审查维持专利权的实用新型专利侵权案件，被告在答辩期间请求宣告该项专利无效的，人民法院可以不中止诉讼。

人民法院作出诉讼中止决定后，决议立即生效；当案件当事人递交恢复审理的申请后，法院核实情况若符合开庭条件的，应当予以恢复。诉讼中止在恢复审查后，中止前的诉讼仍然有效，进度仍然保留。

本案中，被告辽宁富达公司提出中止审理的要求，理由是被告辽宁富达公司与原告北煤公司存在买卖合同的纠纷案件，该案件尚未审理结束。原告北煤公司与被告辽宁富达公司虽然存在一系列的关于煤矸石的买卖、加工及综合利用等合同，这些合同相互关联，但这些又各自单独成立，针对性较强的权利义务履行又不相互影响。单就2014年3月1日原告北煤公司与被告辽宁富达公司签订的《资产租赁合同》而言，此合同一直在履行，被告辽宁富达公司也在生产，按合同约定，被告辽宁富达公司应按期给付租金；至于因买卖煤矸石的合同，原告北煤公司给被告辽宁富达公司造成的损失可以另行计算，被告辽宁富达公司以买卖合同的纠纷请求原告北煤公司赔偿其损失，并不影响租金的按期先行给付，本案的审理无须以被告辽宁富达公司与原告北煤公司之间的买卖合同纠纷案件的审理结果为依据。综上，被告辽宁富达公司提出中止审理的要求，不符合法律规定，人民法院应当不予采纳。

【法律索引】

1.《中华人民共和国民法典》第577条、第721条。

2.《最高人民法院关于民事诉讼证据的若干规定》第1条。

3.《中华人民共和国民事诉讼法》第153条。

【阅读与参考文献】

[1] 王学棉，李倩. 民事诉讼程序实务讲义 [M]. 北京：北京大学出版社，2018.

[2] 柯阳友. 起诉权研究——以解决"起诉难"为中心 [M]. 北京：北京大学出版社，2012.

[3] 林正. 庭审制胜：赢得诉讼的152个关键细节 [M]. 北京：中国法制出版社，2016.

[4] 占善刚. 民事诉讼证据调查研究 [M]. 北京：中国政法大学出版社，2017.

[5] 张邦铺. 民事诉讼理念与制度研究 [M]. 北京：中国政法大学出版社，2019.

【思考题】

1. 起诉应具备哪些条件?

2. 人民法院能否调查收集证据?

3. 人民法院开庭审理前应做哪些准备工作?

4. 民事一审普通程序案件开庭审理有哪些法定程序?

5. 申请撤诉有哪些条件?

6. 缺席判决适用于哪些情形?

7. 可以延期审理的情形有哪些?

8. 什么情况下应当中止诉讼?

第十一章　简易程序

本章学习任务

重点学习简易程序的概念、简易程序的适用范围、小额案件的特别规定等问题。

1. 简易程序的概念和特点
2. 简易程序的适用范围
3. 小额诉讼程序

【案例一】简易程序的特点

董某国诉王某岩不当得利纠纷案 ❶

原告董某国与被告王某岩不当得利纠纷一案，吉林省通榆县人民法院于2021年1月5日立案后，依法适用简易程序，公开开庭进行了审理。原告董某国及其委托诉讼代理人巩某，被告王某岩及其委托诉讼代理人王某到庭参加诉讼。本案现已审理终结。

董某国向法院提出诉讼请求：请求判令被告返还已付的借款40000元。事实与理由：王某岩与王某云系同居关系。在他们同居期间，我向王某云借款30360元。2014年王某云起诉我还款，法院判我偿还王某云借款。2015年12月1日我把这笔借款偿还给了王某岩。王某岩与王某云分居后，2020年12月王某云又向法院提出强制执行，通榆县法院又对我强制执行40000元，因此我向王某岩索回已经交给他的40000元，请求依法裁决。

---

❶ 资料来源：中国裁判文书网，https://wenshu.court.gov.cn/website/wenshu/181107 ANFZ0BXS K4/index.html ? docId=556ea281fcf346058bbaacb8007f5eb5，访问日期：2021年5月20日。

王某岩辩称，2010 年 10 月份原告董某国向被告王某岩借款 16000 元，在 2015 年 12 月 1 日董某国已还清，被告也出具了收条，原告要求被告还款 40000 元没有事实依据和法律依据，请求法院驳回原告的诉讼请求。

经查：2010 年夏天至 2015 年底王某岩与王某云系同居关系，2010 年秋季董某国组织王某岩、王某玉、王某山到内蒙古承包土地，王某岩交给董某国 15600 元，地没包成，2011 年 1 月 1 日董某国给王某岩出具 15600 元的欠据，2014 年 2 月 1 日连本带利又出具 30336 元的欠据，按月利率 2% 计息。2014 年 5 月份王某云起诉董某国要求还款，2014 年 9 月 10 日法院作出的（2014）通法瞻民初字第 228 号民事判决书，判决：被告董某国、董某彬于本判决生效后给付原告王某云本金 30336 元及利息（自 2014 年 2 月 1 日起至还清之日止按月利率 2% 计算）。董某国于 2015 年 12 月 1 日主动履行判决义务，给付王某岩 40000 元。王某云向法院申请强制执行，于 2020 年 12 月 15 日通过法院执行董某国给付王某云 40000 元，上述款项系同一笔欠款。

【法律问题】

本案中的审判程序有哪些特点？

【法理分析与参考意见】

简易程序就是简化了的普通程序，是基层人民法院和它派出的法庭审理简单的民事案件所适用的程序。它是一种与普通程序并列存在的独立的第一审审判程序。适用简易程序，在起诉方式、传唤方式以及开庭审理等方面比普通程序更简便易行，极大地方便了当事人进行诉讼。同时，快速、及时审结案件，可以减少当事人的讼累，提高办案效率，节省诉讼成本，并为人民法院集中力量审理好复杂、重大的民事案件腾出必要的时间和精力。简易程序具有以下特征。

一、起诉方式简便

依据《民事诉讼法》有关规定，适用第一审普通程序审理的案件，原则上原告必须向人民法院递交书面起诉状，只有在原告书写起诉状确有困难时，才可以口头起诉，口头起诉仅仅是例外。适用简易程序审理的简单的民事案件，法律明确规定可以口头起诉，双方当事人也可以同时到基层人民法院或者它派出的法庭，请求解决纠纷，省去了原告因准备诉状而花费的时间。

二、受理程序简便

适用普通程序审理的案件，原告提交诉状后，需要向原告发送案件受理通知书，通知被告应诉，还须在 5 日内向被告发送起诉状副本，被告在接到起诉状 15

日内可以提交答辩状，人民法院在收到答辩状之日起 5 日内还要向原告发送答辩状副本，在开庭 3 日前发布公告，通知当事人和其他诉讼参与人，等等。而在简易程序中，法院受理无须发出受理案件通知书，开庭审理也无须进行公告、通知。如果双方当事人可以同时到基层人民法院或者其他派出的法庭，则可以同时起诉、应诉和答辩。案情特别简单的，时间和人力又允许的，还可以当即审理，不受 3 日前发布公告通知当事人和诉讼参与人的限制，也不受开庭审理阶段的限制。

三、传唤方式简便

在普通程序中，传唤当事人、证人应当采取书面形式，并且必须在开庭 3 日前按照法定送达方式送达给当事人。而适用简易程序审理案件则比较方便，法院可以用简便的方式随时传唤当事人、证人，即人民法院认为适宜的任何方式进行传唤都可以，比如打电话、捎口信、传真、电子邮件、微信通知或当面通知等方式。当然，任何传唤方式都必须通知到本人，未直接通知本人的传唤不能视为合法的传唤。

四、实行独任制审理

人民法院审理民事案件，其组织形式有合议制和独任制两种。合议制是最基本的、最普遍的审判组织形式，适用普通程序审理案件时，要采用合议制的审判组织形式，即由审判员和陪审员共同组成合议庭，或者由审判员组成合议庭审理。适用简易程序审理的民事案件采用独任制，由审判员一人独任审理，不必进行合议，从开庭前的准备、开庭审理到依法裁判或调解，都是由审判员一人独立审理，书记员担任记录。适用简易程序审理时，必须配备书记员专门负责记录，不能由审判员一人自审自记。

五、开庭审理程序简便

适用简易程序的案件，其开庭审理程序的简便主要表现在以下几个方面：

第一，不受庭审前通知当事人的手续和时间的限制。在普通程序中，人民法院要在开庭 3 日以前通知当事人及其他诉讼参与人。而在简易程序中，法庭审理可在受理后立即进行，无须办理传唤手续，即使另行指定开庭日期的，也不受日前通知的限制，可以以任何适宜的方式通知、传唤当事人，通知和传唤均不办理专门的文书手续，只需记录即可。

第二，法庭调查不受《民事诉讼法》第 141 条规定的顺序的限制，即不必受普通程序中法庭调查的法定顺序的限制，而可以以查清案件事实为目的，依据案件的具体情况随意选择程序的先后。

第三，法庭辩论的顺序不受《民事诉讼法》第 144 条所规定顺序的限制，审判人员可根据案件审理需要，指令或允许某一方当事人或其代理人发言。但一般情况下，第一轮法庭辩论仍应按《民事诉讼法》第141条的顺序，即原告及其诉讼代理人发言、被告及其诉讼代理人发言、第三人及其诉讼代理人发言。适用简易程序的法庭调查和法庭辩论两个步骤不必严格划分，可以结合进行，以达到查清事实、分清是非、正确解决纠纷的目的。

六、审理期限较短

人民法院适用简易程序审理案件，应当在立案之日起3个月内审结，如果审理期限到期后，双方当事人同意继续适用简易程序的，由法院院长批准，可以延长审理期限。延长后的审理期限累计不得超过6个月。适用普通程序审理的案件，应当在立案之日起6个月内审结，有特殊情况需要延长的，由法院院长批准，可以延长6个月，还需要延长的，报请上一级人民法院批准。

七、重视调解

人民法院适用简易程序审理的下列民事案件，在开庭审理时应当先行调解：（1）婚姻家庭纠纷和继承纠纷；（2）劳务合同纠纷；（3）交通事故和工伤事故引起的权利义务关系较为明确的损害赔偿纠纷；（4）宅基地和相邻关系纠纷；（5）合伙协议纠纷；（6）诉讼标的额较小的纠纷。但是根据案件的性质和当事人的实际情况不能调解或者显然没有调解必要的除外。适用普通程序审理的案件并没有先行调解的要求。

简易程序的设立，既有助于方便当事人依法行使诉讼权利，节约司法资源，也有助于保证人民法院公正、及时审理民事案件。

本案可以适用简易程序进行审理，本案的审判程序具有以下特点：原告董某国可以口头起诉至人民法院；人民法院受理后，可以直接传唤原告董某国和被告王某岩到庭参加诉讼；审理程序比较简单，在查清事实、分清是非的基础上，人民法院即可以作出裁判；由一位审判员和一位书记员便可以完成整个审判工作；本案件应当在立案之日起3个月内审结。

【法律索引】

1.《中华人民共和国民事诉讼法》第161条、第162条、第163条、第164条。

2.《最高人民法院关于适用简易程序审理民事案件的若干规定》第4条、第6条、第14条。

【案例二】简易程序的适用

杨某国诉李某宪确认合同无效纠纷案 ❶

杨某国向人民法院提出诉讼请求：1. 请求依法确认原告、被告双方签订的《宅基地转让合同》无效；2. 判决被告返还原告土地款 180000 元；3. 一切涉诉费用由被告承担。事实和理由：被告通过中间人李某安转让给原告位于菏泽市牡丹区宅基地一处，2013 年 12 月 3 日，原告将转让款 180000 元一次性转到了李某安提供的李某生名下的账户内；2013 年 12 月 20 日，双方签订了《宅基地转让合同》。2019 年 4 月 11 日，涉案土地被征收，原告才得知该土地非宅基地，被告将农村集体土地转让给原告，违背了法律强制性规定，双方签订的《宅基地转让合同》应属无效，被告应当返还原告土地款 180000 元。为维护原告的合法权益，特诉至法院，请判如所请。

李某宪辩称，原告的起诉没有依据，该案与被告没有关系，协议是被告签的，原告并未向被告支付土地款。

经查，原告不是菏泽市牡丹区牡丹街道办事处天香社区居民。2013 年 12 月 3 日，原告向证明人李某安（又名李某生）的山东农村商业银行 62×××94 账户转款 180000 元；2013 年 12 月 20 日，原告、被告签订《宅基地转让合同》，合同空白格均未填写内容，原告杨某国，被告李某宪，证明人李某山、李某安、李某均签字按印，被告李某宪签名后注明"以收定金壹拾捌万元整"。2019 年 4 月 11 日，涉案土地被政府征收，认定为集体土地，原告未获得政府赔偿。被告不认可《宅基地转让合同》上"以收定金壹拾捌万元整"系其本人所写，但认可收取了李某安壹拾捌万元；被告以收取李某安壹拾捌万元是因为其与李某安之间有其他的事进行抗辩，但被告说不清楚与李某安之间有什么事，亦未提供证据佐证。

【法律问题】

本案中是否可以适用简易程序？为什么？

【法理分析与参考意见】

简易程序的适用范围是指哪些人民法院审理哪些民事案件应当适用简易程序。因此，简易程序的适用范围包括适用简易程序的人民法院和适用简易程序的案

---

❶ 资料来源：中国裁判文书网，https://wenshu.court.gov.cn/website/wenshu/181107ANFZ0BXS K4/index.html？docId=be1f3627ffca4b209241acb800a26dc3，访问日期：2021 年 1 月 20 日。

件两个方面。

一、适用简易程序的人民法院

我国法院实行级别管辖，级别管辖即划分上下级法院之间受理第一审案件的分工和权限。我国有基层人民法院、中级人民法院、高级人民法院和最高人民法院四级法院，都可以受理第一审案件，但受理案件的范围不同。另外，基层人民法院根据地区、人口和案件情况可以设立若干人民法庭，人民法庭是基层人民法院的派出机构，又称为派出法庭，其相当于法院的一个庭室，具有法院的审判职能，履行法院审判职责，可以受理第一审案件。根据我国《民事诉讼法》的规定，只有基层人民法院及其派出法庭可以适用简易程序审理第一审民事案件，中级人民法院、高级人民法院和最高人民法院审理第一审民事案件均不可以适用简易程序。

二、适用简易程序的案件

根据《民事诉讼法》的规定，人民法院适用简易程序审理的民事案件只适用于事实清楚、权利义务关系明确、争议不大的简单的民事案件。而对于"事实清楚""权利义务关系明确""争议不大"的问题，《最高人民法院关于适用〈中华人民共和国民事诉讼法〉若干问题的意见》作了具体的解释。"事实清楚"是指当事人双方对争议的事实陈述基本一致，并能提供可靠的证据，无须人民法院调查收集证据即可判断事实，分清是非；"权利义务关系明确"是指谁是责任的承担者，谁是权利的享有者，关系明确；"争议不大"是指当事人对案件的是非、责任以及诉讼标的争执无原则分歧。这三个条件，是互相联系、不可分割、缺一不可的，三个条件必须同时具备，才能构成简单的民事案件。正确识别简单民事案件，是明确适用简易程序的适用范围，正确适用简易程序的基础，如果将非简单的民事案件视为简单民事案件，就会扩大简易程序的适用范围，影响办案质量。因此，正确理解和把握以上三个条件是非常重要的。但是，已经按照普通程序审理的案件，在审理过程中无论是否发生了情况变化，都不得改用简易程序审理。

一般情况下，下列具体案件可以作为简单民事案件适用简易程序进行审理：（1）结婚时间短，对婚前财产、共同财产双方当事人意见比较一致，争议不大的离婚案件；结婚时间不长，当事人婚前患有法律规定不准结婚的疾病的离婚案件；（2）权利义务关系明确，双方争议不大，只是各执己见，在给付金额多少和何时给付上有争议的追索赡养费、扶养费和抚育费的案件；（3）确认或变更收养、抚养关系，双方争议不大的案件；（4）借贷关系明确，证据充分和金额不大的债务案件；（5）遗产和继承人范围明确，遗产数额不大的继承案件；（6）事实清楚、责任明确、赔偿金额不大的损害赔偿案件；（7）事实清楚、情节简单、是非明确、争议焦点集中、争议金额不大的其他案件。

为了正确适用简易程序，保障当事人依法行使诉讼权利，根据我国相关法律规定，下列案件不适用简易程序：（1）起诉时被告下落不明的；（2）发回重审的；（3）当达一方数众多的；（4）适用审判监督程序的；（5）涉及国家利益社会公共利益的；（6）第三人起诉请求改变或者撤销生效判决、裁定、调解书的；（7）其他不宜适用简易程序的案件，包括法律规定应当适用特别程序、督促程序、公示催告程序和企业法人破产还债程序的。

本案可以适用简易程序进行审理，本案事实比较清楚，原告杨某国通过提供原告、被告签订《宅基地转让合同》以及转账记录等可靠证据足以证明被告李某宪收取其土地转让款 180000 元的事实，因涉案《宅基地转让合同》违反了法律、行政法规的强制性规定，属于无效合同，被告李某宪应当把 180000 元的土地转让款返还给原告杨某国，原告、被告权利义务关系明确，责任承担一目了然，原告杨某国和被告李某宪对案件的是非、责任以及诉讼标的争执无原则分歧。本案同时具备事实清楚、权利义务关系明确、争议不大三个条件，属于简单的民事案件，同时，该案件也不属于法律规定的不适用简易程序审理的案件，所以，本案应当适用简易程序进行审理。

【法律索引】

1.《中华人民共和国民事诉讼法》第 160 条。

2.《最高人民法院关于适用〈中华人民共和国民事诉讼法〉的解释》（2021 年 1 月施行）第 256 条、第 257 条、第 260 条。

【案例三】小额诉讼

叶某诉谢某松房屋租赁合同纠纷案 ❶

原告叶某向法院提出诉讼请求：1. 请求判令谢某松退还押金人民币 6000 元（以下币种均为人民币）、房租 3000 元；2. 本案诉讼费用由谢某松负担。事实和理由：2018 年 7 月 23 日，原告、被告签订《上海市房屋合租协议》，约定叶某向谢某松租赁上海市长寿路 ××× 弄 ××× 号 ××× 室房屋的一间卧室（以下简称系争房屋），每月租金商定为 6300 元。合同签订后，叶某向谢某松支付押金 6000 元，并于每月 8 日前向谢某松实际支付下月房租 6000 元。2020 年 3 月 23 日，叶

---

❶ 资料来源：中国裁判文书网，https://wenshu.court.gov.cn/website/wenshu/181107 ANFZ0BXS K4/index.html？docId=9941063dfe374448b7e4ac3a00ecd979，访问日期：2021 年 1 月 20 日。

某搬离系争房屋，但谢某松未按约定退还 2020 年 3 月 23 日至 2020 年 4 月 7 日的租金及押金。

被告谢某松辩称，不同意叶某的诉讼请求。双方合同约定房租为 6300 元 / 月，但叶某实际按照 6000 元 / 月的标准支付。2018 年 7 月至今已有 20 个月有余，故要求叶某按照合同约定将租金补齐。此外，合同约定租金为一个月一付，不同意按半个月退还房租。

经查：系争房屋为三房两厅两卫结构，产权人为案外人，谢某松于 2018 年 5 月从案外人处租赁系争房屋后，将客厅隔断成为一室房间，租给 4 户租客居住，4 人各租一间房间。2018 年 7 月 23 日，叶某作为承租方（乙方），与作为出租方（甲方）的谢某松签订《上海市房屋合租协议》，约定：叶某向谢某松承租系争房屋的主卧（含卫生间），居住时间从 2018 年 7 月 23 日至 2019 年 7 月 22 日，每月租金商定为 6300 元整；居住期间产生的水、电、煤、宽带、有线、卫生等费用由乙方支付，物业、电梯费由甲方支付；合同期间，若乙方提前终止合同或单方面解除本合同，则已交的房租不退，甲方有权扣除押金不予退还；房租按月计算，未满一个月按一个月计算；本合同期满乙方若不再续约，应在本合同期满前 30 天通知甲方并在合同期满前搬出，否则视为乙方违约；本合同若有未尽事宜补充条款如下：水电煤网平摊，房租提前 10 天交，不可以带男孩子回家过夜，押金不能抵房租，租期不到押金不退，钥匙押金 200 元。

合同签订后，叶某向谢某松支付押金 6000 元。居住了两个月左右，叶某换至隔壁小房间居住，约定租金每月 3600 元。2018 年 11 月 8 日，叶某再次搬至主卧居住，约定每月租金 6000 元，租期自 2018 年 11 月 8 日起至 2019 年 11 月 8 日止。2019 年 11 月 8 日租期届满后，双方未再签订合同，原告继续租赁使用系争房屋并支付租金。2020 年 3 月 8 日，叶某向谢某松提出退租，谢某松回复退租需提前一个月提出。3 月 11 日，谢某松要求叶某支付租金，叶某次日回复"这个月房租你从押金里扣好了，下个月还有 8 天房租你要退我"，谢某松再次表示退租需提前 1 个月提出，并且押金不能抵房租。在此情况下，叶某于 3 月 13 日向谢某松支付 2020 年 3 月 8 日至 2020 年 4 月 7 日的房租 6000 元。2020 年 3 月 22 日，叶某要求提前搬走，谢某松不同意退还剩余未使用房租，且押金要扣除 200 元水电费后退还，双方对此协商未果。2020 年 3 月 23 日，叶某自行搬离系争房屋。故原告诉至法院，请求判如所请。

原告、被告双方均确认押金在扣除叶某未付的水电煤费用 500 元后，谢某松愿意将余款 5500 元退还叶某。谢某松表示，其并未同意叶某提前半个月退租，在叶某提前 1 个月提出退租的情况下，其可以退 1 个星期的房租给原告。

【法律问题】

本案能否适用小额诉讼程序？为什么？

【法理分析与参考意见】

一、小额诉讼程序概述

小额诉讼有广义和狭义两种理解。广义的小额诉讼与传统的简易程序并无严格区别，二者仅仅是诉讼标的额和简易程序有所不同而已。狭义的小额诉讼，是指基层法院的小额诉讼法庭或专门的小额法院适用比普通简易程序更加简易化的诉讼程序审理数额甚小的案件过程中所进行的各种诉讼活动，以及由这些活动所产生的各种诉讼关系的总和。

我国《民事诉讼法》第 165 条规定了小额诉讼制度，即基层人民法院和它派出的法庭审理事实清楚、权利义务关系明确、争议不大的简单的民事案件，标的额为各省、自治区、直辖市上年度就业人员年平均工资 50% 以下的，实行一审终审。由此可见，小额诉讼程序是一种以及时化解小额纠纷、减轻当事人的经济负担、提高诉讼效率为目的的，在司法改革中创建的一种新型程序，是有别于普通程序和简易程序而独立运作的诉讼程序。当事人对按照小额诉讼案件审理有异议的，应当在开庭前提出。人民法院经审查，异议成立的，适用简易程序的其他规定审理；异议不成立的，告知当事人，并记入笔录。

二、小额诉讼程序的适用情形

根据我国《民事诉讼法》的规定，只要是符合简易程序适用条件并诉争标的额在各省、自治区、直辖市上年度就业人员年平均工资 50% 以下的，应当适用小额诉讼程序审理，这就排除了对符合小额诉讼条件的案件法院或者当事人的其他程序选择适用权。《适用民事诉讼法解释》第 271 条对小额诉讼程序的强制适用进一步明确界定，对于符合该程序条件的案件，无论是法官还是当事人都不具有其他审理程序的选择权。

（一）小额诉讼的受案范围

根据我国《适用民事诉讼法解释》第 274 条的规定，下列金钱给付的案件，适用小额诉讼程序审理：（1）买卖合同、借款合同、租赁合同纠纷；（2）身份关系清楚，仅在给付的数额、时间、方式上存在争议的赡养费、抚育费、扶养费纠纷；（3）责任明确，仅在给付的数额、时间、方式上存在争议的交通事故损害赔偿和其他人身损害赔偿纠纷；（4）供用水、电、气、热力合同纠纷；（5）银行卡纠纷；（6）劳动关系清楚，仅在劳动报酬、工伤医疗费、经济补偿金或者赔偿金给付数额、时间、方式上存在争议的劳动合同纠纷；（7）劳务关系清楚，仅在劳务报酬给付数额、时间、方式上存在争议的劳务合同纠纷；（8）物业、电信等服务合同纠纷；（9）其他金钱给付纠纷。

（二）不得适用小额诉讼程序审理的案件

《民事诉讼法》第 166 条规定，下列案件，不适用小额诉讼程序审理：（1）人身关系、财产确权纠纷；（2）涉外民事纠纷；（3）需要评估、鉴定或者对诉前评估、鉴定结果有异议的纠纷；（4）一方当事人下落不明的案件；（5）当事人提出反诉的案件。

综上所述，人民法院适用小额诉讼程序进行审理的民事案件必须符合三个条件：一是适用于事实清楚、权利义务关系明确、争议不大的简单的民事案件；二是案件标的额必须符合法律规定的标准即标的额为各省、自治区、直辖市上年度就业人员年平均工资 50% 以下的案件；三是属于小额诉讼的受案范围，并且不是不得适用小额诉讼程序审理的案件。

本案可以适用小额诉讼程序进行审理。本案中被告谢某松承认没有退还原告叶某的租房押金，也同意可以退 1 个星期的房租给原告叶某，只是认为原告叶某应当提前 1 个月提出退租请求。因此，本案属于事实清楚，权利义务关系明确、争议不大的简单的民事案件。本案原告叶某请求被告返还的标的额不足 1 万元，该案的标的额符合上海市上年度就业人员年平均工资 30% 以下的案件（本案发生在 2020 年，所以适用当时的规定）。本案是一起房屋租赁合同纠纷案件，原告叶某请求被告谢某松退还租房押金，符合小额诉讼的受案范围，并且不是不得适用小额诉讼程序审理的案件。综上所述，本案应当适用小额诉讼程序审理。

【法律索引】

1. 《中华人民共和国民事诉讼法》第 165 条、第 166 条。

2. 《最高人民法院关于适用〈中华人民共和国民事诉讼法〉的解释》（2021 年 1 月施行）第 271 条、第 274 条、第 275 条、第 281 条。

【阅读与参考文献】

[1] 邵明 . 正当程序中的实现真实：民事诉讼证明法理之现代阐释 [M] . 北京：法律出版社，2009.

[2] 江必新 . 新民事诉讼法配套规则适用指引（一审及简易程序卷）[M] . 北京：北京大学出版社，2016.

[3] 章武生 . 民事简易程序研究—法律科学文库 [M] . 北京：中国人民大学出版社，2003.

［4］杨中洁.民事诉讼实务思维·策略·技巧［M］.北京：法律出版社，2020.

［5］刘秀明.小额诉讼程序研究［M］.北京：法律出版社，2015.

【思考题】

1.简易程序有哪些特点？

2.简易程序的适用范围有哪些？

3.哪些案件不能适用简易程序？

4.什么是小额诉讼程序？

5.小额诉讼的适用范围有哪些？

6.哪些案件不能适用小额诉讼程序？

第十二章　二审程序

本章学习任务

重点学习二审程序的概念、二审程序与一审程序的联系与区别、上诉的提起与受理、上诉的调解与撤回、上诉案件的审理、上诉案件的裁判等问题。

1. 二审程序的概念

2. 二审程序与一审程序的联系与区别

3. 上诉的提起与受理

4. 上诉的调解与撤回

5. 上诉案件的审理

6. 上诉案件的裁判

【案例一】二审程序与一审程序的关系

上诉人朱某霞与被上诉人李某梅及原审被告朱某兰民间借贷纠纷案 ❶

上诉人朱某霞因与被上诉人李某梅及原审被告朱某兰民间借贷纠纷一案，不服新疆维吾尔自治区沙湾县人民法院（2020）新 4223 民初 349 号民事判决，向新疆维吾尔自治区伊犁哈萨克自治州塔城地区中级人民法院提起上诉。法院于 2020 年 12 月 7 日立案后，依法组成合议庭，开庭进行了审理。上诉人朱某霞的委托诉讼代理人郑某亮，被上诉人李某梅及其委托诉讼代理人袁某贵，原审被告朱某兰到庭参加诉讼。本案现已审理终结。

朱某霞上诉请求：撤销原判，发回重审或改判驳回被上诉人对上诉人的诉讼请求。事实和理由：一、一审程序违法，案外人王某是沙湾县金桥通商务咨询有限

---

❶ 资料来源：中国裁判文书网，https://wenshu.court.gov.cn/website/wenshu/181107
ANFZOBX SK4/index.html ？ docId=a38cb6d789184a778247acb701158439，访问日期：2021 年 1
月 19 日。

公司的法定代表人，本案债务是沙湾县金桥通商务咨询有限公司的，一审法院未依法追加公司参加诉讼，属于程序违法。二、一审认定上诉人朱某霞与案外人王某离婚后仍共同居住生活并承担其债务，证据不足。三、适用法律错误，根据法律关于同居关系的认定，结合最高人民法院关于同居债务的司法解释，一审法院将与上诉人无同居关系、无共同生活的案外人王某的个人债务认定为上诉人同居关系的共同生产生活债务，属适用法律错误，望二审法院予以纠正。

李某梅辩称：一、一审程序合法。本案的借款人、出借人、担保人均为自然人，借款人处未加盖公司公章，根据合同相对性原则，本案借款与公司无关，一审没有必要追加公司作为诉讼参加人参加诉讼。二、一审认定事实清楚，适用法律准确。虽然上诉人朱某霞与借款人王某办理了离婚登记，但双方离婚后一直以夫妻名义共同生活，且在两人登记离婚之后，还育有一女。其社区登记信息也显示王某与上诉人同住且为配偶。上诉人陈述家庭生活主要来源来自王某，上诉人曾用自己商店的酒品支付了本案的部分利息，故，本案借款用于双方共同生活经营，上诉人系共同债务人，应当依法承担还款责任。

朱某兰辩称：一审判决我承担担保责任，不正确，请求二审人民法院依法判决。

李某梅向一审法院起诉请求：一、请求法院判令被告朱某霞向原告偿还借款本金 100000 元；二、判令被告朱某霞给付原告自 2019 年 10 月 15 日以后至实际给付之日止按月息 1.5% 计算所产生的利息；三、判令被告承担本案的诉讼费用。

一审法院认定事实：王某和被告朱某霞于 2006 年 6 月 2 日结婚，2012 年 2 月 27 日在沙湾县民政局登记离婚。王某与被告朱某霞离婚后，朱某霞仍与王某父母及婚生女共同生活，2013 年王某与被告朱某霞之女王某 1 出生。因被告朱某霞无经济收入，2019 年 5 月之前，家庭开支及子女抚养费均由王某承担，每月给付朱某霞 3000 元至 5000 元不等。2019 年 3 月 15 日，王某从原告李某梅处借款 100000元，约定借款期限 6 个月，月利率为 1.5%，被告朱某兰对以上借款承担连带责任保证，保证期间两年。借款到期后，被告未清偿以上款项，故原告诉至人民法院，要求被告朱某霞承担还款责任，被告朱某兰承担连带保证责任。

一审法院经过审理作出如下判决：一、被告朱某霞于判决生效后 10 日内偿还原告李某梅借款本金 100000 元及从 2019 年 10 月 15 日之后按照本金 100000 元、月息 1.5% 支付至本判决确定的履行期止的利息；二、被告朱某兰对上述借款本息承担连带清偿责任。被告朱某兰承担保证责任后可向债务人追偿。

被告朱某霞不服一审判决，上诉至新疆维吾尔自治区伊犁哈萨克自治州塔城地区中级人民法院，诉请如上。

【法律问题】

本案二审程序与一审程序有哪些联系与区别？

【法理分析与参考意见】

一、第二审程序的概念

第二审程序又称上诉审程序，是第二审人民法院根据上诉人的上诉，就第一审人民法院尚未发生法律效力的判决或裁定认定的事实和适用法律进行审理时，所应当遵循的步骤和方式、方法。它是民事诉讼中一个独立的诉讼阶段。我国的司法审判实行两审终审制，即一个案件经过两级人民法院审理即告终结的法律制度。其内容是：如果当事人对地方各级人民法院审理的第一审案件所作出的判决和裁定不服，可以依法向上一级人民法院提起上诉，要求上一级人民法院对案件进行第二次审判；经第二审人民法院对案件进行审理，所作出的判决和裁定是终审判决和裁定，当事人不服不得再提起上诉，人民法院也不得按照上诉审程序审理。因此，第二审程序又称为终审程序。

二、第二审程序与第一审程序的联系与区别

第一审诉讼程序是第二审程序的前提和基础，第二审程序是第一审诉讼程序的继续和发展。第一审诉讼程序中包括普通程序和简易程序，它们与第二审程序同属于诉讼案件的审判程序。经过普通程序或简易程序审理的民事案件，如果当事人不服提起上诉的，上诉审法院即适用第二审程序对案件进行审理。第二审人民法院审理上诉案件，首先运用第二审程序的有关规定；第二审程序没有规定的，要适用普通程序的有关规定。

第二审程序与第一审诉讼程序虽然都属于诉讼案件的审判程序，但毕竟是两种不同的诉讼程序，其主要区别如下：

（1）审判程序发生的原因不同。一审诉讼程序的发生，基于当事人的起诉权和法院的管辖权；而二审程序的发生是基于当事人的上诉权和二审法院的审判监督权。

（2）审级不同。第一审诉讼程序是案件在第一审人民法院审理适用的程序；而第二审程序是案件在二审法院审理的程序，它是一审案件受诉法院的上一级法院在审理上诉案件时适用的程序。

（3）审判组织不同。一审法院适用第一审诉讼程序审理民事案件的组织形式有两种，即合议制和独任制。实行合议制的，合议庭可以由审判员组成，也可以由审判员和陪审员共同组成；2022年实施的《民事诉讼法》第40、41条，扩大了独任制的适用范围，明确了普通程序、中级人民法院（含专门法院）第二审程序可以适用独任制，目的就是优化配置司法资源，分别发挥独任制和合议制度的优势。

（4）审理的对象不同。第一审诉讼程序是以原告的起诉状和被告的答辩状为基点展开的，审理的对象是双方当事人之间的民事权益争议；而第二审程序是以一审裁判为基点，对当事人上诉请求的有关事实和适用的法律进行审查，审理对象是一审法院的裁判。

（5）审理的方式不同。适用第一审程序审理民事诉讼案件，法院只能采取开庭审理的方式；而适用第二审程序审理民事上诉案件，法院可以根据案件事实是否已经清楚等实际情况，选择采取开庭审理或者径行判决的方式。

（6）裁判的效力不同。适用第一审诉讼程序审结后的判决，在上诉期间，是未发生法律效力的裁判；适用第二审程序审结后的裁判，是发生法律效力的裁判，当事人不得提起上诉。

本案第二审程序是第一审程序的继续和发展，应当在第一审程序审理和判决的基础上进行第二审程序。

本案第二审程序应当由第一审人民法院的上一级人民法院即新疆维吾尔自治区伊犁哈萨克自治州塔城地区中级人民法院审理，二审法院必须由审判员组成合议庭进行审理，审理的重点内容是第一审人民法院的审理程序是否违法、第一审人民法院适用法律是否错误以及上诉人朱某霞应否承担偿还被上诉人李某梅借款100000元及利息的责任，适用第二审程序审结后人民法院作出的裁判，是发生法律效力的裁判，当事人不得再次提起上诉。

【法律索引】

1.《中华人民共和国民事诉讼法》第40—41条、第175条、第177条、第182条。

2.《最高人民法院关于适用〈中华人民共和国民事诉讼法〉的解释》（2021年1月施行）第318条。

【案例二】上诉的提起

杨某福诉刘某顺提供劳务者受害责任纠纷案❶

杨某福向人民法院提出诉讼请求：1. 请求依法判决被告刘某顺赔偿我误工费、护理费、住院伙食补助费、二次手术费、残疾赔偿金等共计221088.62元；2. 本案的一切诉讼等相关费用由被告刘某顺承担。事实和理由：2020年3月20

---

❶ 资料来源：中国裁判文书网，https://wenshu.court.gov.cn/website/wenshu/181107 ANFZ0BXS K4/index.html？docId=f73504b571df42cb8a8facb4009b5a89，访问日期：2021年1月19日。

日，刘某顺经杨某民介绍雇用我到其承包的工地干活，前两天我被安排在阳谷北环路与西环路路口附近的工地干活，后我及其他员工均被安排至阳谷县北外环路工地，负责为拉电网安装钢架结构打桩工作。2020 年 3 月 25 日上午，我在打桩时，跌落在 4 米多深的打桩坑内，造成严重受伤，后被送到阳谷县人民医院住院治疗，至今未康复。刘某顺仅为我支付部分医疗费用。为维护我的合法权益，根据相关法律规定，特诉至贵院，请依法支持我的诉讼请求。

刘某顺辩称：1. 原告在提供劳务中未按照操作规范进行规范操作，致使本人受伤，存在严重过错，其本人应当对自己的受伤承担主要责任。在本案中，原告经他人介绍来我工地上做小工，就是为他人打下手。事发时，工地上正在打桩，当时已挖好几个深坑，深坑之间是相通的，深坑周围安装安全防护栏（安全防护栏离坑沿有 2 米左右），深坑一侧有坡道，坡道上挖着台阶，工人在干活时通过坡道台阶来回上下。包括原告在内的工人正在向坑内送板子，而原告并没有通过坡道往下送板子，而是跨过护栏直接从深坑上沿送板子，在送板子的过程中被板子带进坑内摔伤。2. 原告在提供劳务过程中没有戴安全帽和系安全带等必要的防护措施，对其受伤存在过错，我为每个工人发放了安全帽和安全带，平时督促工人佩戴安全帽和系安全带。按照正常的安全生产要求，原告在提供劳务过程中应佩戴安全帽和系安全带。原告未经许可私自跨过安全护栏，原告对其劳务作业过程中可能存在的危险未尽到必要的安全注意义务，对其受伤存在严重过错；3. 原告受伤后，我及时将原告送到医院检查治疗，全额垫付医疗费用，并支付原告生活费用合计 75400 元，法院在划分双方责任及赔偿比例后对我垫付的费用在我承担范围内一并扣除。

法院经审理认定事实如下：2020 年 3 月 20 日，刘某顺经杨某民介绍雇用杨某福到其承包的工地干活。2020 年 3 月 25 日上午，杨某福在为拉电网安装钢架结构打桩时，跌落在打桩坑内，造成杨某福严重受伤，后被送到阳谷县人民医院住院治疗 36 天。刘某顺为杨某福住院治疗支付医疗费、生活费共计 74831 元。

另查明，依杨某福的申请，法院依法委托泰安正合司法鉴定所对杨某福的伤残等级等进行鉴定，该司法鉴定所于 2020 年 11 月 20 日作出泰正司鉴所［2020］临鉴字第 999 号司法鉴定意见书，杨某福构成九级伤残，误工期限为 150 日，二次手术期间的误工期限为 30 日；护理期限为 75 日，二次手术期间的护理期限为 15 日，伤后前 20 日为 2 人护理，余均为 1 人护理；营养期限为 90 日。杨某福二次手术费用约需 17000 元。杨某福由其妻付某仙、其女杨某丽护理，三人均为阳谷县十五里元镇杨庙村农民。庭审期间，刘某顺申请对杨某福的伤残等级进行重新鉴定，但未提交证据予以佐证。

认定以上事实有原告、被告陈述、原告、被告身份信息、泰正司鉴所

[2020] 临鉴字第 999 号司法鉴定意见书、阳谷县人民医院住院病历、诊断证明、护理人员的户口页复印件、鉴定费单据等在卷佐证。

法院认为，雇员在从事雇佣活动中遭受人身损害，雇主应当承担赔偿责任。《中华人民共和国民法典》第 1192 条规定："个人之间形成劳务关系，提供劳务一方因劳务造成他人损害的，由接受劳务一方承担侵权责任。提供劳务一方因劳务自己受到损害的，根据双方各自的过错承担相应的责任。"本案中，杨某福受刘某顺雇佣提供劳务。原告作为一个具有完全民事行为能力的成年人，在工作过程中未尽到注意义务，对自己所受伤害应承担相应的责任。但雇主在未提供证据证明具有相应施工资质的情况下，未尽到直接管理责任，过错程度更高，应负主要责任，故以雇主承担 70%，雇员承担 30% 为宜。

据此原告的各项经济损失为：误工费 12363 元（82.42 元／天×150 天）、护理费 7829.9 元［82.42 元／天×（75 天 +20 天）］、二次手术期间的误工费 2472.6 元（82.42 元／天×30 天）、二次手术期间的护理费 1236.3 元（82.42 元／天×15 天）、住院伙食补助费 1080 元（30 元／天×36 天）、营养费 2700 元（30 元／天×90 天）、交通费 500 元（酌定）、残疾赔偿金 169316 元（42329 元×20 年×20%）、精神抚慰金 2000 元（酌定）、鉴定费 2860 元，二次手术费 17000 元，共计 219357.8 元。刘某顺为杨某福住院治疗支付医疗费、生活费共计 74831 元，应予以扣除。按照赔偿责任的划分，被告刘某顺应承担的赔偿额为 131101.16 元 {［（219357.8 元 +74831 元）×70%］ -74831 元｝。

泰正司鉴所 [2020] 临鉴字第 999 号司法鉴定意见书，鉴定程序合法，鉴定人员具有鉴定资质且鉴定结论依据并无不当，法院依法予以采信。诉讼中，被告虽对鉴定结论不予认可，并提出重新鉴定申请，但未提出法定理由及依据，故法院对被告的重新鉴定申请不予采纳。综上，依照《中华人民共和国民法典》第 1179 条、第 1183 条、第 1192 条，《最高人民法院关于审理人身损害赔偿案件适用法律若干问题的解释》第 6 条、第 7 条、第 8 条、第 9 条、第 10 条、第 11 条、第 12 条，《中华人民共和国民事诉讼法》第 64 条之规定，判决如下：

一、被告刘某顺于本判决生效之日起 10 日内向原告杨某福赔偿残疾赔偿金、误工费、护理费、住院伙食补助费、营养费、交通费、精神损害抚慰金等各项损失合计 131101.16 元；

二、驳回原告杨某福的其他诉讼请求。

【法律问题】

如果本案原告杨某福不服一审判决，应如何提起上诉？

【法理分析与参考意见】

上诉，指的是当事人对人民法院所作的尚未发生法律效力的一审判决或裁定，在法定期限内，依法声明不服，提请上一级人民法院重新审判的活动。上诉是当事人的诉讼权利，但要行使这项权利，必须符合一定的条件，并遵守一定的程序。

一、提起上诉的条件

当事人对一审裁判不服，提起上诉必须具备两个要件，即实质要件和形式要件。

（一）提起上诉的实质要件

提起上诉的实质要件是指提起上诉的裁判应当属于法律规定的可以提起上诉的裁判。上诉只能就法律规定可以上诉的裁判提起，如果法律规定不准上诉的裁判，当事人不能上诉，上诉程序也就无从发生。根据我国《民事诉讼法》的规定，可以上诉的裁判包括：地方各级人民法院按照普通程序、简易程序审理的第一审判决，第二审人民法院发回重审的第一审判决，按照第一审程序对案件再审作出的判决，以及法律明确规定可以上诉的裁定。另外，按照我国法律规定，第二审人民法院作出的终审裁判，按照特别程序审理后作出的裁判以及最高人民法院作出的一审裁判，都属于不能提起上诉的裁判，当事人不可以对这些裁判提起上诉。

（二）提起上诉的形式要件

形式要件是指提起上诉在形式上所应具备的法定条件。具体包括以下几个方面：

1. 必须有合格的上诉人和被上诉人

提起上诉，必须有合格的上诉人和被上诉人，合格的上诉人是指依法享有上诉权的原第一审案件的当事人。合格的被上诉人是第一审案件中上诉人的对方当事人。凡是在第一审程序中具有实体权利的当然是都可能成为合格的上诉人或者被上诉人，具体包括第一审程序中的原告、被告、共同诉讼人、诉讼代表人和直接承担一审裁判中实体权利义务的第三人（即有独立请求权的第三人和需承担责任的无独立请求权的第三人）。

2. 必须在法定期限内提起上诉

上诉期间简称上诉期，是指法律规定的有效期限。我国《民事诉讼法》对判决和裁定的上诉期间作了不同期限的规定，即当事人不服地方人民法院第一审判决的，有权在判决书送达之日起15日内向上一级人民法院提起上诉；当事人不服地方人民法院第一审裁定的，有权在裁定书送达之日起10日内向上一级人民法院提起上诉。上诉期间从第一审法院的裁判送达次日起算。诉讼参加人各自接收裁判的，从各自的起算日开始。共同诉讼人上诉期的计算，因共同诉讼的种类不同而不同。必要共同诉讼中共同诉讼人的上诉期应以最后一个收到裁判的共同诉讼人的上诉期来计算。因为在必要共同诉讼中，任何一个共同诉讼人在他的上诉期间内，都有提起上诉的权利。只有在共同诉讼中最后一人的上诉期届满后，裁判才能发生法律效力。

3. 必须提交上诉状

当事人不服一审人民法院作出的裁判，提起上诉时，必须提交上诉状。上诉状是一种重要的诉讼文书，是表明当事人不服一审人民法院的裁判，请求第二审人民法院变更原审法院裁判的根据。上诉状不但表明与对方当事人在民事权利上有争执，而且表明对第一审人民法院的裁判有异议，不仅要求上级人民法院确认自己的权利，而且要求变更原审人民法院的裁判，通过变更裁判，以维护自己的合法权益。上诉状的内容，应当包括当事人的姓名，法人的名称及其法定代表人的姓名，或者其他组织的名称及其主要负责人的姓名；原审人民法院名称、案件的编号和案由；上诉的请求和理由。

4. 必须按时缴纳上诉费

当事人不服一审人民法院作出的裁判，提起上诉的，必须缴纳上诉费。上诉费一般在递交上诉状的次日起 7 日内，到人民法院指定银行交纳，在法定的期限内不交纳诉讼费的，按撤回上诉处理。

二、提起上诉的程序

上诉状一般应当通过原审人民法院提出，这样便于当事人提出上诉，又便于原审法院进行审查和掌握情况。当事人也可以直接向第二审法院提出上诉状，第二审法院收到上诉状后应当在 5 日内将上诉状移交原审人民法院。不论是向原审法院还是向第二审法院提起上诉，最终都是由第二审法院按照二审程序进行审理裁判，上诉途径并不会对裁判的结果产生影响。上诉人在提交上诉状时，应按被上诉人的人数，提出上诉状副本，以便被上诉人及时行使答辩权，并做好在第二审法院进行诉讼的准备。

如果本案原告杨某福不服一审判决，可以在判决书送达之日起 15 日内通过原审人民法院即山东省阳谷县人民法院提起上诉，也可以直接向上一级人民法院即山东省聊城市中级人民法院提起上诉。原告杨某福上诉时应当提交上诉状，并且上诉状应当写明自己的姓名和被上诉人的姓名，原审人民法院名称、案件的编号和案由，以及上诉的请求和理由。因为本案的被上诉人只有刘某顺一人，所以原告杨某福在提交上诉状的同时，还应当提交一份上诉状副本。另外，原告杨某福提起上诉时，应当在递交上诉状的次日起 7 日内，到人民法院指定银行交纳上诉费用。虽然原告杨某福递交了上诉状，但是如果其未在指定的期限内交纳上诉费用，将会按照自动撤回上诉处理。

【法律索引】

1. 《中华人民共和国民事诉讼法》第 171 条、第 172 条、第 173 条。

2. 《最高人民法院关于适用〈中华人民共和国民事诉讼法〉的解释》（2021 年 1 月施行）第 317 条、第 318 条、第 319 条、第 320 条。

【案例三】上诉案件的调解

上诉人郝某与被上诉人范某离婚纠纷案❶

上诉人（原审被告）：郝某，男，汉族，住沈阳市大××。

委托诉讼代理人：杜某彤，北京隆安（沈阳）律师事务所律师。

被上诉人（原审原告）：范某，女，汉族，住沈阳市大××。

委托诉讼代理人（原审原告）：闫某梅，辽宁神华律师事务所律师。

上诉人郝某因与被上诉人范某离婚纠纷一案，不服沈阳市大东区人民法院（2020）辽 0104 民初 138 号民事判决，向法院提起上诉。法院于 2020 年 11 月 4 日立案后，依法组成合议庭对本案进行了审理。

上诉人郝某提出的主要上诉意见为：其月工资收入约 3000 元，一审法院判定其月给付抚养费 1500 元过高；其愿意抚养婚生女，对婚生女亦享有探望权，一审法院对上述未予认定，存在不当；一审法院已认定其将出售婚前房产的价款用于购买婚后房产，但认定分割房产折价款时并未计算其所占实际出资比例等，请求二审法院予以改判或发回重审。

二审期间，双方当事人经法院调解，自愿达成如下调解协议，并请求法院予以确认：

一、郝某与范某自愿离婚；

二、郝某与范某的婚生女郝某 1 由范某直接抚养，郝某于 2021 年 2 月起每月 15 日前给付婚生女郝某 1 抚养费 1300 元，至郝某 1 年满 18 周岁止；郝某此外一次性再给付婚生女郝某 1 从 2020 年 10 月至 2021 年 1 月所欠 4 个月的抚养费共 5200 元（该款项在本案调解过程中已实际给付完毕）；

三、郝某与范某的共同财产坐落于某市某区 268-2 号 2-5-2 的房产（建筑面积

---

❶ 资料来源：中国裁判文书网，https://wenshu.court.gov.cn/website/wenshu/181107 ANFZ0BXS K4/index.html？docId=9f262b06dd5b434d9624acb50021c90f，访问日期：2021 年 1 月 19 日。

125.13 平方米）归范某所有。某市某区人民法院（2016）辽 0103 执 2728-1 号执行裁定对上述房产所确认的权利亦由范某享有。范某一次性给付郝某该房产折价款人民币 70 万元（该款项在本案调解过程中已实际给付完毕）；

四、上述房产中的大床一张、沙发一组、五斗橱一个、梳妆台一个、冰箱一个、洗衣机一个、热水器一个以及厨房炉具等生活用品归范某所有；另外的床一张、彩电一个、餐桌一个、衣柜一个归郝某所有；

五、双方就本案再无其他争议。

【法律问题】

本案能否调解结案？调解书签收后当事人反悔的能否重新提起上诉？

【法理分析与参考意见】

调解是指中立的第三方在当事人之间调停疏导，帮助交换意见，提出解决建议，促成双方化解矛盾的活动。

在我国，调解的种类很多。根据调解的主体不同，有人民调解、法院调解、行政调解、仲裁调解以及律师调解等。人民调解是人民调解委员会主持进行的调解；法院调解是人民法院主持进行的调解；行政调解是基层人民政府或者国家行政机关主持进行的调解；仲裁调解是仲裁机构主持进行的调解。在这几种调解中，法院调解属于诉内调解，其他都属于诉外调解。

调解是《民事诉讼法》的一项基本原则，不论是第一审程序还是第二审程序，人民法院都可以本着自愿合法的原则，在查明事实、分清是非、平等协商的基础上，促使当事人自愿达成调解协议。因此，调解也是人民法院进行第二审程序审理案件的结案方式之一。我国《民事诉讼法》明确规定，第二审人民法院审理上诉案件，可以进行调解。调解达成协议，应当制作调解书，由审判人员、书记员署名，加盖人民法院印章。调解书送达后，原审人民法院的判决即视为撤销。人民法院依法制作的调解书，在送达双方当事人签收后，即具有法律效力，被调解的双方必须履行，如果其中一方在调解后拒绝履行的，另一方可以申请法院对其强制执行。调解书与生效判决书具有同等法律效力，这样既能够保障法律的严肃性，保障司法机关的权威性，也有利于稳定社会法律秩序，维护当事人的合法权益。因此，调解书生效后，该案件既不能上诉、也不能再次起诉。当然，如果调解协议内容违法，或者调解违反自愿原则，当事人可以申请再审，法院审查属实则引起再审程序的发生。调解书可以提出异议，如果调解书与当初的调解协议不一致，那么可以提起异议，法院审查后裁定补正。

本案在二审期间，上诉人郝某与被上诉人范某经法院调解，自愿达成了调解协议，双方在平等协商的基础上对婚姻问题、子女抚养问题及夫妻共同财产分割问题达成一致意见，调解的内容和程序均不违反法律规定，所以，第二审人民法院应当依法制作调解书，进行调解结案。如果上诉人郝某或者被上诉人范某签收人民法院制作的调解书之后，又反悔了，则不能重新提起上诉，因为，此时的调解书具有法律效力，上诉人郝某与被上诉人范某必须履行，如果其中一方在调解后拒绝履行的，另一方可以申请法院对其强制执行。当然，如果上诉人郝某或者被上诉人范某有足够的证据证明调解协议内容违法，或者调解违反自愿原则，则可以申请再审。

【法律索引】

1. 《中华人民共和国民事诉讼法》第 99 条、第 100 条、179 条。

2. 《最高人民法院关于适用〈中华人民共和国民事诉讼法〉的解释》（2021 年 1 月施行）第 317 条、第 339 条。

【案例四】上诉案件的裁判

上诉人黄某皎与被上诉人纪某清健康权纠纷案 ❶

上诉人黄某皎因与被上诉人纪某清健康权纠纷一案，不服营口市鲅鱼圈区人民法院（2020）辽 0804 民初 4296 号民事判决，向法院提起上诉。法院依法组成合议庭对本案进行了审理。

黄某皎上诉请求：一、判决撤销（2020）辽 0804 民初 4296 号民事判决，改判驳回被上诉人全部诉讼请求（人民币 28295.34 元）；二、由被上诉人承担一审、二审全部诉讼费用。

事实与理由：一、一审法院认定事实不清，本案被上诉人的摔伤与上诉人饲养的小狗并无直接的因果关系，被上诉人不应承担侵权责任。本案的案件事实为事发当日，被上诉人牵着一只宠物犬途经位于鲅鱼圈区阳光世纪城门前，在其停留之时其宠物犬引来一只流浪狗。该流浪狗与被上诉人的宠物犬嬉闹，此时上诉人的狗在屋内并没有出门，因上诉人的狗与另一只流浪狗嬉戏，引来上诉人的狗出门。被上诉人用于牵狗的绳子与宠物狗的距离是足够保障被上诉人人身安全的距离，被上诉人摔倒是由于被上诉人拽着宠物狗的绳子倒退，在倒退时没有留意地上地砖破损

---

❶ 资料来源：中国裁判文书网，https://wenshu.court.gov.cn/website/wenshu/181107 ANFZ0BXS K4/index.html？ docId=c60b01575d8b4a1cb066acbc00251153，访问日期：2021 年 1 月 20 日。

导致其绊倒，既不是上诉人的狗将被上诉人撞倒，也不是上诉人的狗将被上诉人咬伤。此外，上诉人的狗并没有攻击性，也不属于禁止饲养的烈性犬种。因此，被上诉人受伤与上诉人饲养的狗并没有直接的因果关系。二、本案被上诉人的损害是由于被侵权人自身的重大过失导致的，上诉人可以不承担或者减轻责任。根据《中华人民共和国民法典》第1245条，饲养的动物造成他人损害的，动物饲养人或者管理人应当承担侵权责任，但能够证明损害是因被侵权人故意或者重大过失造成的，可以不承担或者减轻责任。三、在上诉人承担责任的情况下，本案的责任也应当由上诉人、被上诉人及阳光世纪城小区物业根据过失大小或者原因力比例各自承担相应的责任。因为本案被上诉人摔倒的直接原因是因为被上诉人自己的重大过失以及阳光世纪城小区地面破损的原因导致。根据《最高人民法院关于审理人身损害赔偿案件适用法律若干问题的解释》第3条，二人以上共同故意或者共同过失致人损害，或者虽无共同故意、共同过失，但其侵害行为直接结合发生同一损害后果的，构成共同侵权，应当依照《中华人民共和国民法典》第1170条规定承担连带责任。二人以上没有共同故意或者共同过失，但其分别实施的数个行为间接结合发生同一损害后果的，应当根据过失大小或者原因力比例各自承担相应的赔偿责任。且根据上述法律第5条，赔偿权利人起诉部分共同侵权人的，人民法院应当追加其他共同侵权人作为共同被告。赔偿权利人在诉讼中放弃对部分共同侵权人的诉讼请求的，其他共同侵权人对被放弃诉讼请求的被告应当承担的赔偿份额不承担连带责任。责任范围难以确定的，推定各共同侵权人承担同等责任。人民法院应当将放弃诉讼请求的法律后果告知赔偿权利人，并将放弃诉讼请求的情况在法律文书中叙明。因此，本案不应当由上诉人承担全部的赔偿责任。四、本案一审判决中计算数额有错误，在一审判决中表述："故对于原告的损失，被告应当承担赔偿责任。原告所遭受的损失有：1.医药费26802.34元；2.伙食补助费300元（50元×6天）；3.护理费693元（115.5元×6天），就原告主张按每日115.5元的标准支持护理费，与本地区相近行业工资的标准基本接近，法院予以支持；4.交通费一项，法院酌定为200元；以上损失共计28295.34元。"上述四项数额的总数应为27995.34元。综上，请求贵院改判驳回被上诉人诉讼请求，维护上诉人合法权益。

纪某清辩称：一、上诉人提出我途经鲅鱼圈区阳光世纪城并停留，在停留之时吸引一只流浪犬与我的宠物犬嬉闹，因此才引来上诉人的狗出门。监控视频中我途经阳光世纪城并未有任何停留，而上诉人所称的流浪犬原本就在广场上，并不是由我家宠物狗吸引来的，而且流浪狗并未与我的宠物狗有任何接触，更没有嬉闹，从我出现在视频中到我摔倒只有6秒钟的时间，宠物狗与流浪狗怎么嬉闹？视频第5秒巨型贵宾犬发现我并将我冲撞倒地只有3秒钟的时间，我已经70多岁，面对如此大型的狗我惊慌失措只有本能地倒退躲避，但还是没躲过这只巨型犬的冲撞，导致我摔倒骨折。视频的第一秒就可以在视频右下角清晰地看到上诉人的巨型贵宾犬，并且狗的头部一直朝向我来的方向，说明上诉人的狗始终就在户外，并不是上诉人所称的把狗关在门内。二、上诉人称我摔倒是因为阳光世纪城地砖破损将我绊倒而不是上诉人的狗将我撞倒。阳光世纪城广场地砖确有破损的地方，但是距离我摔倒的地方有三四米远，从视频中可以非常清晰地看到我摔倒的地方地砖非常平整，我被送到医院的时候我女儿、丈夫与出警的警察都看过事发地面，事发当天我摔倒的地砖及其周围并没有任何的破损及不平整。而且我摔倒也不是因为被绊倒，只是因为在躲避巨型犬的冲撞时，因为年纪太大又太紧张和巨型贵宾犬的冲撞脚底没站稳才摔倒。上诉人在一审及二审中反复强调地砖破损，把我摔倒的原因推卸给第三方，不过是想推卸责任。上诉人强调地砖破损，依据物理学的光学效应，从视频中就可以非常清晰地得出地砖完好的结论。建议法庭对我提出的关于地砖的问题，可以进行实地勘察。三、上诉人第二点强调"被上诉人的损害是由于被侵权人自身的重大过失导致的，上诉人可以不承担或者减轻责任"。我摔倒是因为上诉人的巨型犬主动向我扑来导致的，我的重大过失是什么？是年纪大行动迟缓吗？我是故意摔倒导致骨折，生活不能自理卧床不起的吗？上诉人不提法律法规的起因，只提不承担责任的结果。《民法典》第七编第九章饲养动物损害责任第1245条规定，饲养的动物造成他人损害的，动物饲养人或者管理人应当承担侵权责任；但是能够证明损害是因被侵权人故意或者重大过失造成的，可以不承担或者减轻责任。《民法典》第1246条规定违反管理规定，未对动物采取安全措施造成他人损害的，动物饲养人或者管理人应当承担侵权责任；但是，能够证明损害是因被侵权人故意造成的可以减轻责任。《民法典》第1249条规定，遗弃、逃逸的动物在遗弃、逃逸期间造成他人损害的，由动物饲养人或者管理人承担侵权责任；《民法典》第1251条规定，饲养动物应当遵守法律法规，尊重社会公德，不得妨碍他人生活。上诉人在此次案件中始终搪塞推诿，一不承认错误，二不承担赔偿责任，反而在反复强调并不存在的破损地砖问题，不过是想推卸责任。事发后是我女儿从单位赶到事发地点后拨打了120和110。事发时，明知是自己家的巨型犬导致我摔倒，却没有主动为我拨打120急救电话，也没有第一时间拨打110报警电话。我住院后第二天晚上，才到医院探望，探望的主要目的是让我承认这件事情上我自己必须承担一半的责任，否则想要赔偿就去起诉吧。我手术的位置至今在天气不好的时候还时常疼痛。上诉人在事发时冷漠、无情的处理方式让人心寒。综上所述，请求法院驳回上诉人的诉讼请求，维持原判，以维护答辩人的合法权益。

纪某清向一审法院起诉请求：一、请求人民法院依法判令被告赔偿原告医药费、住院期间伙食补助费、护理费、交通费等 28295.34 元；二、本案的诉讼费及其他合理费用由被告承担。

一审法院认定事实：2020 年 5 月 28 日下午，原告在世纪广场遛狗时，被告饲养的大型贵宾犬被原告的小狗吸引冲到原告身前，原告在躲闪时不慎摔倒受伤，入住营口经济技术开发区中心医院住院治疗 6 天，经诊断，原告胸 12 椎体压缩性骨折。花费医药费 26802.34 元。

一审法院认为，根据《中华人民共和国民法典》的规定，饲养的动物造成他人损害的，动物饲养人或者管理人应当承担侵权责任。本案中，原告在广场散步期间，为躲避被告饲养的大型贵宾犬不慎摔倒受伤。被告作为动物的饲养人，对其饲养的宠物犬负有管理职责，事故发生在人群密集的广场上，被告所饲养的是大型贵宾犬，对他人人身安全具有一定的危险性，应由遛狗绳牵引或作出必要的安全保障措施，即便如被告所述，其宠物狗是自行从家中跑出，被告亦未尽到必要的看护、管理义务。故对于原告的损失，被告应当承担赔偿责任。原告所遭受的损失有：1. 医药费 26802.34 元；2. 伙食补助费 300 元（50 元 ×6 天）；3. 护理费 693 元（115.5 元 ×6 天），就原告主张按照每日 115.5 元的标准支持护理费，于本地区相近行业工资的标准基本接近，法院予以支持；4. 交通费一项，法院酌定为 200 元；以上损失共计 28295.34 元。综上，依据《中华人民共和国民法典》第 1245 条之规定，判决如下：被告黄某皎于本判决生效之日起 10 日内一次性给付原告纪某清 28295.34 元。如果未按本判决指定的期间履行给付金钱义务，应当依照《中华人民共和国民事诉讼法》第 253 条之规定，加倍支付迟延履行期间的债务利息。案件受理费 500 元，由被告黄某皎负担。

法院二审期间，当事人没有提交新证据。法院二审查明的事实与原审认定的事实相一致。

【法律问题】

1. 二审法院审理上诉案件的裁判方式有哪些？

2. 本案中二审法院能否变更一审法院的判决？

【法理分析与参考意见】

上诉案件的裁判，是指第二审人民法院经过对当事人的上诉的审理，根据查明的案件事实与相关法律的规定所作出的终局性裁决。第二审裁判包括裁定与判决两种形式。根据我国《民事诉讼法》的规定，对于一审判决的上诉，第二审法院可根据不同情形使用判决或者裁定形式作出裁判；对于一审裁定的上诉，第二审法院只能以裁定形式作出裁判。

一、对于一审判决提起上诉案件的裁判

第二审人民法院对于一审判决提起上诉的案件，经过审理，按照下列情形，分别处理：

（一）驳回上诉，维持原判

二审人民法院经过审理，认为一审法院的判决对上诉人请求的有关事实认定清楚，适用法律正确，应当以判决方式驳回上诉，维持原判决。

（二）依法改判或者变更

二审法院经过审理，认为原判决认定事实错误或者适用法律错误的，应当以判决方式依法改判或者变更。第二审法院经过审理，认为原判决对上诉请求的有关事实认定清楚，但适用法律错误的，第二审法院在确认一审判决认定事实的同时，依法改判，以纠正原判决在适用法律上的错误。原审判决认定事实错误，或者认定事实不清、证据不足的，第二审法院可以在查清事实后依法改判或者变更。基于当事人上诉请求的不同，可以以判决的方式依法变更原判决的一部分，也可能变更原判决的全部。

（三）发回重审

第二审法院对于原审判决认定事实错误，或者认定事实不清、证据不足的，原则上应该裁定撤销原判决，发回第一审人民法院重审，除非当事人对第二审法院查清确认的事实争议不大，否则对第二审法院认定的事实存在不利影响的一方当事人是不公正的。原判决遗漏当事人或者违法缺席判决等严重违反法定程序的，裁定撤销原判决，发回原审人民法院重审。此处"严重违反法定程序"还包括：审判组织的组成不合法的；应当回避的审判人员未回避的；无诉讼行为能力人未经法定代理人代为诉讼的；违法剥夺当事人辩论权利的。原审人民法院对发回重审的案件作出判决后，当事人提起上诉的，第二审人民法院不得再次发回重审。

二、对于一审裁定提起上诉案件的裁定

第二审法院对不服一审法院裁定的上诉案件的处理，一律使用裁定。二审人民法院对裁定的审理，应当根据不同情况作出裁定：对于原裁定认定事实清楚、适用法律正确的，裁定驳回上诉，维持原裁定；第二审人民法院查明第一审作出的不予受理裁定有错误的，应在撤销原裁定的同时，指令第一审人民法院立案受理；查明第一审人民法院作出的驳回起诉裁定有错误的，应在撤销原裁定的同时，指令第一审人民法院进行审理；查明第一审人民法院作出的管辖权异议裁定有错误的，应在撤销原裁定的同时，指令第一审人民法院继续审理或移送给有管辖权的人民法院进行审理。

除发回重审的案件的判决、裁定可以上诉外，二审判决、裁定是终审判决、裁定，当事人不得再行上诉。除法律另有规定的外，任何一方当事人不得再以同一诉讼标的重新起诉。对于具有给付内容的终审判决和裁定，当事人应自觉履行裁判所确认的义务。否则人民法院即可强制执行。

本案中，二审法院可以变更一审法院的判决。根据我国《民事诉讼法》的规定，原审判决认定事实错误，或者认定事实不清、证据不足的，第二审法院可以在查清事实后依法改判或者变更。基于当事人上诉请求的不同，可以以判决的方式依法变更原判决的一部分内容。本案一审判决对于赔偿数额的计算明显有误，所以，二审法院可以以判决的方式依法变更原判决的赔偿数额，对一审判决的错误予以纠正。

【法律索引】

1.《中华人民共和国民事诉讼法》第 177 条、第 178 条。

2.《最高人民法院关于适用〈中华人民共和国民事诉讼法〉的解释》（2021 年 1 月施行）第 325 条。

【阅读与参考文献】

[1] 胡云腾．民商事二审典型案例及审判经验 [M]．北京：人民法院出版社，2019.

[2] 王兴元．公正的力量：二审、再审改判案例精析 [M]．北京：法律出版社，2020.

[3] 北京市律师协会．民事二审再审改判案例：诉讼过程与争点剖析 [M]．北京：法律出版社，2020.

[4] 江必新．民事审判的理念、政策与机制 [M]．北京：人民法院出版社，2019.

【思考题】

1.二审程序与一审程序有哪些联系与区别？

2.提起上诉的条件和程序有哪些？

3.上诉的调解法律是如何规定的？

4.上诉案件都可以撤回吗？

5.对于一审判决提起上诉的案件如何裁判？

6.对于一审裁定提起上诉的案件如何裁定？

7.哪些一审案件应当发回重审？

第十三章　审判监督程序

本章学习任务

重点学习审判监督程序的概念和特点、当事人申请的再审、人民法院提起的再审、人民检察院行使监督权提起的再审、再审案件的审理与裁判等问题。

1. 审判监督程序的概念和特点
2. 当事人申请的再审的条件
3. 人民法院提起的再审的程序
4. 人民检察院提起抗诉再审的条件
5. 再审案件的审判程序

【案例一】审判监督程序的概述与当事人申请再审

檀某义、肇州镇人民政府合同纠纷案 ❶

1988年3月26日，原告与原肇州县万宝乡水利站签订了《养鱼合同书》，合同约定：原告承包万宝乡水利站水面450亩，承包期限为1988年3月26日至2004年12月30日，承包费2250元，水面坐落：东至黄牛圈，南至肇源界北地边。合同签订后，原告交纳了承包费，开始经营水面。1996年6月20日，第三人毛某庆与原万宝乡渔业站站长串通，签订假的《苇塘鱼池合同书》，合同约定：承包期为30年，自1995年1月1日起至2025年12月30日止，并载明此鱼池由第三人檀某政转让给第三人毛某庆经营，但檀某政对此并不知情。2001年，原万宝乡人民政府划归现肇州镇人民政府，在肇州镇人民政府没有加盖公章，镇长一栏缺失的情况下，私下与第三人毛某庆签订渔业转包合同，该合同完全沿用第三人毛某庆与

---

❶　资料来源：中国裁判文书网，https://wenshu.court.gov.cn/website/wenshu/181107ANFZOBXS K4/index.html？docId=abb2ef1cf0ed48999077a8b0001f4328 https://wenshu.court.gov.cn/website/wenshu/181107ANFZOBXSK4/index.html？docId=7bd42db71bfd4471a13aaca100354782，访问时间：2021年1月19日。

原万宝乡渔业站伪造的合同，侵占了原告所属的合同地界，侵犯了原告的合法权益，剥夺原告继续承包的权利长达 10 年之久。原告多年来一直主张自己的权利，但因被告与第三人毛某庆的阻挠而未果。现提起诉讼，要求判令被告肇州镇人民政府与第三人毛某庆所签订的苇塘养鱼承包合同无效，确认原告与原万宝乡水利站所签订的养鱼合同有效。诉讼费用由被告承担。

一审人民法院经审查认为，原告、被告及第三人之间争议的苇塘在本案诉讼之前已被肇州县人民法院（2001）州民初字第 488 号民事判决书及大庆市中级人民法院（2002）庆民终字第 126 号民事判决书确认本案第三人毛某庆与本案第三人檀某政所签订的《苇塘鱼池合同书》合法有效，第三人毛某庆对涉案的苇塘享有使用权。现原告檀某义提起本案诉讼，要求确认其与原万宝乡水利站之间苇塘养鱼合同有效，系对同一苇塘再次进行确认，而原终审的大庆市中级人民法院（2002）庆民终字第 126 号民事判决书尚未撤销，仍然有效，故原告对同一涉案标的再次起诉，属于法律规定的重复诉讼，依法应驳回原告的起诉。

判决后，檀某义提起上诉。二审法院认为，关于檀某义的第一项诉讼请求即"请求确认被告肇州镇人民政府与第三人毛某庆之间的苇塘养鱼承包合同书无效"问题。虽然（2002）庆民终字第 126 号判决是毛某庆与檀某政之间的侵权纠纷，但是否侵犯承包经营权，需要对涉案合同的效力进行确认，以此来确定是否侵权，故（2002）庆民终字第 126 号判决中，已经认定毛某庆与原万宝乡水利站之间的苇塘养鱼合同书有效，从而认定檀某政构成侵权，故关于此合同的效力问题已有生效判决认定，檀某义要求确认合同书无效，实质是否定前诉的裁判结果，檀某义如认为前诉裁判结果不当，应当通过审判监督渠道解决，不应另行起诉。关于檀某义的第二项诉讼请求即"请求确认原告与原万宝乡水利站之间苇塘养鱼合同有效"问题。因在毛某庆诉檀某义侵权之诉案件中，在大庆市中级人民法院（2004）庆民终字第 813 号案件中，对此合同的效力问题已经进行审查，认定檀某义无合同原件而无法认定其合同的效力。虽然本案中檀某义作为原告、毛某庆作为第三人，但两者主体均是相同的，且其诉请实质也是否定前诉结果。因前面两个侵权之诉中均包含着相应的确认之诉，且前两个侵权之诉案件中，包含了本案的当事人檀某义、檀某政、毛某庆。故本案中檀某义再次起诉属于重复起诉。二审法院裁定：驳回上诉，维持一审裁定。

【法律问题】

1. 审判监督程序有哪些特点？

2. 本案檀某义能否提起审判监督程序？

【法理分析与参考意见】

一、民事审判监督程序的概念和特点

民事审判监督程序是指人民法院对已经发生法律效力的裁判或调解，因本法院院长或上级法院发现确有错误依法定程序决定再审、提审或指令再审，因当事人或其他有权提出申请再审的人的申诉符合法定再审情形，或因人民检察院发现生效裁判符合法定情形而依法提出抗诉，进行再审所必须遵循的步骤和方式。审判监督程序只是纠正生效裁判错误的法定程序，它不是案件审理的必经程序，也不是诉讼的独立审级。

审判监督程序不同于其他的诉讼程序，有其独有的特点：

（1）审判监督程序是对已经发生法律效力的裁判进行再审的程序，它不是第一审、第二审程序的继续和发展，不是民事诉讼的必经程序。

（2）审判监督程序的提起，只能是特定的机关和人员。有权提起再审的主体，或者是各级人民法院院长、上级人民法院、最高人民法院依法定的方式提起再审；或者是有审判监督权的人民检察院提起抗诉；或者是当事人依照法定的条件申请再审。

（3）提起审判监督程序，必须是案件的裁判在认定事实或适用法律上确有错误，否则，不可能引起再审。因此，审判监督程序的审理对象只能是已经发生法律效力的有错误的裁判。

（4）审判监督程序的提起有特定的时间要求。人民法院基于审判监督权提起再审以及人民检察院基于检察监督权提起抗诉，不受时间的限制，只要有权提起再审的人民法院发现生效裁判确有错误或者原生效裁判存在法定的抗诉事实和理由，人民法院和人民检察院随时都可以提起再审程序。当事人申请再审，应当在判决、裁定发生法律效力后六个月内提出；有《民事诉讼法》第207条第1项、第3项、第12项、第13项规定情形的，自知道或者应当知道之日起六个月内提出。

（5）人民法院审理再审案件适用的程序取决于生效裁判的情况。人民法院按照审判监督程序再审的案件，发生法律效力的判决、裁定是由第一审法院作出的，按照第一审程序审理，所作的判决、裁定，当事人可以上诉；发生法律效力的判决、裁定是由第二审法院作出的，按照第二审程序审理，所作的判决、裁定，是发生法律效力的判决、裁定；上级人民法院按照审判监督程序提审的，按照第二审程序审理，所作的判决、裁定是发生法律效力的判决、裁定。人民法院审理再审案件，应当另行组成合议庭。

（6）按照审判监督程序决定再审的案件，裁定中止原判决、裁定、调解书的执行，但追索赡养费、扶养费、抚养费、抚恤金、医疗费用、劳动报酬等案件，可以不中止执行。

二、当事人提出再审的条件

当事人申请再审，是指当事人认为法院作出的生效判决或裁定有错误，在符合法律规定条件下，请求做出生效判决法院的上一级法院对该案再次予以审理的行为。当事人提出再审申请，必须符合下列条件：

（1）有权申请再审的主体，只能是案件当事人。案件的当事人包括原告、被告或者上诉人、被上诉人，有独立请求权第三人及判决其承担实体义务的无独立请求权第三人，当事人的法定代表人依法亦有权代当事人申请再审。

（2）当事人申请再审的对象，只能是人民法院已经发生法律效力的判决、裁定和调解书。对于没有生效的裁判，可以提起上诉，但不得申请再审。

（3）申请再审应当具备法定的事由。根据据我国《民事诉讼法》的规定，当事人的申请符合下列情形之一的，人民法院应当再审：1. 有新的证据，足以推翻原判决、裁定的；2. 原判决、裁定认定的基本事实缺乏证据证明的；3. 原判决、裁定认定事实的主要证据是伪造的；4. 原判决、裁定认定事实的主要证据未经质证的；5. 对审理案件需要要的主要证据，当事人因客观原因不能自行收集，书面申请人民法院调查收集，人民法院未调查收集的；6. 原判决、裁定适用法律确有错误的；7. 审判组织的组成不合法或者依法应当回避的审判人员没有回避的；8. 无诉讼行为能力人未经法定代理人代为诉讼或者应当参加诉讼的当事人，因不能归责于本人或者其诉讼代理人的事由，未参加诉讼的；9. 违反法律规定，剥夺当事人辩论权利的；10. 未经传票传唤，缺席判决的；11. 原判决、裁定遗漏或者超出诉讼请求的；12. 据以作出原判决、裁定的法律文书被撤销或者变更的；13. 审判人员在审理该案时有贪污受贿、徇私舞弊、枉法裁判行为的。

（4）当事人申请再审，必须向有管辖权的法院提出。依据我国《民事诉讼法》的规定，当事人对已经发生法律效力的判决、裁定，认为有错误的，可以向上一级人民法院申请再审；当事人一方人数众多或者当事人双方为公民的案件，也可以向原审人民法院申请再审。

（5）当事人申请再审必须在法定期限内提出，即应当在判决、裁定发生法律效力后 6 个月内提出；有《民事诉讼法》第 200 条第一项、第三项、第十二项、第十三项规定情形的，自知道或者应当知道之日超 6 个月内提出。

（6）必须向人民法院提交书面申请，申请书应当写明申请人的基本情况，原审法院的名称、案由及案件编号，当事人争议的事实和理由，原判决、裁定书或调解书认定的事实、理由和适用的法律，申请再审的具体诉讼请求以及申请再审的事实、理由和法律根据。同时，当事人提交申请书，不但要按照被申请人和原审其他当事人的人数提交副本，还必须附上原审人民法院的判决书、裁定书或调解书的副本。

（7）当事人申请再审的案件不属于下列情形的案件。1. 对已经发生法律效力的解除婚姻关系的判决、调解书申请再审的案件。2. 判决、调解书生效后，当事人将判决、调解书确认的债权转让，债权受让人对该判决、调解书不服申请再审的案件。3. 适用特别程序、督促程序、公示催告程序、破产程序等非讼程序审理的案件。4. 再审申请被驳回后再次提出申请的案件。5. 对再审判决、裁定提出申请的案件。6. 在人民检察院对当事人的申请作出不予提出再审检察建议或者抗诉决定后又提出申请的案件。

本案中，檀某义可以一审和二审裁定适用法律错误为由提起审判监督程序。一审法院和二审法院均以檀某义的诉讼属于重复起诉为由，裁定驳回檀某义的起诉和上诉请求。根据《适用民事诉讼法解释》第247条规定，当事人就已经提起诉讼的事项在诉讼过程中或者裁判生效后再次起诉，同时符合下列条件的，构成重复起诉：1. 后诉与前诉的当事人相同；2. 后诉与前诉的诉讼标的相同；3. 后诉与前诉的诉讼请求相同，或者后诉的诉讼请求实质上否定前诉裁判结果。即同时符合该规定中的三个条件，才构成重复诉讼。前诉（2002）庆民终字第126号案件中当事人为毛某庆、檀某政，案由为侵权纠纷，本诉原告檀某义、被告肇州镇政府均非该案当事人。前诉（2004）庆民终字第813号案件中当事人为毛某庆、檀某义，案由为侵权纠纷，本诉被告肇州镇人民政府并非该案当事人。本诉与前两诉当事人均不相同。檀某义在本诉中请求确认其与原万宝乡水利站签订的苇塘养鱼合同有效，（2004）庆民终字第813号案件中虽涉及本案诉争的苇塘养鱼合同，但毛某庆在该案的诉讼请求是要求檀某义停止侵权，该案判决以檀某义提交的合同是复印件为由，认为该合同效力不能认定，从而判令檀某义停止侵权，但该判决并未认定檀某义提交的合同是否有效。基于合同相对性，毛某庆针对案涉苇塘签订的合同效力并不影响檀某义所签合同的效力，即使前诉认定檀某义构成侵权，檀某义亦有权请求人民法院对其签订的合同效力进行认定。原审认为本诉的诉讼请求实质是否定前诉裁判结果，适用法律不当。檀某义关于本案不构成重复诉讼的再审申请理由成立，应予支持。

【法律索引】

1. 《中华人民共和国民事诉讼法》第206条、第207条、第209条、第212—214条。

2. 《最高人民法院关于适用〈中华人民共和国民事诉讼法〉的解释》（2021年

1月施行）第247条、第377条、第378条、第380条、第383条。

【案例二】人民法院依职权提起再审

中国光大银行股份有限公司福州分行与福建省林盛果业有限公司、
福建省家利果业有限公司、陈某忠、林某勤金融借款合同纠纷案❶

再审申请人中国光大银行股份有限公司福州分行（以下简称光大银行福州分行）因与被申请人福建省林盛果业有限公司（以下简称林盛果业）、福建省家利果业有限公司（以下简称家利果业）、陈某忠、林某勤金融借款合同纠纷一案，不服福建省福州市鼓楼区人民法院（2016）闽0102民初7253号民事判决，向法院申请再审。法院于2017年9月12日作出（2017）闽01民申198号民事裁定，提审本案。法院依法组成合议庭，开庭审理了本案。再审申请人光大银行福州分行委托诉讼代理人赖某菊到庭参加诉讼。被申请人家利果业、林盛果业、陈某忠、林某勤经法院依法传唤，无正当理由未到庭参加诉讼，法院依法缺席审理。本案现已审理终结。

原审法院认定事实：光大银行福州分行和林盛果业于2015年9月28日签订编号为FZHLD15002的《流动资金贷款合同》。合同约定，林盛果业向光大银行福州分行贷款400万元，贷款用途为贷新还旧，贷款期限自2015年9月28日起至2016年9月27日止，贷款年利率为4.6%，还款方式为按月结息，结息日为每月20日，到期一次还本；若林盛果业不按合同规定按期支付利息或归还本金，即构成违约，光大银行福州分行有权宣布所有已发放的贷款立即到期，并要求林盛果业立即偿还借款本金、利息或其他实现债权的费用；合同还对争议解决方式等进行了约定。2015年9月28日，光大银行福州分行与家利果业、陈某忠、林某勤分别签订了合同编号为FZHLD15002B01、FZHLD15002B02、FZHLD15002B03的《保证合同》。约定家利果业、陈某忠、林某勤对林盛果业与光大银行福州分行签订的编号为FZHLD15002号《流动资金贷款合同》项下所欠的所有债务承担连带保证责任，担保的范围均为主合同项下债务本金、利息（包括法定利息、约定利息及罚息）、复利、手续费，违约金、损害赔偿金、实现债权的费用（包括但不仅限于诉讼费用、律师费用、公证费用、执行费用等）以及所有其他应付的费用；保证责任期间

---

❶ 资料来源：中国裁判文书网，https://wenshu.court.gov.cn/website/wenshu/181107 ANFZOBXS K4/index.html？docId=c6666e273df94cbca677a99f00a08471 https://wenshu. court.gov.cn/website/wenshu/181107ANFZOBXSK4/index.html？docId=51a82198315540659d80 acbc00b8cd6e，访问日期：2021年1月15日。

为主合同项下债务履行期限届满之日（如因法律规定或主合同约定的事件发生而导致主合同提前到期，则为提前到期日）起两年。2015 年 9 月 28 日，光大银行福州分行与林某勤签订编号为 FZHLD15002B04《抵押合同》，约定林某勤以自有房产和车位［位于福州市台江区圣淘沙花园（现海润花园）24# 楼 302 复式单元房产和 29#、30#、41#、44# 楼连体地下 1 层 52 车位］为林盛果业所欠的上述所有债务提供抵押担保，被担保的主债权金额为 2604000 元整。2015 年 9 月 30 日，光大银行福州分行和陈祥共同办妥了抵押登记手续，取得他项权证（榕房他证 FZ 字第 ×× 号、榕房他证 FZ 字第 ×× 号）。2015 年 10 月 12 日，光大银行福州分行依约向林盛果业发放贷款 400 万元。合同履行期间，林盛果业未依约履行付息义务。家利果业、陈某忠、林某勤也未依约承担担保责任。光大银行福州分行为本案诉讼支出律师费 12226 元。

原审法院认为，光大银行福州分行和林盛果业签订的编号为 FZHLD15002 的《流动资金贷款合同》系双方当事人的真实意思表示，合法有效，双方均应予以遵守。光大银行福州分行按约向林盛果业提供借款，林盛果业未按约还款付息，显属违约，应承担违约责任，返还光大银行福州分行借款本金并支付相应利息、复利、罚息及光大银行福州分行为实现债权所支付的费用。故光大银行福州分行上述请求符合法律规定及合同约定，原审法院予以支持。光大银行福州分行与家利果业、陈某忠、林某勤分别签订了合同编号为 FZHLD15002B01、FZHLD15002B02、FZHLD15002B03 的《保证合同》，家利果业、陈某忠、林某勤愿意对编号为 FZHLD15002 号《流动资金贷款合同》项下所欠的所有债务承担连带还款责任的意思表示真实。故光大银行福州分行请求家利果业、陈某忠、林某勤承担连带还款责任的请求符合约定及法律规定，原审法院予以支持。光大银行福州分行与林某勤签订的编号为 FZHLD15002B04《抵押合同》系签约双方的真实意思表示，林某勤以其名下坐落于福州市台江区圣淘沙花园（现海润花园）24# 楼 302 复式单元房产和 29#、30#、41#、44# 楼连体地下 1 层 52 车位，为林盛果业所欠的编号为 FZHLD15002 号《流动资金贷款合同》项下的所有债务提供抵押担保，被担保的主债权金额为 2604000 元整，并办理了抵押登记，抵押担保法律关系依法成立，现光大银行福州分行要求以抵押物拍卖、变卖所得价款优先受偿上述债务，符合法律规定和合同约定，原审法院予以支持。林盛果业、家利果业、陈某忠、林某勤经合法传唤，无正当理由拒不到庭参加诉讼，视为放弃抗辩权，原审法院依法缺席审理和判决。原审法院判决：一、林盛果业于判决生效之日起 10 日内偿还光大银行福州分行借款本金 4000000 元及利息（利息暂计至 2016 年 8 月 21 日为 75283.56 元，之后的利息按编号 FZHLD15002《流动资金贷款合同》之约定计至借款还清之日止）；二、林盛果业于判决生效之日起 10 日内向光大银行福州分行支付律师代理费 12226 元；三、家利果业、陈某忠、林某勤对判决第一项、第二项确定的债务承担连带清偿责任；四、光大银行福州分行对林某勤提供的位于福州市台江区圣淘沙花园（现海润花园）24# 楼 302 复式单元的房产（榕房权证 R 字第 ×× 号）和位于福州市台江区圣淘沙花园（现海润花园）29#、30#、41#、44# 楼连体地下 1 层 52 车位的房产（榕房权证 R 字第 ×× 号），有权以拍卖、变卖所得价款，对判决第一项、第二项确定的债权，在最高债权额 2604000 元限度内优先受偿。本案诉讼费 39500 元，由林盛果业、家利果业、陈某忠、林某勤共同负担。

各方当事人在法院再审期间均未提交新的证据。根据现有证据，法院对一审所查明的事实予以确认。

法院再审认为：案涉《抵押合同》约定，抵押担保范围包括债务本金、利息、复利、手续费、违约金、损害赔偿金、实现债权的费用等。《抵押合同》虽然约定被担保的主债权数额为 2604000 元，但并未对担保金额进行限定。案涉《房屋他项权证》上登记的他项权利类型为"一般抵押权"，该他项权证上债权数额处记载的主债权数额 2604000 元亦非对担保金额的限定。一审法院判令光大银行福州分行仅有权在 2604000 元范围内优先受偿不当，法院予以纠正。综上，依照《中华人民共和国民事诉讼法》第 207 第 1 款、第 171 条第 1 款第二项规定，判决如下：

一、维持福州市鼓楼区人民法院（2016）闽 0102 民初 7253 号民事判决第一、二、三项；

二、变更福州市鼓楼区人民法院（2016）闽 0102 民初 7253 号民事判决第四项为：光大银行福州分行对林某勤提供的位于福州市台江区圣淘沙花园（现海润花园）24# 楼 302 复式单元的房产（榕房权证 R 字第 ×× 号）和位于福州市台江区圣淘沙花园（现海润花园）29#、30#、41#、44# 楼连体地下 1 层 52 车位的房产（榕房权证 R 字第 ×× 号），有权以拍卖、变卖所得价款，对福州市鼓楼区人民法院（2016）闽 0102 民初 7253 号民事判决第一项、第二项确定的债权优先受偿。

原审原告中国光大银行股份有限公司福州分行与原审被告福建省林盛果业有限公司、福建省家利果业有限公司、陈某忠、林某勤金融借款合同纠纷一案，福州市中级人民法院于 2018 年 5 月 29 日作出（2018）闽 01 民再 29 号民事判决书，已经发生法律效力。

【法律问题】

福建省高级人民法院对本案进行审查，如果发现该判决书确有错误，能否对本案进行提审？

【法理分析与参考意见】

根据《民事诉讼法》的规定，对民事案件基于审判监督权提起再审的人或机关是：各级人民法院院长及审判委员会、上级人民法院及最高人民法院。提起再审的机关和公职人员不同，相应地，提起的具体程序也就不尽相同。

一、该院院长及审判委员会提起再审

人民法院对民事案件作出判决，一经宣告或送达，就具有约束力，不得随意撤销、变更。如果裁判确有错误，则只能通过再审程序进行纠正。在该院行使审判监督权的是该院院长和审判委员会，他们对该院审判人员和合议庭的审判工作进行监督。因此，该院院长发现已发生法律效力的判决、裁定，认为确有错误需要再审的，应当提交审判委员会讨论决定。决定再审的，应当裁定中止原判决、裁定的执行。

二、最高人民法院提起再审

根据我国《民事诉讼法》的规定，最高人民法院对地方各级人民法院已经发生法律效力的判决、裁定，发现确有错误的，有权提审或者指令下级人民法院再审。

最高人民法院提审的，应通知下级法院，调取案卷进行审理；指令下级法院再审的，指令到达法院之时，为再审提起之日。下级法院接到指令后，再审的审理即应开始，审理后作出的裁判，应报送最高人民法院。

最高人民法院提审的案件，由最高人民法院自己作出裁定，中止原裁判的执行；指令下级法院再审的案件，由下级法院作出裁定，进行再审。至于哪些案件适用提审，哪些案件适用指令下级法院再审，《民事诉讼法》未做规定，由最高人民法院根据具体情况选择适用。

三、上级人民法院提起再审

根据我国《民事诉讼法》的规定，上级人民法院对下级人民法院已经发生法律效力的判决，发现确有错误的，有权提审或者指令下级人民法院再审。

上级法院决定提审的，通过下级法院，提取全部案件材料，作出裁定，由自己进行再审；指令下级法院再审的，说明情况指出理由，并告知下级法院。下级法院接到上级法院的通知后，应根据通知进行再审，并将再审结果上报发出指令的上级法院。

本案中，福建省高级人民法院是福建省福州市中级人民法院的上级人民法院。根据我国《民事诉讼法》的规定，上级人民法院对下级人民法院已经发生法律效力的判决、裁定、调解书，发现确有错误的，有权提审或者指令下级人民法院再审。福建省高级人民法院有权对本案进行审查，如果发现福州市中级人民法院对本案的再审的判决书确有错误，有权对本案进行提审，并中止原判决的执行。

【法律索引】

1.《中华人民共和国民事诉讼法》第 205 条、第 207 条、第 213 条。

2.《最高人民法院关于适用〈中华人民共和国民事诉讼法〉的解释》（2021 年 1 月施行）第 396 条。

【案例三】人民检察院检察监督提起再审

葛某强与葛某成返还原物纠纷案 ❶

2018 年 4 月 25 日，葛某强向唐河县人民法院（以下简称一审法院）起诉，请求：1. 葛某成归还葛某强李家坟 1.9 亩土地；2. 葛某成支付葛某强 2001 年至 2018 年租地款共计 1800 元（每年租金 100 元）；3. 诉讼费由葛某成承担。

2018 年 6 月 25 日，一审法院作出（2018）豫 1328 民初 1974 号民事裁定，以本案不属于人民法院民事诉讼受理范围为由，驳回葛某强的起诉。葛某强不服，上诉至二审法院。2018 年 8 月 2 日，二审法院作出（2018）豫 13 民终 3785 号民事裁定，撤销一审法院（2018）豫 1328 民初 1974 号民事裁定，指令一审法院审理。

一审法院对双方当事人提交的证据进行认证分析后认为，《中华人民共和国民事诉讼法》第 64 条规定，当事人对自己提出的主张，有责任提供证据。本案中，双方争议的焦点为争议土地承包权的归属问题，葛某强为证明其主张成立向法院提供的四组证据中，第三组证据即土地承包合同系主要证据，该土地承包合同中记载承包土地总面积为 8.57 亩，而表格中四块土地面积之和却是 10.568 亩，明显不相符，作为合同文本，存在着重大瑕疵，不能单独作为定案的根据，只有在和其他证据相互佐证的基础上，才可能作为定案的根据，但综合葛某强提供的四组证据，第一、二、四组证据均是葛某强为佐证第三组证据而提供，该三组证据均无法佐证葛某强对争议土地享有承包权。故葛某强提供的证据不能证实其对李家坟 1.9 亩土地享有承包经营权，其诉讼请求亦无事实依据。一审法院于 2018 年 11 月 5 日作出（2018）豫 1328 民初 3969 号民事判决：驳回葛某强的诉讼请求。案件受理费 50 元，由葛某强负担。

---

❶ 资料来源：中国裁判文书网，https://wenshu.court.gov.cn/website/wenshu/181107ANFZOBXS K4/index.html？docId=a6a79925e7ec406786b1ac8600fdac1b https://wenshu.court.gov.cn/website/wenshu/181107ANFZOBXSK4/index.html？docId=bce6bbc0c4c34d608bc0acbc00a003e0，访问日期：2021 年 1 月 17 日。

葛某强不服，向二审法院提起上诉，请求改判支持其诉讼请求。

二审法院确认，葛某成在原一审、二审中自认双方争议的李家坟土地系从葛某强处获得。之后，案涉土地农业税等均由葛某成交纳。

二审法院认为，行使返还原物请求权，需以所有权人之物被非法占有为基础。本案中，葛某强主张争议土地系其租给葛某成耕种，葛某成原一审、二审中自认案涉土地系其从葛某强处获得，但其认为是葛某强不想耕种交给其耕种的。双方均认可的事实说明葛某成取得案涉争议土地的经营权征得了葛某强的同意，因双方之间另存在对案涉土地承包经营权的流转行为，葛某成的占有为合法占有。现葛某强在未对案涉土地的承包经营权流转行为进行解除的情况下，直接起诉要求葛某成返还争议土地不当，不予支持。二审法院于 2018 年 12 月 18 日作出（2018）豫 13 民终 7238 号民事判决：驳回上诉，维持原判。二审案件受理费 100 元，由葛某强负担。

申诉人葛某强因与被申诉人葛某成返还原物纠纷一案，不服河南省南阳市中级人民法院（2018）豫 13 民终 7238 号民事判决，向南阳市人民检察院申诉，南阳市人民检察院提请河南省人民检察院抗诉。

【法律问题】

1. 人民检察院提起抗诉应具备哪些条件？

2. 河南省人民检察院能否对本案南阳市中级人民法院作出的（2018）豫 13 民终 7238 号民事判决提起抗诉？

【法理分析与参考意见】

人民检察院是我国的法律监督机关，依法独立行使检察权，通过办理民事抗诉案件，对人民法院的民事审判活动进行法律监督，维护国家利益和社会公共利益，维护司法公正和司法权威，保障国家法律的统一正确实施。人民检察院抗诉，是指人民检察院对人民法院已经发生法律效力的民事判决、裁定、调解书，发现确有错误，依照法定程序要求人民法院对案件进行再次审理的诉讼行为，也称民事抗诉。

人民检察院提起抗诉应具备以下条件：

一、案件存在民事权益争议。人民检察院抗诉的案件，必须是存在民事权益争议的案件。不存在民事权益争议的案件，人民检察院不能提出抗诉。

二、人民检察院抗诉的对象是已经发生法律效力的判决、裁定、调解书。在民事诉讼中，检察监督是一种事后监督，对于尚未生效的民事判决、裁定、调解书，人民检察院不能提出抗诉。

三、具备法定的抗诉事由。根据《民事诉讼法》的规定，对于下列情形，人民检察院应当提出抗诉：1. 对已经发生法律效力的判决、裁定、调解书，发现有《民事诉讼法》第207条规定情形之一的。2. 发现已经发生法律效力的判决、裁定、调解书损害国家利益、社会公共利益的。只有人民法院的判决、裁定、调解书或者诉讼行为具有上述规定的事由之一的，人民检察院才能提出抗诉。

四、由有权的人民检察院提出。根据我国《民事诉讼法》的规定，最高人民检察院对各级人民法院已经发生法律效力的判决、裁定、调解书，上级人民检察院对下级人民法院已经发生法律效力的判决、裁定、调解书，可以提出抗诉；地方各级人民检察院对同级人民法院已发生法律效力的判决、裁定、调解书发现具备法定的抗诉事由，不得直接提出抗诉，可以向同级人民法院提出检察建议，并报上级人民检察院备案；也可以提请上级人民检察院向同级人民法院提出抗诉。除最高人民检察院外，人民检察院无权对同级人民法院的裁判提出抗诉。

五、制作抗诉书。人民检察院决定对人民法院的生效裁判提出抗诉的，应当制作抗诉书。抗诉书是人民检察院对人民法院的生效裁判提出抗诉的法律文书，也是人民检察院行使检察监督权引起对抗诉案件再行审理的法律文书。抗诉书中应载明：提出抗诉的人民检察院和接受抗诉的人民法院；抗诉案件的原审法院对案件的编号及其发生法律效力的判决、裁定；抗诉的事实和理由；提出抗诉的时间。有证据的，人民检察院向人民法院提交抗诉书的同时，可以向人民法院提供证据，或者提供证据来源。

人民检察院提出抗诉的案件，人民法院应当再审，即只要人民检察院提出抗诉，人民法院就应当直接进行再审，并不需要院长提交审判委员会讨论。

另外，当事人也可以向人民检察院申请检察建议或者抗诉。根据我国《民事诉讼法》的规定，有下列情形之一的，当事人可以向人民检察院申请检察建议或者抗诉：1. 人民法院驳回再审申请的；2. 人民法院逾期未对再审申请作出裁定的；3. 再审判决、裁定有明显错误的。人民检察院对当事人的申请应当在3个月内进行审查，作出提出或者不予提出检察建议或者抗诉的决定。当事人不得再次向人民检察院申请检察建议或者抗诉。

本案中，河南省人民检察院应当对本案南阳市中级人民法院作出的（2018）豫13民终7238号民事判决提起抗诉。根据我国《民事诉讼法》第207条第（六）项规定，当事人的申请符合下列情形之一的，人民法院应当再审："（六）原判决、裁定适用法律确有错误的。原审判决适用法律确有错误。"理由如下：葛某成在一审、二审中均已自认案涉土地系从葛某强处获得，原审法院对该事实亦予以认定。双方存在对案涉土地承包经营权的流转行为，但目前已无法继续达成土地流转的合意，葛某强起诉请求葛某成返还案涉土地，即是要求解除案涉土地承包经营权的流转。根据《最高人民法院关于审理涉及农村土地承包纠纷案件适用法律问题的解释》第17条"当事人对转包、出租地流转期限没有约定或约定不明的，参照《民法典》第730条规定处理"，"当事人对租赁期限没有约定或者约定不明确的，依照本法第510条的规定仍不能确定的，视为不定期租赁。当事人可以随时解除合同，但出租人解除合同应当在合理期限之前通知承租人"之规定，葛某强将案涉土地的承包经营权流转给葛某成，双方并未明确约定流转期限，葛某强有权随时解除土地流转，要求葛某成返还案涉土地。所以，本案原审判决适用法律确有错误，河南省人民检察院应当依法对本案南阳市中级人民法院作出的（2018）豫13民终7238号民事判决提起抗诉。

【法律索引】

1.《中华人民共和国民事诉讼法》第215条、第216条、第219条。

2.《最高人民法院关于适用〈中华人民共和国民事诉讼法〉的解释》（2021年1月施行）第413条、第414条。

【阅读与参考文献】

［1］俞新尧．审判监督工作实务技能［M］．北京：人民法院出版社，2013.

［2］张学群．审判监督与诉讼法实施［M］．北京：法律出版社，2014.

［3］景汉朝．最高人民法院审判监督指导案例解析［M］．北京：人民法院出版社，2015.

［4］江必新．审判监督与国家赔偿的理念、政策与机制［M］．北京：人民法院出版社，2019.

【思考题】

1.什么是审判监督程序？审判监督程序有哪些特点？

2.当事人申请再审应当具备哪些法定的事由？

3.哪些案件当事人不能申请再审？

4.哪些人民法院可以提起再审程序？

5.人民检察院提起抗诉的理由有哪些？

6.哪些人民检察院有权提起抗诉？

7.再审案件有哪些审判程序？

第十四章　特别程序

本章学习任务

重点学习特别程序的概念及特点、选民资格案件的审理程序、宣告失踪及宣告死亡案件的审理程序、认定公民无民事行为能力及限制民事行为能力案件的审理程序、认定财产无主案件的审理程序、调解协议确认案件的审理程序、实现担保物权案件的审理程序等问题。

1. 特别程序的概念及特征
2. 选民资格案件的审理程序
3. 宣告失踪及宣告死亡案件的审理程序
4. 认定公民无民事行为能力、限制民事行为能力案件的审理程序
5. 调解协议确认案件的审理程序

【案例一】特别程序的概述

冯某与刘某申请认定公民限制民事行为能力案❶

申请人冯某系被申请人刘某的女儿，冯某称：近一两年来刘某总是丢三落四，逻辑不清。我怀疑母亲患有老年痴呆症，于是带她去北京市隆福医院检查，经检查，刘某确实患有老年痴呆症，认知能力测评得分仅为8分，认知能力已严重受损，目前无法完全辨认自己的行为。为维护刘某的合法权益，故申请宣告其为限制民事行为能力人。另冯某称：刘某与自己的父亲于1957年登记结婚，双方均系初婚，婚后生育两女一子，即冯某自己、冯爱某、冯文某。自己的父亲于2000年去世，冯文某于2018年去世，刘某母亲的父母均已去世。因为自己已经退休，时间充裕，生活条件优越，作为刘某的监护人更有优势，刘某也表示过愿意跟冯某一起生活，且自2018年年底至今刘某就一直跟冯某居住。

---

❶ 选编自北京市朝阳区人民法院（2019）京 0105 民特 208 号判决书。

冯爱某称：自己更适合作为刘某的监护人。一是自己比较年轻，且是从业 32 年的医护人员，具有丰富的医护职业经验，更有利于照顾年迈的刘某。二是自己经济条件优越，住房宽裕，能够给刘某提供单独的住处，而且从 2000 年开始母亲就一直住在冯爱某家，自己照顾刘某长达 20 年，冯某和刘某生活仅仅 10 余月，这期间自己探望刘某有困难。

庭审中，法院就监护事宜与刘某谈话，刘某表示两个女儿都很好，跟谁一块生活都可以。最终法院依照《中华人民共和国民法典》第 28 条、《中华人民共和国民事诉讼法》第 196 条之规定，依法适用特别程序进行了审理，作出终审判决：根据在案证据以及鉴定机构的鉴定结论，确认刘某为限制民事行为能力人；指定冯某作为刘某的监护人。

【法律问题】

1. 本案为什么适用特别程序审理？
2. 特别程序属于非诉程序还是诉讼程序？

【法理分析与参考意见】

一、特别程序的概念与特点

特别程序是指人民法院用来审理某些非民事权益争议的案件和选民资格案件所使用的程序。

特别程序是非诉讼程序，与诉讼程序相对应。诉讼程序是用来审理诉讼案件的程序，非诉讼程序是用来审理非诉讼案件的程序。非诉讼案件与诉讼案件不同，在非诉讼案件中通常没有对抗的双方当事人，只有一方申请人申请法院认定某种权利或者某种法律事实是否存在。特别程序主要有以下几个特点：

（1）特别程序只是确认某种法律事实或权利是否存在。也就是说依据特别程序审理案件，并不解决民事权利义务关系争议，只是确认某种法律事实或某种权利是否存在，确认某种权利的实际状况。

（2）主体的特殊性。适用特别程序审理的案件，只有申请人或起诉人一方，没有原告和被告双方，与诉讼程序不同。因为适用特别程序审理的案件无民事权益争议，而适用诉讼程序审理的案件是由于当事人双方之间的民事权益发生纠纷或争议，所以特别程序审理的案件通常无对方当事人。

（3）审判组织的特殊性。特别程序的审判组织原则上采用独任制，只有选民资格案件和重大、疑难的案件采用合议制。而且特别程序采用合议制组成的合议庭，仅限于由审判员组成，不适用陪审制。

（4）实行一审终审。适用特别程序审理的案件一律实行一审终审，无上诉审程序，判决一经送达即发生法律效力。

（5）不适用审判监督程序。因为适用特别程序审结的案件，判决发生法律效力后，如果出现了新情况，需要撤销原判决的，根据《民事诉讼法》关于特别程序的规定，可以通过作出新判决、撤销原判决的方式处理，这是由特别程序的案件的特性决定的。

（6）案件审理期限比较短。根据《民事诉讼法》第187条的规定，人民法院适用特别程序审理的案件，应当在立案之日起30日内或者公告期满后30日内审结。有特殊情况需要延长的，由法院院长批准。但审理选民资格的案件除外。根据《民事诉讼法》第189条的规定，选民资格案件必须在选举日前审结。根据《全国人民代表大会和地方各级人民代表大会选举法》（以下简称《选举法》）的规定，选民名单应在选举日的20日以前公布。这些规定表明特别程序的审限很短，最长也超不过30天。

（7）免交案件受理费。根据国务院制定的《诉讼费用交纳办法》，按照特别程序审理的案件不缴纳案件受理费。但是，特别程序中需要支付的公告费应当由申请人缴纳。

（8）不适用通常诉讼程序的一些原则和制度。依据特别程序审理的案件，由于不存在利益相对立的双方当事人，对抗性不强，因此通常诉讼程序中基于当事人对抗而规定的一些具体制度和原则大都没有适用的必要，如辩论原则、调解原则、反诉制度等。

二、特别程序的适用范围

（一）适用的案件

特别程序用来审理选民资格案件、宣告失踪或者宣告死亡案件、认定公民无民事行为能力或者限制民事行为能力案件，以及认定财产无主案件、确认调解协议案件和实现担保物权案件。除此以外的其他案件一般不适用《民事诉讼法》规定的特别程序。

（二）适用的法院

从《民事诉讼法》的规定来看，适用特别程序审理的案件都由基层人民法院管辖，因此特别程序只限于基层法院使用。

本案中，冯某作为申请人，申请认定自己的母亲刘某为限制民事行为能力人，并非当事人之间的民事权益纠纷；本案由基层人民法院即朝阳区人民法院管辖，符合法定管辖。因此，本案属于非诉案件，应当适用特别程序审理。

值得注意是，本案除了确认刘某为限制民事行为能力人，还有指定监护人这一诉讼请求。通过案情介绍我们可以得知，刘某的两个女儿均有意愿担任刘某的监护人，双方亦有监护能力，此时法院该如何指定监护人呢？除了要充分尊重当事人的意愿以及衡量监护人的物质条件，还要考虑被申请人刘某的特殊情况，即刘某年事已高，且为限制民事行为能力人，需要家人长时间地陪伴照料，本案中冯某已经退休，从陪伴时间的角度来讲，冯某比冯爱×有优势，故法院确定由已经退休的冯某担任刘某的监护人。因此，这就要求作为一名法律人，不仅要具有专业的知识储备，始终坚持法律所遵循的公平正义的理念，同时还要保有善良之心，具有德法兼修的职业素养，更有效地维护法律权威，保障老人年的合法权益。

【法律索引】

《中华人民共和国民事诉讼法》第 184—187 条、第 194—197 条。

【案例二】宣告失踪、宣告死亡案件的审理程序

陈某与朱某申请宣告公民死亡案 ❶

申请人陈某、朱某称，2018 年 10 月 11 日，其儿子陈胜某随"闽东渔 61648"轮出海作业时，因意外落海失踪，至今下落不明，已无生还可能，为此请求宣告陈胜某死亡。

经审理查明：下落不明人陈胜某，男，1983 年 6 月 8 日出生，汉族，原住福建省东山县，系申请人陈某、朱某之子。2018 年 10 月 11 日，陈胜某随"闽东渔 61648"轮出海作业。该轮航行至 22.45° N，118.19° E 海域附近时突遇大风浪倾覆自沉，随船 13 名船员全部落水。后虽经多次搜寻，被申请人陈胜某至今仍下落不明，已无生还可能。为此，"闽东渔 61648"轮船舶所有人朱某 1 出具了《海事报告书》，东山县铜陵镇海洋与渔业站、东山县铜陵镇农业办公室、东山县铜陵镇桂花社区居民委员会、东山县铜陵镇第六渔业公司对上述情况予以证实。申请人陈某、朱某申请宣告陈胜某死亡后，法院于 2020 年 7 月 28 日在《人民法院报》第八版发出寻找陈胜某的公告，法定公告期间为 3 个月，现已届满，被申请人陈胜某仍然下落不明。

法院认为，被申请人陈胜某因海上意外事故落海失踪，至今下落不明，后虽经多方查找及法院公告，仍无音讯。综合本案相关情况，其已无生还可能，应依法推定其死亡。申请人陈某、朱某作为被申请人陈胜某的父亲与母亲，申请宣告陈胜

---

❶ 选编自厦门海事法院（2020）闽 72 民特 78 号判决书。

某死亡，符合法律规定，应依法予以准许。

【法律问题】

1. 本案中申请人是否可以直接申请宣告死亡？
2. 公民被宣告失踪或被宣告死亡引发的法律后果有什么不同？

【法理分析与参考意见】

一、宣告失踪案件

（一）宣告失踪案件的概念

公民离开自己的住所和居所，下落不明持续的时间达到法律规定的期限，经利害关系人申请，法院依法宣告该公民为失踪人的案件称为宣告失踪案件。

公民长期下落不明会使与其相关的民事法律关系处于不稳定的状态，法院按照法定程序宣告其为失踪人，被宣告失踪人的财产可以被人代管，这样一方面有利于保护被宣告失踪人的财产权益，也有利于保护与失踪人有关的人的财产权益，可以避免失踪人的财产因长期无人管理而造成流失、毁损或被侵害的情况发生或继续发生；另一方面可以使与失踪人有财产关系的他人的权利实现，例如债权人实现其债权，税务机关收到税款，被赡养人、被抚养人和被扶养人从财产代管人那里取得赡养、抚养和扶养费。

《中华人民共和国民法典》第 40 条规定："公民下落不明满二年的，利害关系人可以向人民法院申请宣告他为失踪人。"与此相应，《民事诉讼法》第 190 条第 1 款规定："公民下落不明满二年，利害关系人申请宣告其失踪的，向下落不明人住所地基层人民法院提出。"可见，我国《民法典》规定了这种权利，《民事诉讼法》规定了实现这种权利的程序。

（二）申请宣告失踪的条件

利害关系人向法院申请下落不明人宣告失踪的，应当具备一定的条件。根据《民法典》第 40 条、第 41 条和《民事诉讼法》第 190 条的规定，申请宣告公民为失踪人的应当具备以下条件：

1. 有下落不明的事实

必须有公民离开自己的住所或居所，且没有音讯的事实。既无人知晓他的去处或所在，也无从得到他的音讯。如果该人不知去向，但偶然有音讯的，或者有音讯但无法联系的，就不能认定为下落不明。

2. 下落不明满 2 年

公民下落不明必须满 2 年，而且这 2 年应当是持续不断的 2 年。2 年期间应当从该公民音讯消失之次日起算，如果该公民是在战争期间下落不明的，其下落不明的时间从战争结束之日起算。

3. 由利害关系人提出申请

申请人必须与该公民有利害关系，无利害关系者不得为申请人。所谓利害关系人，是与该公民有民事权利义务关系的人，包括被申请宣告失踪人的配偶、父母、子女、兄弟姐妹、祖父母、外祖父母、孙子女、外孙子女以及其他与被申请人有民事权利义务关系的人。

4. 申请应当采用书面形式

根据《民事诉讼法》第190条的规定，申请宣告失踪的，利害关系人应当向法院提出书面的申请。申请书应当写明公民失踪的事实、时间和请求，而且申请书还要求附上公安机关或者其他有关机关关于该公民下落不明的书面证明。

（三）申请宣告失踪案件的管辖及审理程序

1. 管辖

申请宣告失踪的案件，根据《民事诉讼法》第190条的规定，由下落不明人住所地的基层人民法院行使管辖权。根据《民事诉讼法》关于管辖的规定，公民的住所地与经常居住地不一致的，由经常居住地法院管辖。这样规定有利于保护被申请宣告失踪者的合法权益，便于法院审理判决。

2. 审理程序

（1）申请。宣告失踪案件的民事程序由利害关系人向法院提出书面申请开始，根据最高人民法院《适用民事诉讼法解释》规定，符合法律规定的多个利害关系人提出宣告失踪申请的，列为共同申请人。人民法院受理宣告失踪案件后、作出判决前，申请人撤回申请的，人民法院应当裁定终结案件，但其他符合法律规定的利害关系人加入程序要求继续审理的除外。

（2）公告。法院接受利害关系人的申请之后，应当发出寻找下落不明人的公告，公告期为3个月。公告的目的是寻找失踪人，使其有机会得知被利害关系人申请宣告失踪之事，使其有机会向法院报告自己的音讯，或者使知其下落者有机会向法院报告失踪人的下落等。发出公告，是受理案件的法院必须履行的程序。公告的形式通常两种并用：一是在法院的公告栏内张榜招贴；二是登报告示。寻找下落不明人的公告应当记载下列内容：一是被申请人应当在规定期间内向受理法院申报其具体地址及联系方式。否则，被申请人将被宣告失踪；二是凡知悉被申请人生存现状的人，应当在公告期间内将其所知道情况向受理法院报告。

（3）指定审理期间的财产管理人。法院审理宣告失踪案件期间，可以根据申请人的请求，清理下落不明人的财产，指定诉讼期间的财产管理人，财产管理人通常由被申请宣告失踪人的配偶、父母、成年子女或者关系密切的其他亲属、朋友担当。审理期间的财产管理人与判决宣告失踪之后指定的财产代管人不同：前者仅在审理期间管理被申请人的财产，后者是在宣告失踪后代为管理失踪人的财产。这一程序不是案件的必经程序，只有申请人请求法院指定审理期间的财产管理人时，才有此程序。

（4）判决。法院发出公后，在公告期内，被申请人仍然无音讯的，失踪的事实应当得到确认，公告期届满，法院应当依法作出宣告该公民为失踪人的判决。如果公告期内被申请人有音讯的，证明其未失踪，法院应当作出驳回申请人申请的判决。

（5）指定财产代管人。宣告失踪的案件，人民法院可以根据申请人的请求，清理下落不明人的财产，并指定案件审理期间的财产管理人。公告期满，法院作出宣告失踪判决的同时，应当按照《民法典》第42条的规定，为失踪人指定财产代管人。失踪人的财产代管人范围为失踪人的配偶、父母、成年子女或者关系密切的其他亲属、朋友，法院在此范围内指定。财产代管人经指定后，如果代管人申请变更代管的，法院比照《民事诉讼法》特别程序的规定进行审理。申请理由成立的，裁定撤销申请人的代管人身份，同时另行指定财产代管人；申请理由不成立的，裁定驳回申请。失踪人的其他利害关系人申请变更财产代管人的，人民法院应当告知其以原指定的代管人为被告起诉，并按普通程序进行审理。

（6）判决的预决效力。公民被宣告失踪后，利害关系人还可以向法院申请宣告该失踪人死亡。在这种情况下申请宣告死亡的，被申请人下落不明从失踪的次日起满4年的，法院应当受理，原宣告失踪的判决就是该公民失踪的证明，审理中仍应依照《民事诉讼法》第192条规定进行公告。

（7）判决的撤销。被宣告失踪的人有可能在法院宣告失踪后出现，这时原宣告失踪的判决就应当改变。根据《民事诉讼法》第193条的规定，要求经过失踪人本人或者利害关系人的申请，由法院作出新判决，撤销原判决。

二、宣告死亡案件

（一）宣告死亡案件的概念

宣告死亡案件，是指公民离开自己的住所或居所，下落不明已达到一定期限，经利害关系人申请，法院依法定程序宣告该公民死亡的案件。

公民的死亡从法律的角度看有两种：一种是自然死亡；另一种是法律上推定的死亡即宣告死亡。公民长期下落不明，会造成与其有关的民事权利义务关系处于不稳定的状态。由于其下落不明，实际上无法承担在家庭婚姻等方面的责任，无法实现或履行其在财产法律关系方面的权利义务，既不利于保护其自身权益，也不利于保护与其有法律关系的他人的权益。依法定程序宣告其死亡可以使上述有关权利义务关系进入稳定状态，有利于维护正常的生活秩序和社会秩序。

根据《民法典》第 46 条的规定，公民下落不明满 4 年的，或者因意外事故下落不明，从事故发生之日起满 2 年的，利害关系人可以向人民法院申请宣告其死亡。《民事诉讼法》第 191 条规定："公民下落不明满四年，或者因意外事件下落不明满二年，或者因意外事故下落不明，经有关机关证明该公民不可能生存，利害关系人申请宣告其死亡的，向下落不明人住所地基层人民法院提出。"《民法典》规定了宣告死亡的法律制度，《民事诉讼法》又相应地规定了宣告死亡的法律程序，这就是宣告死亡制度在实体法与程序法上的根据。

（二）申请宣告死亡的条件

利害关系人向法院申请宣告公民死亡的，应当具备一些条件。根据《民法典》第 46 条和《民事诉讼法》第 191 条的规定，申请宣告死亡的应当具备下列条件：

1. 有下落不明的事实

同申请宣告失踪一样，申请宣告公民死亡必须具有下落不明的事实，所谓下落不明是指公民离开最后的住所或居所没有音讯的状况，对于在国外但无法联系的，不得以下落不明宣告死亡。

2. 下落不明已满法定期限

根据上述法律规定，下落不明的法定期间有三种：一是一般情况下的下落不明，下落不明的状态持续 4 年，以及战争期间下落不明，从战争结束之日起持续满 4 年；二是因意外事故下落不明，下落不明的状态持续两年；三是因意外事故下落不明，经有关机关证明该公民不可能生存的。期间的计算，通常从该公民音讯消失次日起算，战争期间下落不明的其期间从战争结束之日起算，意外事故的从意外事故发生之日起算。

3. 由利害关系人提出申请

无利害关系的人不得提出宣告公民死亡的申请。关于申请宣告公民死亡的利害关系人，《民法典》不仅规定了范围，还规定了顺序。申请宣告死亡的利害关系人的顺序是：（1）配偶；（2）父母、子女；（3）兄弟姐妹、祖父母、外祖父母、孙子女、外孙子女；（4）其他有民事权利义务关系的人。

4. 申请应当采用书面形式

申请人应当向法院提出书面申请，申请书应当表明下落不明的事实、时间和请求，并附有公安机关或者其他有关机关关于该公民下落不明的书面证明。

（三）申请宣告死亡案件的管辖及审理程序

1. 管辖

根据《民事诉讼法》第191条的规定，申请宣告公民死亡的案件由下落不明人住所地管辖法院管辖。根据《民事诉讼法》关于管辖的规定，公民的住所地与居所地不一致的则由居所地法院管辖。

2. 审理程序

（1）申请。宣告公民死亡，应当由利害关系人提出申请，并要求采用书面形式。符合法律规定的多个利害关系人提出宣告死亡申请的，列为共同申请人。法院判决宣告公民失踪后，利害关系人还可以再向法院申请宣告其死亡。根据《适用民事诉讼法解释》规定，人民法院判决宣告公民失踪后，利害关系人向人民法院申请宣告失踪人死亡，自失踪之日起满4年的，人民法院应当受理，宣告失踪的判决即是该公民失踪的证明，审理中仍应依照《民事诉讼法》第192条规定进行公告。

（2）公告。法院受理宣告死亡的案件后，应当发出公告。公告的方式与目的同申请宣告失踪案件的方式和目的相同，但公告的期限不同。申请宣告公民死亡案件的公告期间为1年；因意外事故下落不明，经有关机关证明该公民不可能生存的，宣告死亡的公告期为3个月。与宣告失踪案件的公告期限相比，宣告死亡案件的期限比较长，这是因为公民宣告死亡后所产生的法律后果比被宣告失踪的法律后果严重，例如婚姻关系解除。

（3）判决。公告期间，被申请人仍然无音讯的，公告期届满后法院就可以作出被请人死亡的判决。如果在公告期间，被申请人有音讯的，或者法院经审理不能确定被申请无音讯的，则判决驳回申请人的申请。被宣告死亡的人，判决宣告之日为其死亡的日期、判决书除了发给申请人外，还应当在被宣告死亡的人的住所地或居所地及法院所在地公告。人民法院受理宣告死亡案件后，作出判决前，申请人撤回申请的，人民法院应当裁定终结案件，但其他符合法律规定的利害关系人加入程序要求继续审理的除外。

（4）判决的撤销及其法律后果。公民因失踪持续一定时间而被宣告死亡的，仅仅是法律上的宣告，该公民并不一定已自然死亡，也许还活着，又重新出现了。重新出现后、原告死亡的判决就应当撤销。根据《民事诉讼法》第193条的规定，被宣告死亡的公民重新出现，经本人或者利害关系人的申请，法院应当作出新判决，撤销原判决。判决被撤销后，被撤销死亡宣告的人有权请求返还财产。依照继承法取得其财产的公民或组织，应当返还原物，如果原物不存在的，应当给予适当补偿。配偶若未再婚的，夫妻关系自判决被撤销之日起恢复。

需要注意的是，宣告失踪不是宣告死亡的必经程序。公民下落不明，符合申请宣告死亡的条件，利害关系人能不经申请宣告失踪而直接申请宣告死亡。在本案中，陈胜某已符合宣告死亡的条件，申请人陈某和朱某可以不申请宣告失踪，直接申请宣告死亡。

公民被宣告失踪和宣告死亡的法律后果不同，公民被宣告失踪的法律后果为：（1）失踪人的财产由代管人代管；（2）失踪人如果负有债务的，由代管人以失踪人的财产清偿。如果代管人拒绝清偿的，其债权人应当以代管人为被告提起民事诉讼。失踪人如果有债权的，代管人有权要求清偿，其债务人拒绝的，代管人可以作为原告向该债务人提起民事诉讼。公民被宣告死亡后的法律后果为：（1）人身关系方面产生如同自然死亡后的法律后果，例如被宣告死亡的人与配偶的婚姻关系，自死亡宣告之日消灭；（2）财产方面产生如同自然死亡后的法律后果，其财产可以被继承。

【法律索引】

1. 《中华人民共和国民事诉讼法》第 190—193 条。

2. 《最高人民法院关于适用〈中华人民共和国民事诉讼法〉的解释》（2021 年 1 月施行）第 343 条、第 345 条、第 346 条、第 347 条、第 348 条。

【案例三】限制民事行为能力案件的审理程序

池某申请认定公民无民事行为能力案 ❶

申请人池某系被申请人王某女儿，池某称，其母亲王某 2015 年因脑出血住院，一直处于意识不清状态。后于 2015 年 10 月 15 日被瑶海区残疾人联合会出具残疾人证，诊断为一级残疾。后被申请人王某病情反复，脑出血术后意识不清 5 年，现生活无法自理，为代理被申请人的各项民事活动，特申请法院宣告被申请人王某为无民事行为能力人并指定监护人。

经法院审理查明以上事实属实，结合相关证据材料，法院依法认定王某为无民事行为能力人，并认定池某为其监护人。

【法律问题】

1. 本案中申请认定公民无民事行为能力的条件是什么？

2. 认定公民无民事行为能力、限制民事行为能力案件有什么不同？

---

❶ 选编自安徽省合肥市（2020）皖 0102 民特 63 号判决书。

【法理分析与参考意见】

一、认定公民无民事行为能力、限制民事行为能力案件的概念

认定公民无民事行为能力、限制民事行为能力案件，是指法院根据利害关系人的申请，对不能辨认或者不能完全认自己行为的精神病人、痴呆症病人等，依照法定程序认定并宣告该公民为无民事行为能力人或者限制民事行为能力人的案件。

公民被宣告为无民事行为能力人或者限制民事行为能力人后，可以为其设立监护人对其实施监护，代理其参加民事活动，保护其民事权益。

二、公民无民事行为能力、限制民事行为能力的条件

认定公民无民事行为能力、限制民事行为能力的，应当具备以下条件：

1. 被申请认定者患有精神病、痴呆症等疾病，其精神完全失常或一定程度上失常，无法正常从事民事活动或者无法完全正常从事民事活动。

2. 必须由近亲属或者其他利害关系人提出申请，非近亲属和无利害关系者不得提出申请。利害关系人是指与该公民有民事权利义务关系的人。

3. 申请应当以书面方式提出，申请书应当写明该公民无民事行为能力或者限制民事行为能力的事实及其根据。

三、认定公民无民事行为能力、限制民事行为能力案件的管辖与审理程序

（一）管辖

根据《民事诉讼法》第194条的规定，认定公民无民事行为能力案件和限制民事行为能力案件由该公民住所地基层人民法院管辖，住所地与居所地不一致的，由居所地人民法院管辖。

（二）审理程序

1. 申请

认定公民无民事行为能力、限制民事行为能力案件由该公民的近亲属或者其他利关系人申请提起。在诉讼中，当事人的利害关系人提出该当事人患有精神病，要求宣告该当事人无民事行为能力或者限制民事行为能力的，应由利害关系人向人民法院提出申请，由受诉人民法院按照特别程序立案审理，原诉讼中止。

2. 鉴定

法院受理申请人的申请后，必要时应当对被申请认定的公民进行精神状况鉴定。申请人已提供鉴定意见的，法院应当对鉴定意见进行审查。

3. 审理

法院审理认定公民无民事行为能力、限制民事行为能力案件，应当由该公民的近亲属为其代理人，但申请人不得同时为代理人。如果该公民的近亲属互相推诿的，则由法院指定其中一人为代理人。被申请人没有近亲属的，人民法院可以指定其他亲属为代理人。被申请人没有亲属的，人民法院可以指定经被申请人所在单位或者住所地的居民委员会、村民委员会同意，且愿意担任代理人的关系密切的朋友为代理人。没有前述规定的代理人的，由被申请人所在单位或者住所地的居民委员会、村民委员会或者民政部门担任代理人。代理人可以是一人，也可以是同一顺序中的两人。

如果该公民的健康状况允许，法院还应当征询其本人的意见。当事人是否患有精神病，是否应当被认定为无民事行为能力或限制民事行为能力，法院应当根据医学鉴定或参照医院的诊断、鉴定来确认。在不具备诊断、鉴定条件的情况下，也可以参照群众公认的当事人的精神状态认定，但应当以利害关系人没有异议为限。

4. 判决

法院经审理确认该公民患有精神病，申请人申请有事实根据的，应当作出判决认定该公民无民事行为能力或者限制民事行为能力。法院经审理认为该公民无精神病，申请无事实根据的，作出判决驳回申请人的申请。

公民被认定为无民事行为能力人或者限制民事行为能力人，应由其配偶、父母、成年子女或者其他近亲属担任监护人。有监护资格的人员对担任监护人存在争议，由该公民所在单位或者住所地的居民委员会、村民委员会从近亲属中指定，并书面或者口头通知被指定人。被指定的监护人不服指定，应当自接到通知之日起30日内向人民法院提出异议，经审理，认为指定并无不当的，裁定驳回异议；指定不当的，判决撤销指定，同时另行指定监护人。判决书应当送达异议人、原指定单位及判决指定的监护人。

5. 判决的撤销

成年人患有精神病，其近亲属或者利害关系人可以向法院申请认定其为无民事行为能力人或限制民事行为能力人。但有时法院经审理作出认定的判决后，该公民恢复了健康，这时原先作出的判决就应当撤销。根据《民法典》第24条和《民事诉讼法》第197条的规定，法院应当作出新判决，撤销原判决，该公民的民事行为能力恢复。

本案中，被申请人王某患有脑出血后遗症，现呈植物人状态，其女儿作为申请人提出申请，符合法定条件。因此池某可以作为申请人认定其母亲为无民事行为能力人。

需要注意的是：认定公民无民事行为能力的案件和限制民事行为能力的案件是两种不同的案件，案件中的被申请人被认定丧失行为能力的程度不同，因此所产生的法律后果也不同。经法院认定为无民事行为能力的公民，其民事活动应当全部由其法定代理人代理。经法院认定为限制民事行为能力的公民，除可以进行一些简单的、日常的民事活动外，其他重大的民事活动由其法定代理人代理进行。但是，对于接受奖励、赠与、报酬的民事活动，不论是无民事行为能力的人，还是限制民事行为能力的人都可以有效进行。

【法律索引】

1. 《中华人民共和国民事诉讼法》第 194—197 条。

2. 《最高人民法院关于适用〈中华人民共和国民事诉讼法〉的解释》（2021 年 1 月施行）第 352 条。

【案例四】认定财产无主案件的审理程序

王某、吴某申请认定财产无主案 ❶

申请人王某、吴某称，2018 年 12 月 18 日，王某、吴某所属渔船在距离岱山约 300 海里东海海域捕鱼时，发现一艘"甘扎姆·伊斯贝尔"的客船漂浮在海上，船上无人亦无动力。为避免该船与他船或礁石碰撞，王某、吴某立即开展救助，将该船拖带至岱山衢山中心码头。此后该船一直没有明确的船舶所有人或经营人前来联系，也无人持证明文件主张权利。由此，申请认定该财产无主。

经法院审理查明以上事实属实，2019 年 10 月 9 日该法院在《人民法院报》发出认领上述财产的公告，法定公告期间为 1 年，现已届满，上述财产无人认领。最终法院判决认定财产无主，收归国家或者集体所有。

【法律问题】

1. 无主财产如何认定？

2. 公告是否为认定财产无主案件的必要程序？

【法理分析与参考意见】

一、认定财产无主案件的概念

认定财产无主案件，是指法院根据公民、法人或者其他组织的申请，对权利归属不明的财产，经法定程序认定为无主财产，将其收归国家或集体所有的案件。

一般情况下，社会上的各种财产都有其所有人，或者归国家所有，或者归集

---

❶ 选编自浙江省宁波海事法院（2019）浙 72 民特 605 号判决书。

体所有，或者归个人所有。但在有些情况下，有些财产的所有人不明，财产与所有人脱离，处于无人管理的状态。这种无人管理的状态不利于财产发挥其价值，不利于民事流转，不利于社会经济关系的稳定。法律规定的认定财产无主的制度，能够改变这种状况，将无主财产收归国有，结束该财产无主管理的状况，发挥该财产的价值。

无主财产，通常是指以下几种情况：1. 无所有人或者所有人不明；2. 所有人不明的埋藏物或隐藏物；3. 拾得遗失物、漂流物、失散的饲养动物，而且这些财产在规定期间无人认领；4. 财产所有人死亡，无继承人、无遗赠人，或者继承人放弃继承、丧失继承权。

二、申请认定财产无主的条件

公民、法人或者其他组织向法院提出认定财产无主，应当具备以下几个条件：（1）被请求认定无主的财产为有形财产，无形财产不能提出认定其无主的请求。（2）该财产长期无人照管，其所有人不明或者失去了其所有人，处于归属无定的状态。（3）申请人应当提出书面申请，申请书应当写明财产的种类、数量、名称，以及请求法院认定其无主的根据。

三、认定财产无主案件的管辖与审理

（一）管辖

申请法院认定财产无主的案件，根据《民事诉讼法》的规定，应当由财产所在地的基层人民法院行使管辖权，不论财产的数额有多大都如此。

（二）审理

1. 申请人

有权利向法院提出申请的可以是公民，可以是法人，也可以是其他组织，申请人的范围很广泛。

2. 公告

法院受理认定财产无主的申请后，应当发出财产认领公告。公告的目的在于尽量使可能存在的所有人得知财产被申请认定无主，使所有人前来主张认领，避免认定错误。公告期为1年。

3. 判决

公告期满后无人认领的，法院作出判决认定该财产无主，收归国家或集体所有。如果在公告期内有人对该财产提出请求，主张权利的，法院应当裁定终结特别程序，告知申请人另行起诉，作为诉讼案件使用普通程序审理。

4. 判决的撤销

财产被法院认定为无主者，并不一定真正无主，也许其所有人因特殊情况未管理其财产。财产被法院判决认定无主后，原所有人或者继承人出现时，该所有人或继承人可以向法院提出撤销原判决的请求。法院对申请人的请求经审查认为属实的，应当作出新判决撤销原判决。但是，原所有人或者继承人对被认定无主的财产提出权利请求的，应当在《民法典》规定的诉讼时效内提出。原判决被撤销后，已收归国家或集体所有的财产应当归还其所有人，如果原物已不存在的，应按照财产的原价格折价返还。

本案中，"甘扎姆·伊斯贝尔"客船属于"无主财产"情况，故可以认定为无主财产，且最终该客船拍卖所得价款合计 180.8 万元在扣除公告、评估以及为救助、保存、拍卖该船产生的费用后，余款收归国家所有符合法律规定。

【法律索引】

1.《中华人民共和国民事诉讼法》第 198 条—200 条；

2.《最高人民法院关于适用〈中华人民共和国民事诉讼法〉的解释》（2021 年 1 月施行）第 350 条。

【阅读与参考文献】

[1] 陈桂明．民事诉讼法 [M]．北京：中国人民大学出版社，2019.

[2] 杨秀清．民事诉讼法 [M]．北京：中国政法大学出版社，2018.

[3] 赵钢．民事诉讼法学——制度·学说·案例 [M]．武汉：武汉大学出版社，2013.

【思考题】

1. 特别程序的特点有哪些？

2. 申请认定公民无民事行为、限制民事行为能力的条件是什么？

3. 申请宣告公民为失踪人的条件是什么？

4. 申请宣告公民死亡的条件是什么？

5. 公民被宣告死亡和失踪的法律后果有哪些不同？

第十五章　督促程序

本章学习任务

重点学习督促程序的概念及特点、支付令的申请与受理、支付令的发布与效力、支付令异议、督促程序的终结等问题。

1. 督促程序的概念及特征
2. 申请支付令的条件及方式
3. 支付令的效力
4. 支付令的异议
5. 督促程序的终结

【案例一】督促程序的概述

王某与刘某民间借贷纠纷 ❶

王某与刘某民间借贷纠纷一案，法院于 2019 年 9 月 2 日立案。申请人王某称 2019 年 4 月份刘某拖欠其信用卡 12000 元，还款 1000 元后又再次盗刷，共欠16210 元至今未还，持 2019 年 5 月 22 日欠条来院起诉，双方无争议。

法院依法采用督促程序审理，特发出如下支付令：要求被申请人刘某应当自收到本支付令之日起 15 日内，给付申请人王某借款本金 16210 元。申请费 68 元，由被申请人刘某负担。

【法律问题】

1. 督促程序属于非诉程序还是诉讼程序，特点是什么？
2. 本案能否适用督促程序？
3. 王某是否还有其他途径解决此民事纠纷？

---

❶ 选编自河北省枣强县（2019）冀 1121 民初 1454 号判决书。

【法理分析与参考意见】

一、督促程序的概念与特点

（一）督促程序的概念

督促程序是指人民法院根据债权人的申请，向债务人发出支付令，责令债务人限期履行给付金钱或者有价证券义务的特殊程序。

督促程序的当事人，是当事人和被申请人双方。申请督促程序的债权人是本案的申请人，被请求偿还债务的债务人是本案的被申请人。

（二）督促程序的特点

1. 程序性质的非诉讼性

督促程序的性质，属于非诉讼程序，但又有别于其他的非诉讼程序。其特点如下所述：

（1）实行独任审判、一审终审，不适用再审程序。基于适用非诉讼程序的大部分案件比较简单，故法律规定非诉讼案件一般实行独任制审判。督促程序也不例外。再审程序是专门适用于诉讼程序的法律监督程序。《适用民事诉讼法解释》明确规定，督促程序不适用再审程序。

（2）虽有双方当事人，但不存在民事权益争议。适用督促程序的案件，有申请人（债权人）和被申请人（债务人）双方当事人（其他适用非诉讼程序的多数案件，通常只有一方当事人）。但是，不能因此断定督促程序就是诉讼程序。督促程序以其"不解决民事权益争议"的鲜明特征，表明其程序性质的非诉讼性。双方当事人之间有民事权益争议的案件，不适用督促程序。

（3）不直接确认法律事实是否存在，只督促债务人履行债务。人民法院接受债权人的申请，向债务人发出支付令，督促债务人履行债务。人民法院接受债权人的申请，即表明在一定程度上已经确认债权债务关系是明确、合法的。但是，人民法院并不直接用裁判的形式确认债权债务关系，这与其他非诉讼程序相比（通常均确认某种事实存在），又独具特色。所以，督促程序是一种独特的非诉讼程序。

2. 适用范围的特定性

督促程序的适用范围仅限于给付金钱或有价证券的债务案件，并且以申请人无对待给付义务和支付令能够送达债务人为条件。不符合上述案件的债务案件，例如以其他财产或行为为内容的债权债务争议，如果债务人没有履行义务，债权人可以向有管辖权的人民法院起诉，请求人民法院判令债务人履行，但不能通过督促程序加以解决。

3. 程序制度的独特性

（1）支付令独特的生效程序。人民法院适用督促程序发出的支付令，是一种附条件、附期限生效的法律文书。人民法院的支付令送达被申请人后 15 日内，被申请人既不履行给付义务又未提出异议的，支付令发生法律效力。如果被申请人在 15 日内履行了给付义务，或者提出了异议，支付令便不发生法律效力。

（2）不经裁判便可结束程序。申请人申请启动督促程序，实际上只是请求人民法院签发支付令。人民法院签发的支付令发生法律效力后，通常不需另行裁判便可结束督促程序。督促程序结束后，债权人可以申请执行。但是，支付令不能生效的案件，人民法院应当裁定终结。

（3）快捷、简便的审理程序。适用督促程序的案件，通常不进行实体审查，不需要开庭审理，实行独任审判制度；正常情况下，自申请之日起，经过 16 天至 35 天支付令便可以生效。

（4）督促程序的可选择性。根据《民事诉讼法》第 221 条的规定，特定的请求给付金钱或者有价证券的案件，可以适用督促程序。但是，法律并没有强制这类案件必须使用督促程序，当事人可以选择诉讼程序或督促程序来解决。如果当事人选择了诉讼程序，就不能再选择督促程序来解决。选择诉讼程序的，适用第一审普通程序或简易程序进行审理。可见，督促程序不是解决这类案件的必经程序或者唯一程序，法律赋予了当事人的程序选择权。

在本案例中，申请人王某与被申请人刘某对借款事实无争议，人民法院并不直接用裁判的形式确认双方的债权债务关系，属于非诉讼程序，这也是本案适用督促程序的最重要的先决条件。

值得注意的是，本案中的申请人王某与被申请人刘某在解决本民事纠纷的时候，还有其他途径可以选择，如还可以通过诉讼程序请求判决，要求判决刘某按期还款。督促程序的规定，只是给予本案的申请人王某（债权人）增加了一条快捷、简便的债权救济途径，但并不是唯一的解决方式。

【法律索引】

1.《中华人民共和国民事诉讼法》第 221 条。

2.《最高人民法院关于适用督促程序若干问题的规定》第 1 条、第 2 条。

【案例二】支付令的申请与受理

四川省自贡工业泵有限责任公司、新疆紫光永利精细化工有限公司申请支付令督促民事令案件 ❶

申请人四川省自贡工业泵有限责任公司于 2019 年 11 月 27 日向法院申请支付令。申请人四川省自贡工业泵有限责任公司称，申请人与被申请人新疆紫光永利精细化工有限公司于 2015 年至 2018 年签订了多个买卖合同，后申请人已经全部完成合同约定的义务，但被申请人仍有部分货款未向申请人支付，金额共计 269765.71 元。双方针对该笔欠款于 2019 年 8 月 26 日达成《协议》，被申请人认可并在该协议中约定分三期向申请人支付剩余款项，但被申请未按照协议中约定的时间向申请人付款。故申请人向法院申请支付令，要求被申请人新疆紫光永利精细化工有限公司给付申请人四川省自贡工业泵有限责任公司货款 269765.71 元。

法院经审查认为，申请人与被申请人于 2019 年 8 月 26 日签订的协议中约定"在 2019 年 10 月 30 日甲方（被申请人）向乙方（申请人）支付 10 万元，在 2019 年 12 月 30 日前甲方（被申请人）向乙方（申请人）支付 10 万元，在 2020 年 2 月 20 日前甲方（被申请人）向乙方（申请人）支付 69765.71 元"，依据申请人与被申请人所做的付款约定，截至申请人向法院申请支付令之日止，申请人对被申请人的到期债债权为 10 万元，其余两笔债权均未到期，不适用督促程序。

【法律问题】

1. 本案申请人与被申请人约定的三期付款是否都符合申请支付令的条件？
2. 如果本案中的被申请人下落不明，法院是否可以公告送达？
3. 如何撰写支付令申请书？
4. 支付令的效力如何？

【法理分析与参考意见】

一、申请支付令的条件

督促程序的启动，必须是经债权人向人民法院提出支付令的申请而开始，人民法院不得依职权主动提起。

依照《民事诉讼法》第 221 条和《适用民事诉讼法解释》的规定，债权人向人民法院申请支付令，应当符合下述全部条件：

---

❶ 选编自四川省自贡市（2019）川 0311 民督 1 号判决书。

（一）请求给付的内容限于金钱或者有价证券

督促程序中请求给付的债的标的物是特定的，只能是金钱和有价证券。金钱，是指作为流通手段的货币，主要指人民币或者能够以人民币折算的货币。有价证券，是指表示一定数额货币或者相关财产权利的书面证明、包括汇票、本票、支票、股票、债券、国库券以及可以转让的存款单等。金钱和有价证券，具有便于认定、便于结算、便于执行的特点，符合督促程序简便、快捷的程序特征。涉及具体物质给付的债，因其认定、结算、执行的复杂性，不能适用督促程序

（二）债权到期、数额确定、事实清楚

债权人请求给付的债权，必须是已经到期的债权。债权到期，是指债的双方约定的偿还期限已到，或者是法律规定的偿还期限已到。债权到期，债权人则可以随时请求债务人偿还。法律没有规定偿还期限，当事人双方又没有约定偿还期限的，债权人可以随时请求债务人偿还。债权没有到期，债权人无权请求债务人偿还。

债权人请求给付的债权，还必须是数额确定的债权。数额确定，是指债权数额在请求时已经明确，可以计算，无不确定因素。债权数额不确定，不能适用督促程序。同时，要求在申请书中写明请求所根据的事实与证据。

（三）债权人没有对待给付的义务

对待给付，是指债权人和债务人之间互有给付的义务，即当事人双方互为债权人和债务人。互为给付的情况，一般存于当事人之间的两个不同的债的关系，有时也见于同一债的关系中。当事人之间有互为给付的义务，说明本案法律关系比较复杂，不能适用简便快捷的督促程序。

（四）支付令能够送达债务人

所谓能够送达债务人，所谓"能够到达"，是指客观上能够将支付令实际送达债务人，而非推定送达。

《民事诉讼法》没有直接规定哪些送达方式属于能够送达债务人的方式。但是《适用民事诉讼法解释》第429条对不适用督促程序的两种情形作出规定：债务人不在我国境内的，或者虽在我国境内但下落不明的，不适用督促程序。债务人不在我国境内，需要适用涉外的送达方式，不利于及时地将支付令送达给债务人，也不便于债务人适时地提出异议，更不便于对生效支付令的执行。

基于上述原理，支付令的送达，一般应以直接送达债务人本人为宜。不能直接送达债务人本人的，也可以谨慎适用其他送达方式，如向债务人的法定代理人或者指定代理人送达，或者依法采用转交送达方式。但送达方式的选择，应以债务人能够迅速并实际收到支付令为前提。

支付令可以适用留置送达的方式。根据《适用民事诉讼法解释》第431条的规

定，向债务人本人送达支付令，债务人拒绝接收的，人民法院可以留置送达。

（五）收到申请书的人民法院有管辖权。

（六）债权人未向人民法院申请诉前保全。

不符合上述规定条件的，人民法院应当在收到支付令申请书后5日内通知债权人不予受理。此外，基层人民法院受理申请支付令案件，不受债权金额的限制。

在本案例双方约定的协议中，约定被申请人分三期向申请人支付剩余款项，在申请人申请支付令之前，被申请人已在2019年10月30日向申请人支付10万元，还有两期尚未到期。后两笔的欠款不属于债权到期的情况，也就是双方约定的偿还期限并没有到，不符合申请支付令的条件之一。所以，在本案例中，只有申请人只能针对第一笔欠款申请支付令，其他两笔不可以申请支付令。

对于下落不明的人，法院只能适用公告送达的方式送达。公告送达是一种推定的送达方式，不论受送达人是否知晓公告送达的内容，公告到期便视为送达。如果适用此种方式送达，债务人可能根本不知晓支付令的存在，自然也就不可能在法定的期限内提出异议。由于支付令仅仅是在一般审查的基础上发布的，适用公告推定送达的方式，对债务人有失公允。因此，支付令不适用于涉外送达方式和公告送达方式。在本案例中，如果被申请人下落不明，法院并不可以适用督促程序，更谈不上用公告送达方式送达了。

二、申请支付令的方式

债权人向人民法院申请支付令，除应当具备以上条件外，还应当向人民法院递交书面的申请书，并提交债权文书及相关证据。

根据《民事诉讼法》第221条和其他有关规定，书面申请书应当写明下列内容：（1）债权人和债务人的基本情况；（2）明确的支付令申请；（3）请求给付的金钱或者有价证券的种类及数额；（4）申请支付令所根据的事实和证据；（5）递交申请书的人民法院全称；（6）申请人署名或者盖章、申请日期。

具体参考如下：

支付令申请书

申请人：＿＿＿（自然人写明姓名、性别、出生年月日、民族、职业、住所地、联系电话；单位写明名称、住所地、法定代表人或负责人姓名职务、联系电话）。

被申请人：＿＿＿（写法同上）。

请求事项：向被申请人发出支付令，督促被申请人给付（金钱或者有价证券，写明数量）。

事实与理由：（写明请求和所根据的事实、证据）。特依《民事诉讼法》第一百九十一条的规定，申请贵院向被申请人发出支付令，督促被申请人给付（金钱或者有价证券，写明数量）。请予支持。

此致

_____人民法院

申请人：

年 月 日

附：书证（ ）件

三、支付令的效力

支付令是人民法院签发的法律文书，与人民法院制作的其他法律文书相比，支付令的生效程序和效力具有一定的特殊性。支付令的主要效力如下：

（一）责令债务人限期清偿债务的效力

根据《民事诉讼法》第 223 条第 2 款的规定，人民法院的支付令送达债务人后，债务人如无异议，应当自收到支付令之日起 15 日内清偿债务。

（二）附条件、附期限发生强制执行的效力

根据《民事诉讼法》第 223 条第 3 款的规定，债务人自收到支付令之日起 15 日内，既不提出异议，又不清偿债务的，债权人有权向人民法院申请强制执行。申请人申请强制执行的期限，适用执行程序规定的申请期限，即申请执行的期限为 2 年；申请执行时效中止、中断，适用法律有关诉讼时效中止、中断的规定。

债务人在收到支付令后，不在法定的期限内提出书面异议，而向其他人民法院起诉的，不影响支付令的效力。其他人民法院无权受理督促程序未终结的民事案件。债务人在规定的 15 日期限内提出异议的，支付令不发生法律效力。

在本案例中，如被申请人新疆紫光永利精细化工有限公司尚未履行第一笔债务，申请人四川省自贡工业泵有限责任公司可以申请人民法院强制执行该 10 万元债务，同时，被申请人也可以自收到支付令之日起 15 日内提出异议。当然在实际案例中，被申请人已经实际履行完毕第一笔债务，而第二笔、第三笔债务尚未到期，因不符合适用督促程序条件，所以也就不涉及支付令效力问题。

【法律索引】

1.《中华人民共和国民事诉讼法》第 221 条。

2.《最高人民法院关于适用〈中华人民共和国民事诉讼法〉的解释》（2021 年 1 月施行）第 428 条、第 429 条、第 430 条。

【案例三】支付令异议与督促程序的终结

中国农业银行股份有限公司台州海门支行、钟某申请支付令案件 [1]

申请人中国农业银行股份有限公司台州海门支行与被申请人钟某申请支付令一案，法院于 2020 年 4 月 10 日立案后，同月 10 日发出（2020）浙 1002 民督 276 号支付令，限令被申请人钟某清偿债务，或者向法院提出书面异议。被申请人于 2019 年 4 月 23 日向法院提出支付令异议。

法院经审查认为，被申请人在法定期限内以其对支付令中所述借贷担保完全不知情为由提出异议，在本督促程序中，该异议符合法律规定的条件。

法院最终依照《中华人民共和国民事诉讼法》第 224 条的规定，裁定终结本案的督促程序。本案（2020）浙 1002 民督 276 号支付令自行失效。

【法律问题】

1. 申请人是否符合提出支付令异议的条件？

2. 支付令异议的法律后果是什么？

【法理分析与参考意见】

一、支付令异议的概念与功能

（一）支付令异议的概念

支付令异议，是指督促程序中的被申请人对人民法院支付令责令其履行的给付义务，提出不同意见的行为或者文书。

（二）支付令异议的功能

《民事诉讼法》第 223 条、第 224 条规定的支付令异议制度，是对债务人合法权益的保护措施，也是人民法院依法适用督促程序的保障。支付令异议的具体功能如下：

1. 为债务人提供了申明权利主张的机会

督促程序是一种简便的督促还债程序，不开庭审理，被申请人无法在法庭上申明不同意见和理由。法律允许被申请人在一定期限内对支付令提出书面异议，为债务人提供了申明权利主张的机会。

2. 为维护债权人、债务人双方的权益提供了保障

人民法院适用督促程序，既要维护债权人的合法权利，又不能损害债务人的合法权益，应当做到公平、合理。人民法院通过审查债务人的异议，进一步确认本

---

[1] 选编自浙江省台州市（2020）浙 1002 民督 276 号判决书。

案可否适用督促程序。异议不成立，可以根据债权人的申请依法执行支付令，及时维护债权人的利益。异议成立，则支付令不能发生法律效力，人民法院不能依此对债务人强制执行。

3. 支付令异议可以发生终结督促程序的效力

督促程序是一种非诉讼程序，不解决民事争议。债务人对支付令责令其给付的债务提出异议，表示其与债权人之间就债权债务关系存有争议。被申请人对支付令提出的书面异议，依法成立的，人民法院应当裁定终结督促程序，支付令不发生法律效力。

二、支付令异议成立的法定要件

人民法院对债务人提出的支付令异议，不作实质审查，不审查其理由是否成立。但需要进行一定的形式审查，符合法律规定的形式要件，异议成立，产生终结督促程序的效力。支付令异议成立的形式要件主要有以下几个方面：

（一）支付令异议的主体要件

有权提出支付令异议的主体，是支付令指定履行清偿债务的被申请人，即本案的债务人。案外人通常无权提出支付令异议。

（二）提出支付令异议的期间要件

债务人应当在法定期间内提出异议；逾期提出异议的，异议不能成立；未在法定期间内提出异议的，视为无异议。根据《民事诉讼法》第 223 条的规定，债务人对支付令有异议的，应当自收到支付令之日起 15 日内提出异议。

（三）支付令异议的书面要件

债务人对支付令有异议的，应当向人民法院提交书面的异议书；根据《适用民事诉讼法解释》的规定，债务人仅仅口头表示异议的，异议不能成立。

（四）支付令异议的内容要件

支付令异议的内容应当包括以下两个方面：（1）对支付令指定清偿的债务提出明确反对或者异议的意思表示；（2）异议明确针对本债权债务关系或者对待给付的债权债务关系。债务人只表示不同意或者无力清偿债务，延缓债务清偿期限、变更债务清偿方式等而对债权债务关系无异议的，不构成异议。

（五）递交支付令异议的法院要件

债务人对支付令有异议的，应当向发出支付令的人民法院递交书面异议。债务人未在法定期间向发出支付令的人民法院递交书面异议，而向其他人民法院提出异议的，异议不能成立；或者债务人未按规定提出异议而向其他人民法院起诉的，该起诉不影响支付令的效力。

三、支付令异议的法律后果

支付令异议的法律后果又称支付令异议的法律效力，是指债务人提出支付令异议后对支付令和督促程序所产生的法律上的影响。

人民法院对支付令异议进行必要的形式审查，支付令异议符合法定要件的，应当裁结督促程序，支付令不再生效。经审查，支付令异议不符合法定形式要件的，应当通知债务人。异议不成立，不影响支付令发生法律效力。

四、督促程序的终结

督促程序的终结，是指发生了法定的情形或者其他特殊原因，致使督促程序无法或者没有必要进行下去，因而结束督促程序的活动及其制度。

（一）督促程序终结的原因

发生下列情形之一的，人民法院应当裁定终结督促程序，已发出的支付令自行失效：

（1）债权人的申请不符合法定条件。人民法院受理债权人的支付令申请后，经审，认为其申请不符合法定条件的，应当裁定予以驳回。人民法院在受理以前，发现不符合受理条件的，通知债权人不予受理即可。

（2）债权人撤回支付令申请。债权人在人民法院发出支付令以前，撤回申请的，人民法院应当裁定终结督促程序。债权人在支付令发生法律效力以前，撤回申请的，人民法院应当裁定终结督促程序，并通知债务人支付令自行失效。

（3）债务人在法定期间清偿债务。债务人在法定期间内清偿债务的，督促债务人还债的支付令已无必要继续生效，人民法院应当裁定终结督促程序。

（4）债务人在法定期间提出异议。债务人在法定期间提出异议，符合法定要件的，人民法院无须对异议进行实体审查，应当裁定终结督促程序。

（5）人民法院受理支付令申请后，债权人就同一债权债务关系又提起诉讼的，裁定终结督促程序。

（6）人民法院发出支付令之日起30日内无法送达债务人的，裁定终结督促程序。

（二）转入诉讼程序

督促程序一旦终结，支付令即行失效。依据《民事诉讼法》第224条第2款的规定，支付令失效的，转入诉讼程序，但申请支付令的一方当事人不同意提起诉讼的除外。这样的规定免除了当事人另行起诉的诉累，同时也尊重了当事人的意思自治，体现了司法为民的社会主义法治原则。《适用民事诉讼法解释》进一步规定如下：

支付令失效后，申请支付令的一方当事人不同意提起诉讼的，应当自收到终结督促程序裁定之日起 7 日内向受理申请的人民法院提出。申请支付令的一方当事人不同意提起诉讼的，不影响其向其他有管辖权的人民法院提起诉讼。

支付令失效后，申请支付令的一方当事人自收到终结督促程序裁定之日起 7 日内未向受理申请的人民法院表明不同意提起诉讼的，视为向受理申请的人民法院起诉。债权人提出支付令申请的时间，即为向人民法院起诉的时间。

（三）支付令的救济程序

依据《适用民事诉讼法解释》第 443 条的规定，人民法院院长发现法院已经发生法律效力的支付令确有错误，认为需要撤销的，应当提交法院审判委员会讨论决定后，裁定撤销支付令，驳回债权人的申请。

在本案例中，被申请人在收到（2020）浙 1002 民督 276 号支付令 15 日内，于 2019 年 4 月 23 日向法院提出支付令异议，符合法定的提出支付令异议的期间要件、主体要件等其他法定要件，故被申请人提出支付令异议有效，人民法院裁定终结督促程序，支付令失效。另外，督促程序终结后，本案直接转入诉讼程序，这也是 2012 年《民事诉讼法》修改的内容之一，即申请支付令一方的当事人需要另行起诉，而直接转入普通诉讼程序，这样就使督促程序较好地与诉讼程序对接，当然如果申请支付令一方不同意的，则不转入诉讼。

【法律索引】

1.《中华人民共和国民事诉讼法》第 224 条。

2.《最高人民法院关于适用〈中华人民共和国民事诉讼法〉的解释》（2021 年 1 月施行）第 437—441 条。

【阅读与参考文献】

[1] 齐树洁. 民事诉讼法 [M]. 厦门：厦门大学出版社，2019.

[2] 杨秀清. 民事诉讼法 [M]. 北京：中国政法大学出版社，2018.

[3] 赵刚. 民事诉讼法学——制度·学说·案例 [M]. 武汉：武汉大学出版社，2013.

【思考题】

1. 督促程序的特点是什么？

2. 申请支付令的条件是什么？

3. 支付令异议成立的法定要件有哪些？

4. 支付令异议的效力是什么？

第十六章　公示催告程序

本章学习任务

重点学习公示催过程序的概念及特点、申请公示催告的法定条件、公示催告案件的审理程序、除权判决的效力等问题。

1. 公示催告程序的概念及特征
2. 申请公示催告的条件
3. 除权判决的效力

【案例一】公示催告程序的概述

浙江××科技有限公司申请公示催告案件 ❶

申请人：浙江××科技有限公司，统一社会信用代码91330109MA27×××××，住所地浙江省杭州市萧山区萧山经济技术开发区建设四路××信息港××××××。

法定代表人：张某某，总经理。

申请人浙江××科技有限公司于2020年9月2日向法院申请对出票人南通××工程有限公司、号码为3130005122373147、票面金额5万元、汇票日期为2012年4月20日、汇票到期日为2012年11月20日的银行承兑汇票公示催告。

法院经审查认为，持票人对票据的出票人和承兑人的权利，自票据到期日起两年不行使而消灭。涉案承兑汇票的汇票到期日为2012年11月20日，申请人于2020年9月2日向法院申请公示催告，已超过两年的票据权利时效，不属于公示催告受理的范围。依照《中华人民共和国票据法》第17条第1款第（一）项、《中华人民共和国民事诉讼法》第154条第1款第（十一）项、第218条，《最高人民法院关于适用〈中华人民共和国民事诉讼法〉的解释》第445条规定，裁定如下：

---

❶ 选编自江苏省南通市通州区人民法院（2020）苏0612民催1号判决书。

驳回浙江××科技有限公司的申请。

【法律问题】

1. 公示催告程序的意义是什么？

2. 如何理解公示催告程序的非讼性？

3. 法院审理该案的程序有无瑕疵？

【法理分析与参考意见】

一、公示催告程序的概念

公示催告程序，是指人民法院根据当事人的申请，以公告的方式催告利害关系人在一定期间内申报权利，如果无人申报或者申报被驳回，则根据申请人的申请依法作出除权判决的程序。

二、公示催告程序的特点

公示催告程序相对于通常诉讼程序，具有以下特点：

（一）程序的开始方式特殊。公示催告程序的发生不是基于当事人的起诉，而是基于申请人的申请。

（二）适用范围具有特定性。公示催告程序主要适用于可以背书转让的票据和其他法定事项被盗、遗失、灭失的案件。

（三）程序具有非讼性。票据或者其他事项的最后持有人向法院提出公示催告申请，不是因为与他人发生权利义务争议，而是因为票据被盗、遗失或者灭失，希望通过人民法院宣告该票据或者其他事项无效，以实现自己的权利。所以，公示催告案件没有确定的对方当事人，具有非讼性。如果在公示催告过程中出现了对票据主张权利的人，与申请人就票据权利归属发生争议，人民法院应当裁定终结公示催告程序。

（四）审理方式具有特殊性。公示催告案件审理方式的特殊性表现在两个方面：

（1）人民法院以公告方式来确定票据利害关系人是否存在，而不进行实体审理，也无须开庭审理，只要发出公示催告公告，即可以根据公告期内的情况作出相应的处理。

（2）公示催告程序的进行分为两个阶段，即公示催告和除权判决。

（五）实行一审终审制度。人民法院对于公示催告案件，无论是用判决的方式结案，还是用裁定的方式结案，当事人均不得上诉，也不得申请再审。

三、公示催告程序的适用范围

根据我国《民事诉讼法》第 225 条的规定，公示催告程序适用于以下两类案件。

（1）按照规定可以背书转让的票据被盗、遗失、灭失的案件。票据是一种载明具体金额，用作流通和支付手段的有价证券。在我国，票据包括汇票、本票和支票三种，除现金支票不得背书转让外，其他票据均可以背书转让。因此，可以背书转让的票据被盗、遗失、灭失后，可申请公示催告。

（2）依照法律规定可以申请公示催告的其他事项。这里的"其他事项"是指除可以背书转让的票据以外的其他可以申请公示催告的票据和有价证券。"其他事项"是指其他法律规定可以申请公示催告的事项，例如，《公司法》第 143 条的规定，记名股票被盗、遗失或者灭失，股东可以依照《民事诉讼法》规定的公示催告程序，请求人民法院宣告该股票失效。人民法院宣告该股票失效后，股东可以向公司申请补发股票。因此，记名股票就属于可以申请公示催告的其他事项。又如，《海事诉讼特别程序法》第 100 条规定，提单等提货凭证持有人，因提货凭证失控或者灭失，可以向货物所在地海事法院申请公示催告。

公示催告程序就其性质而言，是非讼程序。在社会经济领域，票据是一种不可或缺的支付工具和信贷工具，并且使用广泛。票据是出票人依照法律规定签发的，由出票人自行支付或者出票人委托他人支付的有价证券。票据是记载权利的凭证，是以无条件支付一定金额为基本效力的有价证券，票据的无因性决定了占有票据是行使和实现票据权利的前提，一旦因遗失、灭失、被盗而丧失对可以背书转让的票据的占有，票据的最后持有人就无法依据票据主张票据权利。而票据支付人见票即付，不问持票人取得票据的原因，非法持票人向支付人主张权利同样可以得到兑现，这既是保护善意取得票据人的票据权利的需要，也是保证票据的正常流通和交易秩序稳定的需要，这就使得司法实践中可能出现非法取得票据的人冒用、侵占票据权利人财产的状况。因为公示催告案件只有申请人是明确的，对方当事人则处于不明的状态，而且，引起公示催告程序的原因并非民事权益的直接争议。一旦利害关系人向法院申报权利而在当事人之间形成明确的争议，人民法院即应裁定终结公示催告程序。可见，公示催告程序的作用并不是解决民事纠纷，而是通过催促利害关系人在法定期间内申报权利，并且在无人申报权利或者申报权利被驳回的情况下，根据申请人的申请作出除权判决，从而恢复失去票据占有的权利人票据上的权利，排除票据的权利人。因此，公示催告程序是丧失票据占有的权利人依法保护自己合法权益的一种手段，通过公示催告程序也可以调整丧失后的票据的权利义务关系，从而维护票据的正常流通，保障经济秩序的稳定和交易秩序的安全。

公示催告程序是使票据权利与票据相分离，失票人仍然占有票据权利的一种特别程序。因此，在本案例中，申请人申请公示催告的票据已超过两年的票据权利时效，不能申请公示催告。该法院的处理得当，不存在瑕疵。

值得一提的是，如何对超出权利时效的票据提供法律救济呢？《票据法》第18条规定："持票人因超过票据权利时效或者因票据记载事项欠缺而丧失票据权利的，仍享有民事权利，可以请求出票人或者承兑人返还其与未支付的票据金额相当的利益。"据此，虽然本案的银行承兑汇票票据权利时效已经届满，票据本身已经归于无效，但持票人对票据利益所享有的民事权利并不必然随之消灭，持票人仍有权向承兑人请求返还与未支付的票据金额相当的利益。

【法律索引】

1. 《中华人民共和国民事诉讼法》第225条。

2. 《最高人民法院关于适用〈中华人民共和国民事诉讼法〉的解释》（2021年1月施行）第444条。

【案例二】申请公示催告的条件

昆明××商贸有限公司申请公示催告案件 ❶

申请人：昆明××商贸有限公司，住所：中国（云南）自由贸易试验区昆明片区×× 903号。

统一社会信用代码：91530102MA6NM××××W。

法定代表人：康川。

申请人昆明××商贸有限公司于2020年1月21日向法院申请对票据号码为23087310210342019121 6538386021，出票人为西双版纳国际旅游度假区开发有限公司，收款人为云南建投第十一建设有限公司、承兑人为西双版纳国际旅游度假区开发有限公司、承兑日期为2019年12月16日、保证人为融创××房地产开发（集团）有限公司、保证日期为2019年12月18日、票据金额为500000元的商业承兑汇票公示催告。

经法院询问及申请人在申请书中陈述，得知申请公示催告的票据系云南建投第十一建设有限公司背书给申请人，后申请人通过背书方式将票据转给了云南××建筑材料有限公司，申请人并与云南××建筑材料有限公司签订过协议，现

---

❶ 选编自昆明市西山区人民法院（2020）云0112民催1号裁定书。

申请人主张云南××建筑材料有限公司存在欺诈。

法院最终依照《中华人民共和国民事诉讼法》第154条第1款第11项、第218条、《最高人民法院关于适用〈中华人民共和国民事诉讼法〉的解释》第445条规定，裁定驳回昆明××商贸有限公司的申请。

【法律问题】

1. 本案申请人昆明××商贸有限公司的公示催告申请是否符合法律规定的条件？

2. 法院做出的裁定是否符合法律规定？

【法理分析与参考意见】

一、申请公示催告的条件

公示催告的申请，是指票据或者其他事项的最后持有人在票据或者其他事项被盗、遗失或者灭失时，根据法律的规定向人民法院提出公示催告的请求，从而引起公示催告程序发生的行为。

根据《民事诉讼法》与相关司法解释的规定，当事人申请公示催告，必须符合下列条件：

（一）申请主体

公示催告的申请人应当是可以背书转让的票据或者其他事项的最后持有人。该票据最后持有人可能是票据的原始持有人，也可能是票据原始持有人转让票据的受让人。关于票据丧失后的公示催告申请问题，《最高人民法院关于审理票据纠纷案件若干问题的规定》第24—28条作出如下具体规定：

（1）票据丧失后，失票人直接向人民法院申请公示催告或者提起诉讼的，人民法院应当依法受理。（2）出票人已经签章的授权补记的支票丧失后，失票人依法向人民法院申请公示催告的，人民法院应当依法受理。（3）出票人已经签章但未记载代理付款人的银行汇票丧失后，失票人依法向付款人即出票人银行所在地人民法院申请公示催告的，人民法院应当依法受理。（4）超过付款提示期限的票据丧失以后，失票人申请公示催告的，人民法院应当依法受理。

（二）申请客体

公示催告程序只能适用于可以背书转让的票据以及法律规定允许公示催告的其他事项。

（三）申请事由

申请公示催告的原因，必须是票据或者其他事项被盗、遗失或者灭失并且利害关系人处于不明状态。公示催告程序不解决票据权利义务争议，如果票据或者其他事项的最后持有人已经知道利害关系人，说明存在有关票据的权利义务争议，那么应当向人民法院提起票据纠纷诉讼，而不能申请公示催告。同时，公示催告的目的之一就是通过催告利害关系人申报权利来确定有无利害关系人，如果利害关系人明确，则失去了公示催告的意义。

（四）申请形式

应当采用书面申请。申请书应当载明下列内容：申请人的基本情况，票据的种类、票面金额、发票人、持票人、背书人等票据主要内容，申请的事实和理由。

（五）管辖法院

根据《民事诉讼法》第225条的规定，对公示催告申请有管辖权的人民法院是票据支付地的基层人民法院。所谓票据支付地，是指票据上载明的付款地；票据上未载明付款地的，票据付款人的住所地或主要营业地为票据付款地。

二、公示催告申请的审查与受理

人民法院接到公示催告申请后，应当由一名审判员对该申请进行审查。法院的审查主要有四个方面：（1）审查申请人是不是享有申请权的最后持有人。（2）审查申请是否具备法定形式。（3）审查有关票据是否属于公示催告程序的适用范围，以及申请原因是否属于法律规定的"被盗、遗失或灭失"的情况。（4）审查接受申请的法院是否具有管辖权。

根据《适用民事诉讼法解释》第4条的规定，因票据丧失，申请公示催告的，人民法院应结合票据存根、丧失票据的复印件、出票人关于签发票据的证明、申请人合法取得票据的证明、银行挂失止付通知书、报案证明等证据，决定是否受理。人民法院经过审查，认为符合条件的，应当受理，并通知申请人；认为不符合条件的，应当在7日内裁定驳回申请。

在本案例中，从申请人的陈述看，申请人并非票据的最后持有人，且现相对人能够确定，票据并非处于下落不明的状态。而公示催告程序是对票据的最后持有人在丧失票据后的一种权利补救和保全程序，申请公示催告的法定事由应为票据最后持有人因其意志以外的原因导致可背书转让的票据脱离其有效控制，下落不明。因此，申请人申请公示催告不符合法定的公示催告的受理条件。

《适用民事诉讼法解释》第445条规定，人民法院收到公示催告的申请后，应当立即审查，并决定是否受理。经审查认为符合受理条件的，通知予以受理，并同时通知支付人停止支付；认为不符合受理条件的，七日内裁定驳回申请。因此，在本案中，法院审理该案的程序符合法律规定，做出的裁定驳回昆明××商贸有限公司的申请正确。

【法律索引】

1.《中华人民共和国民事诉讼法》第 220 条、第 225 条；

2.《最高人民法院关于适用〈中华人民共和国民事诉讼法〉的解释》（2021 年 1 月施行）第 445 条。

【案例三】公示催告案件的审理程序

百士吉有限公司申请公示催告案件 ❶

申请人：百士吉有限公司

法定代表人：卡尔·安东尼·布斯彻，董事长

申请人百士吉有限公司申请宣告号码为 30700051-32198110 的银行承兑汇票无效一案，法院受理后，依法发出公告，催促利害关系人向法院申报权利。现公示催告期间已满，无人向法院提出申报，百士吉有限公司已向法院申请判决。

【法律问题】

1. 公示催告案件的审理程序是什么？

2. 百士吉有限公司是否可以向法院申请判决？

3. 除权判决的法律效力如何？

【法理分析与参考意见】

一、公示催告案件的审理

（一）发出停止支付的通知

根据《民事诉讼法》第 226 条的规定，人民法院应当在受理案件的同时，向付款人发出停止支付的通知，并且在 3 日内发出公告，催促利害关系人申报权利。

由于票据上的权利只要占有票据即可行使和实现，如果不发出止付通知，支付人见到票据后即应当无条件支付票据金额。可见，停止支付的通知具有财产保全的性质。为此，《适用民事诉讼法解释》第 456 条规定，人民法院依照《民事诉讼法》第 227 条的规定通知支付人停止支付，应当符合有关财产保全的规定。支付人收到停止支付通知后，应停止支付；拒不执行停止支付的，除可依《民事诉讼法》第 11 条、第 117 条的规定采取强制措施外，在判决后，支付人仍应承担付款义务。

---

❶ 选编自北京市西城区人民法院（2019）京 0102 民催 30 号公告。

（二）发出公示催告公告

人民法院发出公示催告公告的目的在于催促利害关系人及时向人民法院申报权利，否则，人民法院将根据申请人的申请作出除权判决，宣布该票据或者其他事项无效。

1. 公告方式

公告应当在有关报纸或其他媒体上刊登，并于同日公布于人民法院公告栏内；人民法院所在地有证券交易所的，还应当在该交易所公开张贴。

2. 公告内容

根据《适用民事诉讼法解释》第447条、第448条的规定，人民法院依照《民事诉讼法》第226条的规定发出的受理申请公告，应当写明下列内容：（1）公示催告申请人的姓名或者名称；（2）票据的种类、号码、票面金额、出票人、背书人、持票人、付款期限等事项以及其他可以申请公示催告的权利凭证的种类、号码权利范围、权利人、义务人、行权日期等事项；（3）申报权利的期间；（4）在公示催告期间转让票据等权利凭证，利害关系人不申报的法律后果。

3. 公告期间

公示催告的期间，也是人民法院公开告示利害关系人申报权利的期限。公示催告的期间由人民法院决定，但依法不得少于60日，且公示催告期间届满日不得早于票据付款日后15日。

4. 公告效力

该公告发出后，在公示催告期间内转让票据的行为无效。申请人在人民法院发出公示催告前撤回申请的，人民法院应予准许。申请人在公示催告公告期间撤回申请的，人民法院可以径行裁定终结公示催告程序。

（三）申报权利

申报权利，是指公示催告的利害关系人在公示催告期间内，或者在公示催告期间届满后人民法院尚未作出无效判决之前，向人民法院主张票据权利的活动。

1. 申报主体

公示催告案件申报权利的主体，是认为自己与本案票据有利害关系并向人民法院申报权利的人，又可称为申报人。申报人可以是自然人、法人或者其他组织。

公示催告案件中与票据有利害关系的人，特指对本案的票据可能享有一定权利的人，不包括票据的义务人和责任人。通常，票据的权利人只能有一个，票据的义务人却可以有数个，如出票人、支付人或者非法持票人、非法转让人等。

本案申请人以外的票据合法持有人，是与本案票据有直接利害关系的人，可以申报权利；接受转让的善意第三人，可以视为与本案票据有一定利害关系的人，也可以申报权利。但是本程序不解决申报权利的人是否确有权利，确权争议属于诉讼程序解决的事项。

2. 申报法院

认为自己与公示催告的票据有利害关系的人，应当向发布公告的人民法院申报权利；向其他人民法院申报权利的，不能发生预期的法律后果。

3. 申报期间

利害关系人申报权利，应当在人民法院公告指定的期限内进行。公告期限届满，判决作出之前，利害关系人申报权利的，人民法院也应当予以受理。

4. 申报内容

利害关系人向人民法院申报权利，应当提交票据权利申报书。权利申报书应当写明申报权利的请求、理由和事实。同时，应当向人民法院出示票据正本或者法律规定的证据。

5. 申报审查

对于申报人的申请，人民法院应当予以审查。人民法院主要审查申报人所主张的票据权利是否就是本案申请人所申请的票据权利。进行公示催告的人民法院在本案中并不审查申报人是否应当享有票据的实体权利。人民法院应当通知公示催告的申请人，在指定的期间内查看申报人出示的票据，以确认是不是其申请的票据。

6. 申报后果

申报权利的利害关系人出示的票据，与公示催告申请人申请公示催告的票据不一致的，人民法院应当裁定驳回该利害关系人的申报。申报权利的利害关系人出示的票据，与公示催告申请人申请公示催告的票据一致的，人民法院应当裁定终结公示催告程序。人民法院裁定终结公示催告程序后，申请人可以依照普通程序另行起诉，根据《适用民事诉讼法解释》第457条的规定，公示催告程序因利害关系人申报权利而终结后，公示催告申请人或者申报人向人民法院提起诉讼，因票据纠纷提起的，由票据支付地或者被告住所地人民法院管辖；因非票据权利纠纷提起的，由被告住所地人民法院管辖。当然，申请人也可以向人民法院另行申请冻结票据权利，即申请财产保全。申请人未在合理的时间内申请财产保全的，人民法院应当及时通知支付人解除停止支付的措施。

（四）作出判决

公示催告期间届满，没有利害关系人申报权利，或者申报被驳回，人民法院应当根据申请人的申请，组成合议庭进一步审理并作出判决，宣告已丧失的票据无效，并恢复申请人的票据权利。

1. 申请判决

公示催告期间届满，申请人应当依法向人民法院递交申请书，请求人民法院作出判决。申请人不提出申请，人民法院不得依职权主动判决。

申请人应当在公示催告期间届满后的1个月内，向作出公示催告的人民法院申请判决；公示催告的申请人逾期未申请判决，人民法院应当裁定终结公示催告程序。

2. 合议庭合议

公示催告的申请人在法定期间内提出判决申请后，人民法院应当组成合议庭，进行审查和评议。公示催告程序属于非讼程序，合议庭由审判员组成，而不吸收陪审员。

3. 判决与宣告

合议庭经过审查和评议，确信除申请人外没有其他利害关系人，应当判决原票据无效。人民法院的判决应当进行公告，公开宣布原票据与票据权利相分离（也称之为除权判决）。人民法院作出判决后，应当及时通知票据的支付人向失票人付款。

在此需要明确一下除权判决的概念，除权判决也称为无效判决，是指公示催告期间届满后，无利害关系人申报权利，或者申报权利依法被驳回的，人民法院根据申请人的申请作出的宣告票据或者其他事项无效的判决。

4. 判决与公告

根据《民事诉讼法》第23条和《适用民事诉讼法解释》第453条的规定，人民法院作出除权判决后，判决应当公告，并通知支付人。自判决告之日起，公示催告申请人有权依据判决向付款人请求付款。付款人拒绝付款，申请人向人民法院起诉，符合《民事诉讼法》第122条规定的起诉条件的，人民法院应予受理。

5. 除权判决的法律效力

公示催告程序实行一审终审制度，因此，除权判决作出后，即产生以下法律效力：

（1）申请人申请公示催告的票据或者其他事项即成为无效票据，即持有该票据、其他事项的利害关系人不能行使票据或者其他事项上的权利。

（2）依据该判决，在申请人与付款人之间重新恢复债权债务关系，即申请人可以根据除权判决，重新享有已经丧失的票据上的权利，从而有权请求付款人支付票面金额，付款人不得拒绝。

（3）公示催告程序终结，任何人不得对除权判决提出上诉。

（五）终结公示催告程序

人民法院在审理公示催告案件时，遇有下列情形之一，可以裁定终结公示催告程序：

1. 申请人撤回申请

公示催告申请人撤回申请的，应当在公示催告之前提出。在公示催告期间申请撤回的，人民法院径行裁定终结本程序。

2. 利害关系人申报权利

利害关系人在法定期间内申报权利，经人民法院审查符合申报条件的，应当裁定终结公示催告程序。

3. 申请人逾期未申请判决

公示催告期间届满1个月内，申请人应当再次提出申请，请求人民法院作出除权判决；申请人逾期未申请判决的，人民法院应当裁定终结公示催告程序。

二、对利害关系人权利的救济

除权判决在本质上是人民法院依法定程序作出的推定，即在无人申报权利或者申报权利被驳回的情况下，根据申请人的申请判决宣告该票据无效。因此，除权判决可能与事实有一定的出入。为了维护利害关系人的合法权益，《民事诉讼法》第230条对利害关系人规定了另行起诉的救济方式，即利害关系人因正当理由不能在判决前向人民法院申报的，自知道或者应当知道判决告之日起1年内，可以向作出判决的人民法院起诉。因此，利害关系人向人民法院起诉应当符合以下条件：

1. 利害关系人未能在判决前申报权利有正当理由。"正当理由"包括：（1）因发生意外事件或者不可抗力致使利害关系人无法知道公告事实的；（2）利害关系人因被限制人身自由而无法知道公告事实，或者虽然公告事实，但无法自己或者委托他人代为申报权利的；（3）不属于法定申请公示催告情形的；（4）未予公告或者未按法定方式公告的；（5）其他导致利害关系人在判决作出前未能向人民法院申报权利的客观事由。

2. 利害关系人必须在法定期间内起诉。即自知道或者应当知道判决公告之日起1年内起诉。该1年为不变期间，不适用诉讼时效中止、中断、延长的规定。

3. 利害关系人必须向有管辖权的人民法院起诉。即向作出无效判决的人民法院起诉。利害关系人向人民法院起诉的，人民法院可按票据纠纷适用普通程序审理。利害关系人请求人民法院撤销除权判决的，应当将申请人列为被告。利害关系人仅诉请确认其为合法持票人的，人民法院应当在裁判文书中写明，确认利害关系人为票据权利人的判决作出后，除权判决即被撤销。

需要注意的是，公示催告程序的目的在于通过公示催告利害关系人对涉案票据申报异议，若无人申报异议，则推定失票前申请人为票据的合法占有人与票据权利的合法所有人。除权判决的作用在于确认票据本身无效，并作为票据的替代承载票据权利。本案中，在公示催告期间无其他利害关系人提出异议的情况下，因本案银行承兑汇票所附票据权利已经转化为上述票据利益返还请求权，申请人仍可继续申请除权判决，并依据除权判决请求支付人向其返还相应票据利益，即申请人百士吉有限公司可以向支付人请求返还与未支付的票据金额相当的票据利益。

【法律索引】

1. 《中华人民共和国民事诉讼法》第 226 条、第 223 条。

2. 《最高人民法院关于适用〈中华人民共和国民事诉讼法〉的解释》（2021 年 1 月施行）第 450—452 条。

【阅读与参考文献】

[1] 齐树洁. 民事诉讼法 [M]. 厦门：厦门大学出版社，2019.

[2] 杨秀清. 民事诉讼法 [M]. 北京：中国政法大学出版社，2018.

[3] 赵刚. 民事诉讼法学——制度·学说·案例 [M]. 武汉：武汉大学出版社，2013.

【思考题】

1. 公示催告程序的特点是什么？

2. 申请公示催告的法定条件是什么？

3. 除权判决的效力是什么？

第三编　执行程序

第十七章　执行的一般规定

本章学习任务

学习民事执行程序的基本概念、基本原则和基本知识。通过本章学习重点掌握：

1. 执行标的

2. 执行管辖

3. 执行依据

4. 执行异议

【案例一】执行标的

唐某与潘某、史某申请强制执行案

2001 年 4 月，唐某与潘某、史某共同出资成立了广告公司。2002 年 10 月 16 日，3 人召开股东会，通过解散公司的股东会决议，但未成立清算小组。唐某与潘某、史某协商成立清算组事宜无果的情况下，起诉到法院，要求潘某、史某即时成立清算组，进行清算。审理过程中，经法院主持调解，唐某与潘某、史某达成调解协议：2003 年 7 月 20 日前，唐某与潘某、史某成立清算小组，对广告公司进行清算。但时至 9 月，虽经唐某多次催促，潘某、史某仍拒绝成立清算组。唐某遂向法院申请强制执行。❶

【法律问题】

1. 我国民事诉讼执行标的如何规定的？

2. 本案中执行标的是什么？

---

❶ 选编自张卫平. 民事诉讼法教学案例 [M]. 北京：法律出版社，2015：215-216。

【法理分析与参考意见】

一、执行标的概述

执行标的又称执行对象或执行客体，是指民事执行所指向的对象。执行标的包括财产和行为，仅限于与债务人履行债务有关联的财产和行为，人身不能作为执行标的。执行标的与执行标的物、执行内容的区别：执行标的物是指作为执行标的的财产，是以物的形式表现出来的执行标的，是执行标的的一种；执行内容是生效法律文书所确定的债务人应为的给付义务，包括支付金钱、交付物和完成行为，是法院对执行标的采取措施所要达到的目的。

执行标的的特点：（1）执行标的的非抗辩性。执行标的是法院强制执行的财产和行为，债权人无须举证证明债务人有可供执行的财产，只要符合执行条件，债权人即可申请人民法院强制执行债务人的财产。另外，债务人或者案外人对执行标的有异议，不是通过抗辩解决，而是由执行人员依法进行审查，异议理由不成立的，予以驳回；理由成立的，由院长批准，中止执行；（2）执行标的的法定性。执行程序中，人民法院依执行依据所确定的执行内容而采取的执行措施，不得随意确定执行标的、变更执行标的，也不得随意停止对执行标的的执行。执行标的的范围由法律明确限定，没有明确规定的，则不属于执行标的的范围。

二、财产执行标的

根据《适用民事诉讼法解释》第254条规定，强制执行的标的应当是财产或者行为。所谓财产是指法律文书确认的，由义务人交给权利人的一定财物，具体又可分为可执行的财物和不可执行的财物。

（一）可执行的财物

（1）债务人现有的财产（法律或性质不允许执行的除外）；（2）债务人可以取得的财产、债务人可预期取得的财产；（3）债务人非法处分的财产。

（二）不可执行的财物

（1）维护被执行人的生存而不得执行的财产。被执行人及其所扶养家属生活所必需的衣服、家具、炊具及其他家庭生活必需品。"必需品"主要包括：必需的衣服、寝具、餐具等；一定期间所需的食物、燃料等必需品；被执行人职业上必需的器具及物品；教育上所需的物品。（2）设有抵押权的房屋，人民法院可以查封，并可以根据抵押权人的申请，依法拍卖、变卖或者抵债。在裁定拍卖、变卖或者抵债后，应当给予被执行人6个月的宽限期。在此期限内，人民法院不得强制被执行人及其所扶养家属迁出该房屋。未设定抵押的被执行人及其所扶养家属居住的房屋，属于执行豁免的财产，人民法院不得执行，但超过被执行人及其所扶养家生活所必需的房屋，人民法院根据申请执行人的申请，在保障被执行人及其所扶养家属最低生活标准所必需的居住房屋后，可予以执行。（3）禁止流通物，包括矿藏、水流等国家专有物；虽非专有物但禁止转让的物，如武器、弹药、毒品、淫秽书画等。（4）基于社会公共利益而不得强制执行的财产，即正在使用的为完成公益事业所必需的房屋、机器、设备及其他物品，如学校的教育设施、医院的医疗设施等。（5）勋章、其他荣誉表彰以及为维护公序良俗而不得执行的财产。如遗像、牌位、墓碑及其他祭祀、礼拜所用之物等。（6）被执行人未公开的发明或者未发表的著作。（7）基于财产性质不得强制执行或限制强制执行的财产，如，对人民银行及其分支机构的办公楼、营业场所及运钞车，不得进行查封；对金融机构的营业场所不得进行查封。（8）外交豁免及领事豁免执行的财产。根据《缔结条约程序法》，以中华人民共和国、中华人民共和国政府或者中华人民共和国政府部门名义同外国、国际组织缔结的条约、协定和其他具有条约协定性质的文件中规定免于查封、扣押、冻结的财产。

三、行为执行标的

我国民事诉讼理论和立法通说认为行为执行标的是被执行人的作为或不作为。生效法律文书会记载债务人为一定行为，如排除妨碍、继续履行合同、赔礼道歉、拆除违章建筑、更换不合格产品等；或者判决债务人在一定期限内不得为一定行为，如永久性停止侵害等。行为根据是否能为他人替代实施，分为可替代的行为和不可替代的行为。

（一）可替代的行为

《民事诉讼法》第259条规定，对判决、裁定和其他法律文书指定的行为，被执行人未按执行通知履行的，人民法院可以强制执行或委托有关单位或其他人完成，费用由被执行人承担。

（二）不可替代的行为

义务人不履行法律文书确定的行为义务，而该项行为义务只能由被执行人完成，人民法院可依照《民事诉讼法》以妨害民事诉讼行为论处，对行为人处以罚款、拘留处罚，构成犯罪的应追究刑事责任。

最高法院在《适用民事诉讼法解释》第254条规定，强制执行的标的应当是财物或行为，人身不能作为执行标的。有学者认为在例外的情况下人身可以作为执行标的。例如，在根据执行依据要求交出子女，可直接用强制执行的方式，将子女交给执行申请人；债务人不履行债务，可以采取拘传、拘留、限制出境等措施，迫使义务人履行义务。事实上，在判决将子女交给对方抚养，执行的对象是交出子女的行为，而非子女的人身。再则，法院对被执行人采取的拘留并非以执行人的人身为执行标的，而是对被执行人妨碍民事诉讼行为采取的强制措施，目的在于排除其妨害民事诉讼的行为，而非实现执行申请人的权利。

本案涉及的问题是法院强制义务人履行成立清算组这一义务，这是一种行为，这个行为是本案的标的。

作为法院可根据权利人的申请要求其履行成立清算组的义务，如果义务人仍然拒绝履行义务的，通常采取替代性方法来加以实现。例如，委托其他人履行该特定的行为，然后由义务人承担相关的费用。但这种方法通常是针对可替代行为，而本案中成立清算组的行为最好采取处罚方式促使义务人自己履行，而不是替代方式。有关处罚的制度适用方面，可按照《民事诉讼法》关于强制执行的有关规定执行。

【法律索引】

1. 《中华人民共和国民事诉讼法》第 235 条、第 236 条、第 259 条。

2. 《最高人民法院关于适用〈中华人民共和国民事诉讼法〉的解释》（2021 年 1 月施行）第 254 条。

【案例二】执行依据

甄某诉北京市某房地产开发公司商品房预售合同纠纷执行案 ❶

2007 年 12 月 7 日，甄某所有的房屋被北京市某房地产开发公司（以下简称某房地产公司）拆迁，双方签订了《北京市集体土地房屋拆迁货币补偿协议书》（以下简称《拆迁补偿协议书》），《拆迁补偿协议书》载明宅基地范围外的建筑面积为 216.5 平方米，宅基地面积及宅基地范围内的建筑面积两栏均为空格。2007 年 12 月 10 日，某房地产公司与甄某签订了《翠竹新村定向优惠价商品房购房确认单》（以下简称《购房确认单》），约定：甄某作为购房人可选购优惠价商品房面积 216.5 平方米。甄某自某房地产公司处购买翠竹新村 15 号楼 3 单元 202 室房屋，购房面积 86.65 平方米，其中优惠价面积 86.65 平方米，优惠价面积单价为每平方米 2170 元。甄某未购优惠价商品房面积 129.85 平方米，剩余未购优惠价商品房面积将在翠竹新村二期中选购，某房地产公司将于此确认单签订之日起 18 个月内将翠竹新村二期建成并交付使用。2009 年元旦前后，某房地产公司开发的翠竹新村二期建成，并于 2009 年 1 月 12 日开始一期选房、售房。甄某持《购房确认单》和有关证件向某房地产公司要求确认房屋并签订北京市商品房现房买卖合同，但遭到某房地产公司的拒绝。

---

❶ 选编自北京市顺义区人民法院（2010）顺执字第 696 号裁定书。

甄某遂诉至法院，要求确认其与某房地产公司之间签订的《购房确认单》有效，并要求某房地产公司按照《购房确认单》约定的未购商品房优惠面积 129.85 平方米向其提供商品房。某房地产公司则提出反诉，要求变更《购房确认单》中的购房人可选购优惠价商品房面积和未购优惠价商品房面积的数据。

案件经过二审，法院最终判决：某房地产开发公司与甄某继续履行《购房确认单》，甄某在翠竹新村二期选购商品房时，以 129.85 平方米为其享有的未购优惠价商品房面积。判决生效后，由于某房地产开发公司未及时履行调解书内容，甄某赴法院提出执行申请，请求法院采取措施责令某房地产开发公司满足其购房要求。在执行过程中，甄某与某房地产开发公司商定，将翠竹新村二期房屋 23 号楼 3 单元 1003 室和 24 号楼 2 单元 505 室作为优惠价商品房，此两套房共计 174.87 平方米，超出二审判决确定的面积 45.02 平方米，被执行人某房地产开发公司认为超出的面积应依每平方米 10000 元计算。申请人甄某则坚持按《北京市某房地产开发公司关于翠竹新村定向优惠价商品房二期购房须知》第四条的规定，超出优惠面积部分，高层商品房按均价 4200 元／平方米计算。双方争执不下。执行法院遂依据《民事诉讼法》第 140 条第 11 项的规定，作出（2010）顺执字第 696 号裁定：甄某所选购的优惠价商品房超出的 45.02 平方米，按每平方米 4200 元的标准计算。被执行人某房地产开发公司以（2010）顺执字第 696 号裁定违反法律规定为由，向执行法院提出异议，请求撤销。执行法院的异议审查机构经审理认为：甄某与某房地产开发公司对超出优惠面积的价格产生争议，属实体权利争议，应通过诉讼程序解决。执行法院在执行过程中针对超出优惠面积部分的价格作出裁定，超出了执行程序的职权范围，故裁定撤销（2010）顺执字第 696 号裁定。

【法律问题】

1. 我国民事执行依据包括哪些？

2. 本案中执行法院是否可以在执行过程中针对据出优惠面积部分的价格作出裁定？

【法理分析与参考意见】

民事执行依据，是指由法院等有权机构按照法律规定制作的，载明一定实体民事权利，权利人可以据以请求执行的民事法律文书。在民事执行过程中，执行依据合法具有可执行性是最基础的条件，因此，我们需要全面精确地把握执行依据的含义。

按照我国《民事诉讼法》和相关司法解释的规定，民事执行依据的范围在我国是比较宽泛的，主要有以下几类：

（一）法院裁判文书

具体包括：已经发生法律效力，具有给付内容的民事判决书、裁定书、支付令和民事制裁决定书；已经发生法律效力，具有给付内容的行政判决书、裁定书、行政赔偿调解书；已经发生法律效力的刑事判决书，裁定书中的财产部分以及刑事附带民事判决书、裁定书和调解书。在经人民法院裁定认可的情况下，外国法院判决也可以在我国得到执行。

（二）仲裁文书

具体包括我国仲裁机构作出的仲裁裁决书、调解书以及外国仲裁机构作出的裁决。

（三）行政决定书

具体包括行政机关制作的依法应当由人民法院执行的行政处罚决定书和行政处理决定书。

（四）公证机构制作的依法赋予强制执行效力的债权文书

特别需要注意的是，调解书可以得到法院的执行是受到立法明确肯定的。其原因在于，一方面，法院调解作为《民事诉讼法》一项基本原则，在民事诉讼中具有广泛的适用性。除了以特别程序、督促程序、公示催告程序审理的案件，所有民事争议事件，在当事人自愿的基础上，在第一审普通程序、简易程序、第二审程序和审判监督程序中，均可适用法院调解。而赋予调解书执行效力，是对调解原则的肯定和支持。另一方面，赋予调解书强制执行效力也是尽快解决纠纷、平复受损害的社会关系的需求。就本案而言，甄某持调解书申请法院强制执行是合法的。

与之相对应，当事人在诉讼过程中达成的和解协议则不能具备同种效力。诉讼中的和解，是诉讼过程中纠纷当事人双方以平等协商、相互妥协的方式解决纠纷的方式，是当事人民事处分权的体现。因此，从善意的角度来讲，和解协议理应得到当事人的积极履行。但是值得我们注意的是，和解协议只是当事人对自己私权利的处分结果，其合法性并没有经过法院的裁断和认可，不能排除存在欺诈、胁迫等非法情况的可能性。因此，当一方当事人拒绝履行时，法院自然不能直接进行强制执行。和解协议要获得确定力和强制执行力，必须和审判权相结合，以法院调解书的形式表现出来。

根据《适用民事诉讼法解释》第463条规定，当事人申请人民法院执行的生效法律文书应当具备下列条件：第一，权利义务主体明确；第二，给付内容明确。这一解释内容为我们划定执行依据的范围提供了基本的框架。以此为依据，一份法律文书应当发生法律效力、具有给付内容、有明确的给付主体和给付对象方能作为民事执行中的依据。

在本案执行过程中，就甄某所选购的超出调解书中确定的优惠价的 45.02 平方米，执行部门能否进行裁定并执行呢？民事执行只能依据生效法律文书进行，执行内容受到生效法律文书的严格限制，任何对此范围的超出和违反都是违法行为。本案中，执行机构的执行依据系内容为"北京市某房地产开发公司与甄某继续履行《购房确认单》，甄某在翠竹新村二期选购商品房时，以 129.85 平方米为其享有的未购优惠价商品房面积"的调解书，因此，执行机构的全部职责在于采取法律上规定的方式促使某房地产开发公司对此义务进行履行，保证甄某能够以每平方米 4200 元的价格购买面积为 129.85 平方米的商品房。至于最终房屋面积超出此范围的 45.02 平方米，原调解书并未涉及，执行机构缺乏执行依据，不能进行执行。此外，对原生效法律文书中未涉及的实体问题，执行机构是否有权作出裁定进行处理也值得探讨。执行程序，是指民事执行机关采取强制性的执行措施，以落实生效法律文书确定的内容的活动，其核心的意义在于实现当事人的权利而非处置当事人的权利。

从这个意义上来讲，执行程序与审判程序有着本质的区别。作为执行机构而言，其具备较强的执行能力、全面的执行措施，却根本不能承担实体裁判功能，这是审判机构才能够享有的重要权力。混淆执行权与审判权，是本案中执行机构所犯的重大错误。因此，顺义区人民法院裁定撤销执行裁定书是正确的。

【法律索引】

1. 《中华人民共和国民事诉讼法》第 231 条。

2. 《最高人民法院关于适用〈中华人民共和国民事诉讼法〉的解释》（2021 年 1 月施行）第 463 条。

【案例三】执行异议

刘某妻子申请执行异议案

2013 年 6 月，成都市一基层法院就盛某与刘某民间借贷纠纷案作出民事调解书，该调解书载明刘某于 2013 年 7 月 10 日前一次性偿还盛某 160 万元及此前的利息 20 万元等。之后因刘某未按期还款，盛某遂向法院申请执行。案件执行中，盛某向执行法院提出申请，要求将刘某的爱人追加为被执行人，理由是该笔债务属于刘某夫妻的共同债务。执行法院对盛某的申请进行审查后认为，刘某向盛某举债确实是在其与爱人的夫妻关系存续期间，随后于当年 9 月作出执行裁定，追加刘某的

爱人为该案被执行人。刘某的爱人不服，提出异议。❶

【法律问题】

1. 执行异议的申请主体有哪些？

2. 可以提出执行异议的情形包括哪些？

【法理分析与参考意见】

所谓执行异议，指的是依据《民事诉讼法》及相关法律文件的规定，赋予当事人、利害关系人和相关案外人的一种救济性权利。在实际执行过程中，执行异议是纠正执行中可能存在的错误，确保相关人员权利不受非法侵害的重要制度之一。

一、关于执行异议申请主体

《民事诉讼法》主要有两个条款加以规定，《民事诉讼法》第232条规定，当事人、利害关系人认为执行行为违反法律规定的，可以向负责执行的人民法院提出书面异议。当事人、利害关系人提出书面异议的，人民法院应当自收到书面异议之日起15日内审查，理由成立的，裁定撤销或者改正；理由不成立的，裁定驳回。当事人、利害关系人对裁定不服的，可以自裁定送达之日起10日内向上一级人民法院申请复议。第234条规定，执行过程中，案外人对执行标的提出书面异议的，人民法院应当自收到书面异议之日起15日内审查，理由成立的，裁定中止对该标的的执行；理由不成立的，裁定驳回。案外人当事人对裁定不服，认为原判决、裁定错误的，依照审判监督程序办理；与原判决，裁定无关的，可以自裁定送达之日起15日内向人民法院提起诉讼。

从这两个条款的规定来看，我国民事诉讼中的执行异议申请主体主要包括三类：当事人、利害关系人和案外人。其中，当事人主要指的是生效法律文书确定的债权人和债务人，利害关系人的范围法律上并无明确规定，从理论上看应当指的是受执行行为直接影响、以自己的名义享有执行权利、承担执行义务的、除执行当事人之外的单位或者个人。按照2015年《最高人民法院关于人民法院办理执行异议和复议案件若干问题的规定》第5条之规定，有下列情形之一的，当事人以外的公民、法人和其他组织，可以作为利害关系人提出执行行为异议：（1）认为人民法院的执行行为违法，妨碍其轮候查封、扣押、冻结的债权受偿的；（2）认为人民法院的拍卖措施违法，妨碍其参与公平竞价的；（3）认为人民法院的拍卖、变卖或者以物抵债措施违法，侵害其对执行标的的优先购买权的；（4）认为人民法院要求协助

❶ 选编自《人民法院报》2015年2月10日第3版。

执行的事项超出其协助范围或者违反法律规定的；（5）认为其他合法权益受到人民法院违法执行行为侵害的。这也是目前可用于判断利害关系人的最详尽的法律依据。关于案外人，指的是本案执行当事人以外的人，根据《适用执行程序解释》第15条之规定，指的是对执行标的主张所有权或者有其他足以阻止执行标的转让、交付的实体权利的人。

二、本案不能直接追加刘某的爱人为被执行人

民事责任主体及责任具体内容的确定应当通过诉讼或仲裁程序解决，若法无明文规定或授权，则不能在执行中直接追加被执行人配偶为被执行人。首先，《民法典》第1065条规定："夫妻对婚姻关系存续期间所得的财产约定归各自所有的，夫或妻一方对外所负的债务，第三人知道该约定的，以夫或妻一方所有的财产清偿。"该款规定的例外情形是否存在，需要通过当事人双方的起诉抗辩法庭审理、举证质证等诉讼程序，最终由法院作出裁判进行认定。显然在执行程序中是不能直接认定该例外情形是否存在。

其次，执行权具有公权性质，必须要依据法律明文规定才能行使。我国《民事诉讼法》《适用民事诉讼法解释》《最高人民法院关于人民法院执行工作若干问题的规定》总共规定了13种可以追加或变更执行主体的情形，但追加被执行人配偶不属于这13种法定情形之一，若直接追加被执行人配偶没有法定授权依据，违背了法无明文规定即禁止的原则。我国《民事诉讼法》2012年修订时，增设了执行异议制度，其主要目的就是促使法院依法执行，使执行权受到必要的制约，尽可能杜绝执行风险。

审判程序和执行程序无论是在学理上还是在实践中都存在很大差异，是两种截然不同的程序体系，其侧重的诉讼任务也不同。通过普通审判程序来确定民事责任，在执行程序中法院只是运用国家强制力来确保执行依据的实现，并不能解决民事责任的归属问题。因此，法院的执行也应当限定在当事人起诉时的主张范围和法院的判决范围内，不能改变案件的实体性问题，以符合"无请求无判决、无判决无执行"的诉讼法理。所以，执行程序中不能依据该规定追加夫妻中另一方为被执行人，应当告知债权人另行诉讼，可在取得针对被执行人配偶的执行依据后合并执行。

【法律索引】

1. 《中华人民共和国民事诉讼法》第232条。

2. 《最高人民法院关于适用〈中华人民共和国民事诉讼法〉执行程序若干问题的解释》（2009年1月1日施行）第5—10条。

【案例四】执行管辖

丁某申请执行管辖案

丁某为河南省焦作市武陟县煤炭运输专业户，自 1987 年起为湖北安陆市化肥厂运送煤炭。该化肥厂后由安陆市政府作为发起人之一改制为湖北三鹏化工股份有限公司，丁某继续向三鹏公司供应煤炭，至 2000 年三鹏公司累计欠款 650 万元。2000 年 12 月 4 日双方签订了《还款协议》，其中第 3 条规定："甲方（三鹏公司）逾期付款的，从第一期付款截止日起，乙方（丁某）有权向乙方住所地人民法院就全部欠款申请强制执行。"并于 2001 年 8 月 10 日双方一起到河南省武陟县公证处办理了《具有强制执行效力的债权文书公证书》。该公证债权文书确定的还款期限届满后，三鹏公司仍未履行义务，丁某遂向焦作市中级人民法院申请强制执行。❶

【法律问题】

1. 我国《民事诉讼法》对执行管辖如何规定的？

2. 本案焦作市中级人民法院有无执行管辖权？

【法理分析与参考意见】

一、执行管辖

执行管辖是指在法院系统内部确定各级人民法院之间以及同级人民法院之间受理执行案件的分工和权限的制度。执行管辖的确立不仅有利于权利人行使申请执行权，也有利于法院系统内部的权属的分工，有利于上级人民法院对下级人民法院的工作进行指导和监督。执行管辖包括级别管辖和地域管辖。

（一）级别管辖

级别管辖是指划分各级人民法院之间执行案件的分工和权限。案件的执行管辖与审判管辖有着密切的联系，审判管辖的级别确定得高，执行管辖的级别也相应地确定得高。根据《民事诉讼法》及有关司法解释，由基层法院管辖的执行案件有：（1）基层法院作为一审作出的生效法律文书；（2）国内仲裁中的财产保全执行和证据保全执行由被申请人住所地或者被申请保全的财产所在地和申请保全的证据所在地的基层人民法院执行；（3）上级人民法院指定基层人民法院管辖的案件。

由中级人民法院管辖的执行案件有：（1）中级人民法院作为一审作出的生效法律文书；（2）仲裁机构作出的涉外仲裁裁决；（3）被我国法院承认其效力的外国法院判决、外国仲裁裁决；（4）经人民法院认可的港澳台地区仲裁裁决、法院判决；（5）专利管理机关依法作出的处理决定和处罚决定；（6）国务院各部门、各省、自

---

❶ 选编自最高人民法院《强制执行指导与参考》2003 年第 1 辑。

治区、直辖市人民政府和海关依照法律、法规作出的处理决定和处罚决定；（7）上级人民法院依法指定中级人民法院管辖的案件。高级人民法院为一审作出的生效法律文书的执行，由高级人民法院管辖。

（二）地域管辖

执行中的地域管辖是指执行案件应当由执行标的物所在地或者被执行人应当履行的行为地法院管辖；如果应当执行的标的物所在地或者被执行人应当履行的行为地不明确的，则由被执行人住所地法院管辖。

（三）执行管辖争议的解决

执行管辖争议是指两个以上的人民法院都有管辖权的执行案件，当事人或人民法院就应由哪个人民法院管辖这一问题所产生的争议。根据《民事诉讼法》《适用民事诉讼法解释》和《最高人民法院关于人民法院执行工作若干问题的规定（试行）》的有关内容，出现执行争议应按照以下原则解决。

（1）由最先立案的人民法院管辖执行。当事人分别向两个以上有管辖权的人民法院申请执行的，由最先立案的人民法院管辖。

（2）移送和受移送的法院不得再自行移送。执行管辖类似于审判管辖，人民法院发现受理执行的案件不属于法院管辖的，应当移送给有管辖权的人民法院。受移送的人民法院发现不属于法院管辖的，不得再自行移送，应报请上级人民法院指定管辖。

（3）协商和指定解决管辖。人民法院之间发生的执行管辖争议，即由发生执行管辖争议的法院之间协商解决；协商不成的，应由争议法院的共同上级人民法院指定执行管辖法院。

（4）下级人民法院报请上级人民法院解决管辖。基层人民法院和中级人民法院管辖的执行案件，因特殊情况需要由上级法院执行的，可以报请上级法院执行。

二、本案中焦作市中级人民法院对此案有无执行管辖权涉及两个方面

一是级别管辖的问题，二是地域管辖的问题。对于执行公证债权文书案件的级别管辖，《最高人民法院关于人民法院执行工作若干问题的规定（试行）》第10条作了规定，"参照各地法防院受理诉讼案件的级别管辖的规定确定。"在本案中，涉及的债权数额高达650万元，依据河南省诉讼案件的级别管辖相关规定，由焦作市中级人民法院受理管辖没有问题。❶ 那么从地域管辖上来看，焦作市中级人

---

❶ 根据河南省高级人民法院当时的规定，郑州市中级人民法院管辖诉讼标的额在800万元以上1亿元以下，或者诉讼标的额在500万元以上且当事人一方住所地不在本辖区的第一审民商事案件；洛阳市、新乡市、安阳市、焦作市、平顶山市、南阳市中级人民法院管辖诉讼标的额在500万元以上1亿元以下，或者诉讼标的额在300万元以上且当事人一方住所地不在本辖区的第一审民商事案件；其他中级人民法院管辖诉讼标的额在300万元以上1亿元以下，或者诉讼标的额在200万元以上且当事人一方住所地不在本辖区的第一审民商事案件。

民法院有无管辖权呢？丁某向焦作市中级人民法院申请的依据是双方当事人在《还款协议》中的约定：三鹏公司逾期付款的，从第一期付款截止日起，丁某有权向丁某住所地人民法院就全部欠款申请强制执行。当事人的这种约定与相关的法律规定不符。根据《民事诉讼法》第224条第2款和《最高人民法院关于人民法院执行工作若干问题的规定（试行）》第10条的规定，公证债权文书应由被执行人住所地或被执行的财产所在地人民法院执行。我们认为，当事人约定与法律规定发生冲突时，解决的思路是看当事人约定有无法律依据，没有法律依据的当属无效，应当适用法律规定。对于执行管辖，法律并没有赋予当事人协议选择的权利，公证机构也无权确定当事人对执行管辖的约定，应当按照法律的相关规定来确定管辖。在本案中，三鹏公司和丁某协议确定丁某住所地的法院为执行法院是无效的。按照法律规定，本案的执行应当由三鹏公司的住所地或其财产所在地的法院管辖。因此，焦作市中级人民法院对此案无管辖权。

【法律索引】

1. 《中华人民共和国民事诉讼法》第247条、第255条。

2. 《最高人民法院关于人民法院执行工作若干问题的规定》第10—13条。

【阅读与参考文献】

[1] 叶青. 民事诉讼法：案例与图表 [M]. 北京：法律出版社，2015.

[2] 邵明. 民事诉讼法理研究 [M]. 北京：中国人民大学出版社，2004.

[3] 杨春华. 论民事执行案外人的救济途径 [J]. 当代法学，2008（3）.

[4] 田平安. 民事诉讼法执行程序篇 [M]. 厦门：厦门大学出版社，2007.

【思考题】

1. 执行标的范围有哪些？

2. 执行管辖如何确定？

3. 我国民事诉讼执行依据包括哪些？

4. 执行异议的申请主体有哪些？

第十八章　执行的措施

本章学习任务

学习民事执行措施的相关问题。民事执行措施是指民事执行机关用来迫使义务人履行义务、实现债权人权利的方法和手段。通过本章学习重点掌握：

1. 对金钱债权的执行措施

2. 对非金钱债权的执行措施

3. 间接执行措施

【案例一】对金钱债权的执行措施

黄某与某建设安装公司申请强制执行案

黄某等人与某建设安装公司因劳动争议向河南省漯河市郾城区劳动争议仲裁委员会申请劳动仲裁。经郾城区劳动争议仲裁委员会调解，双方达成调解协议："某建设安装公司于本调解书生效后 60 日内，将拖欠的工程款 36000 元一次性支付给申请人黄某。"由于该建设安装公司没有依调解协议履行义务，黄某于 2008 年 1 月 18 日向漯河市郾城区人民法院申请强制执行。执行过程中，执行人员多次前往该公司执行，通过深入调查，发现公司经营困难，暂时无履行能力，若强制执行，必将导致被执行人更陷入经营困境，不利于企业的发展，不符合当下服务企业发展的大局。但不强制执行，申请人的权利就无法保障。案件经延期后，仍无法执行终结。经申请人同意，案件执行中止。在 2010 年 12 月，通过调查，发现某建设安装公司虽暂时没有履行能力，但对第三人某单位有到期债权，遂向某单位送达了履行到期债务通知书，在法定期限内某单位提出工程还没有结算。但被执行人怠于行使权利去督促该单位进行结算，漯河市郾城区人民法院为保护申请人的权利，再次与某单位进行了协商，送达协助执行通知书，结算后，提取了被执行人在某单位

的债权。❶

【法律问题】

1. 金钱债权的执行措施是如何规定的？

2. 本案中对第三人到期债权的执行需要满足哪些条件？

【法理分析与参考意见】

一、金钱债权执行

所谓金钱债权的执行，是指民事执行机关为了实现债权人的金钱债权，采取措施迫使债务人履行金钱给付义务的方法与程序。在实际执行工作中，金钱债权执行案件占与所有执行案件中的大多数。

（一）对存款债券、股票、基金份额等财产的执行

根据《民事诉讼法》第249条的规定，被执行人未按执行通知履行法律文书确定的义务，人民法院有权向有关单位查询被执行人的存款债券股票、基金份额等财产情况。人民法院有权根据不同情形扣押、冻结、划拨、变价被执行人的财产。人民法院查询扣押、冻结划拨、变价的财产不得超出被执行人应当履行义务的范围。人民法院决定扣押、冻结、划拨、变价财产，应当作出裁定，并发出协助执行通知书，有关单位必须办理。

（二）对收入的执行

根据《民事诉讼法》第250条的规定，被执行人未按执行通知履行法律文书确定的义务，人民法院有权扣留、提取被执行人应当履行义务部分的收入。但应当保留被执行人及其所扶养家属的生活必需费用。人民法院扣留、提取收入时，应当作出裁定，并发出协助执行通知书，被执行人所在单位、银行、信用合作社和其他有储蓄业务的单位必须办理。

（三）对其他财产的执行

此处所说的其他财产主要指除金融性财产和收入外，债务人的其他动产和不动产。

针对这些财产，在执行时首先可以依法进行查封、扣押冻结，以防止财产被非法转移或处置。根据《民事诉讼法》第251条规定，被执行人未按执行通知履行法律文书确定的义务，人民法院有权查封扣押、冻结、拍卖变交被执行人应当履行义务部分的财产。但应当保留被执行人及其所扶养家属的生活必需品。可以依法通

---

❶ 资料来源：大河网法制频道，http://law.dahe.cn/show.php？contentid=10076，访问时间：2021年1月5日。

过拍卖和变卖的程序，使债权人的权益得到实现。根据《民事诉讼法》第254条的规定，财产被查封、扣押后，执行人员应当责令被执行人在指定期间履行法律文书确定的义务。被执行人逾期不履行的，人民法院应当拍卖被查封、扣押的财产；不适于拍卖或者当事人双方同意不进行拍卖的，人民法院可以委托有关单位变卖或者自行变卖。国家禁止自由买卖的物品，交有关单位按照国家规定的价格收购。

（四）对知识产权、投资权益或股权的执行

知识产权、投资权益或者股权的本质特点都属于具有金钱价值的权利，因此，其执行措施与前述执行措施有很大差异。对于知识产权而言，可以通过禁止转让并进一步将知识产权进行拍卖、变卖，将所得价款交付债权人的方式来进行执行。对于投资权益或者股权，应当依法采取冻结、强制转让等执行措施。对于债务人基于股权而享有的股息或者红利，则可以通过冻结、提留和提取等执行措施来加以实现。当然，在执行过程中一定要注意与相关实体法如《公司法》等规定的协调相统一，注意保护相关公司、股东的合法权益。

二、对第三人到期债权的执行

对第三人到期债权的执行也称代位申请执行，是指被执行人不能清偿债务，但对第三人享有到期债权的，人民法院根据当事人的申请对该第三人的财产进行强制执行。

（一）适用条件

代位申请执行在适用上除要符合执行的一般条件外，还应当符合以下条件。

（1）申请执行人与被执行人之间必须存在债权债务关系，这是代位申请执行适用的基本前提。（2）被执行人对第三人享有债权代位执行的具体要求，一是该债权是非专属于被执行人的权利，否则不能代位行使；二是该债权可作为执行标的，否则不能强制执行。（3）被执行人对第三人有到期债权，即被执行人对第三人的债权已届清偿期。对未到期债权，被执行人没有履行请求权，申请执行人自然无从代位行使，但次债务人放弃期限利益的除外。（4）被执行人怠于行使其对第三人享有的债权或虽行使债权但未达到目的。

（二）执行程序

1. 发出履行通知

人民法院接到代位执行申请后，应予以审查，是否向第三人发出履行通知，视代位申请执行是否符合条件而定。此外，还要审查被执行人和第三人之间债权债务关系是否明确、合法。对不符合条件的驳回申请；对符合条件的，应向第三人发出履行到期债务的通知。履行通知必须直接送达第三人。

2. 第三人异议及其审查

第三人接到履行通知后，有权提出异议，但应符合法律规定的条件和程序：（1）第三人应在收到履行通知指定的期间内提出；（2）第三人的异议一般应采用书面形式提出，口头提出的，执行人员应记入笔录，并由第三人签字盖章；（3）第三人的异议在内容上应针对其与被执行人的债权债务关系是否存在明确合法而提出。第三人提出自己无履行能力或其与申请执行人无直接法律关系的，不属于异议；（4）对第三人提出的异议，人民法院经审查认为异议成立的，不得对第三人强制执行；异议不成立的，人民法院应对第三人强制执行。第三人如对债务部分承认，部分有异议的，可以对于其承认的部分强制执行；（5）第三人收到人民法院要求其履行到期债务的通知后，擅自向被执行人履行，造成已向被执行人履行的财产不能追回的，除在已履行的财产范围内与被执行人承担连带责任外，可以追究其妨害执行的责任。

3. 对第三人强制执行

第三人在履行在履行通知指定的期限内没有提出异议又不履行，或者其异议不成立的，人民法院有权裁定对其强制执行。

本案涉及对第三人到期债权的强制执行问题。《适用民事诉讼法解释》第501条第1款规定："人民法院执行被执行人对他人的到期债权，可以作出冻结债权的裁定，并通知该他人向申请执行人履行。"第501条第2款规定："该他人对到期债权有异议，申请执行人请求对异议部分强制执行的，人民法院不予支持。利害关系人对到期债权有异议的，人民法院应当按照《民事诉讼法》第234条规定处理。"《适用民诉法解释》第501条第3款规定："对生效法律文书确定的到期债权，该他人予以否认的，人民法院不予支持。"《最高人民法院关于人民法院执行工作若干问题的规定（试行）》第61条第1款规定："被执行人不能清偿到期债，但对本案以外的第三人享有到期债权的，人民法院可以依申请执行人或被执行人的申请，向第三人发出履行债务的通知，履行通知必须送达第三人。"这些规定，为执行被执行人的债权提供了法律依据，为解决部分案件"执行难"开辟了新的途径，对推进执行工作的开展具有重要的实践意义。

在执行中，并非所有被执行人的债权均可执行。必须要具备以下条件：（1）申请执行人与被执行人之间必须存在债权债务关系，这是代位申请执行适用的基本前提；（2）被执行人对第三人享有债权代位执行的具体要求：一是该债权是非专属于被执行人的权利，否则不能代位行使；二是该债权可作为执行标的，否则不能强制执行；（3）被执行人对第三人有到期债权，即被执行人对第三人的债权已届清偿期。对未到期债权，被执行人没有履行请求权，申请执行人自然无从代位行使，但次债务人放弃期限利益的除外；（4）被执行人怠于行使其对第三人享有的债权或虽行使债权但未达到目的。

对被执行人与第三人之间债权虽已到期，但尚未结算。这应当看作是一种可能异议，应在接到可能异议后积极督促第三人进行结算，可在结算后双方无争议情况下予以执行。同时，本案在被执行人怠于行使其到期债权，申请人又没有申请的情况下，鄢城区人民法院根据案情和相关司法解释，在督促第三人某单位结算后，向其送达了执行裁定书和协助执行通知书，强制执行了该到期债权。人民法院不依申请执行人的申请，而依职权直接执行，这样虽然解决了执行难的问题，但同时也剥夺了申请执行人的处分权，有悖于《民事诉讼法》的处分原则。

【法律索引】

1. 《中华人民共和国民事诉讼法》第 249 条、第 254 条。

2. 《最高人民法院关于适用〈中华人民共和国民事诉讼法〉的解释》（2021 年 1 月施行）第 282 条、第 492 条。

【案例二】非金钱债权的执行措施

佳家选日化公司与金西南商行强制执行案

好来化工（中山）有限公司诉汕头市佳家选日化用品有限公司、深圳市宝安区金西南商行侵害商标权纠纷一案，深圳市中级人民法院作出（2010）深中法民三初字第 314 号民事判决书，判令被执行人汕头市佳家选日化用品有限公司（以下简称佳家选公司）立即停止其在牙膏上使用与第 × 号注册商标近似商标的侵权行为，并赔偿经济损失人民币（以下均为人民币）× 元，承担诉讼费 × 元；被执行人深圳市宝安区金西南商行（以下简称金西南商行）立即停止销售与第 × 号注册商标近似商品的侵权行为。应承担案件受理费 × 元。由于两被执行人未履行上述判决，好来化工（中山）有限公司向深圳市中级人民法院申请强制执行，深圳市中级人民法院依法受理。

在执行过程中，深圳市中级人民法院依法向被执行人送达执行令，限令两被执行人履行生效判决的内容。被执行人佳家选公司与申请执行人达成和解，约定佳家选公司在 ×××× 年 × 月 ×× 日前支付赔偿款及其应承担的诉讼费，申请执行人同意免除佳家选公司的迟延履行金。佳家选公司于 ×××× 年 × 月 × 日向法院支付了赔偿款和其应承担的诉讼费共 × 元，深圳市中院将上述款项支付给申请执行人。另查，金西南商行在深圳市公安局交通警察局车辆管理所登记有小车一辆，深圳市中院已对该车的登记档案予以查封，但未扣押到车辆。除此之外，深圳市中院在深圳市市场监督管理局、深圳市房地产权登记中心、中国证券登记有限责任公司深圳公司和中国人民银行深圳中心支行查找不到金西南商行可供执行的财产。

由于未控制到金西南商行的可供执行财产，因此，深圳市中院最终裁判本次执行程序可予以终结，如果发现被执行人金西南商行有可供执行的财产，将依法重新立案执行。❶

【法律问题】

1. 非金钱债权的执行包括哪些？

2. 本案中包括哪些非金钱债权的执行？

【法理分析与参考意见】

非金钱债权的执行，是指民事执行机关为了实现债权人的非金钱债权，迫使义务人履行非金钱给付义务而采取的方法与程序。从整体上来看，由于执行内容的不同，非金钱债券的执行措施和金钱债权有很大差异。从法律规定来看，非金钱债券的执行主要包括以下几种类型：

第一，交付指定财物或票证。指定财物或者票证具有不可替换性，因此只能针对财物或票证本身进行执行。根据《民事诉讼法》第 249 条规定，法律文书指定交付的财物或者票证，由执行员传唤双方当事人当面交付，或者由执行员转交，并由被交付人签收。

在强制交付指定财物的情况下，如果原物确已毁损或者灭失的，经对双方当事人同意，可以折价赔偿。双方当事人如果对折价赔偿不能协商一致，民事执行机关应当终结执行程序，申请执行的债权人可以另行起诉。

强制交付的财物或票证依法需要办理产权证照转移手续或者进行变更在记的，民事执行机关应当通知有关部门办理产权证照的变更手续或者进行变更登记。

第二，强制迁出房屋或者强制退出土地。根据《民事诉讼法》第 250 条的规定，强制迁出房屋或者强制退出土地，由院长签发公告，责令被执行人在指定期间履行。被执行人逾期不履行的，由执行员强制执行。强制执行时，被执行人是公民的，应当通知被执行人或者他的成年家属到场；被执行人是法人或者其他组织的，

---

❶ 选编自深圳市中级人民法院（2011）深中法执字第 1295-4 号判决书。

应当通知其法定代表人或者主要负责人到场。拒不到场的，不影响执行。被执行人是公民的，其工作单位或者房屋、土地所在地的基层组织应当派人参加。执行员应当将强制执行情况记入笔录，由在场人签名或者盖章。强制迁出房屋被搬出的财物，由人民法院派人运至指定处所，交给被执行人。被执行人是公民的，也可以交给他的成年家属。因拒绝接收而造成的损失，由被执行人承担。

第三，强制完成指定行为。根据《民事诉讼法》第252条的规定，对判决、裁定和其他法律文书指定的行为，被执行人未按执行通知履行的，人民法院可以强制执行或者委托有关单位或者其他人完成，费用由被执行人承担。其中，代履行人由民事执行机关选定，法律法规如对履行该行为义务有资格限制的，民事执行机关应当从有资格的人中选定。必要情况下也可以通过招标的方式确定代履行人。

针对本案的情况，实际上同时存在金钱债权和非金钱债权两种执行情况：经济损失赔偿部分属于金钱债权的执行；而要求被执行人佳家选公司停止其在牙膏上使用与申请执行人注册商标近似商标的侵权行为，要求被执行人金西南商行立即停止销售与申请执行人注册商标近似商品的侵权行为，则属于非金钱债务的执行。如若两家公司不停止侵权行为，法院可以通过封存、查封等方式来防止其侵权行为对申请人的权益产生影响。

【法律索引】

1.《中华人民共和国民事诉讼法》第255—259条。

2.《最高人民法院关于适用〈中华人民共和国民事诉讼法〉的解释》（2021年1月施行）第283条、第459条。

【案例三】间接执行措施

邓某某间接执行措施案

2011年10月15日上午7时40分，广州白云机场，即将起飞的广州至济南的航班头等舱内，正准备前往参加某选美大赛的特邀嘉宾一白衣黑裤、头戴礼帽的"影视大鳄"邓某某，被法院的办案人员请下了飞机。在机场警务室，广州市中级人民法院的执行法官当即向其宣布：因为未按执行通知履行法律文书确定的义务、未向人民法院申报财产，以及违反限制高消费令乘坐飞机等多项违反执行法律法规的事实，邓某某被司法拘留15天。原来，邓某某几年前欠下了300多万元的债务，经仲裁后拒不履行生效仲裁文书，债权人向法院申请强制执行。法院立案后先后对其财产进行查扣，并发出财产申报表、执行通知书。邓某某在法定期限内仍未履行，法院遂依法对其发出限制高消费令，并责令其与债权人达成还款计划。但邓某某不仅拒不申报财产，而且一再恶意躲避，还大张旗鼓地进行投资、办酒宴等高消费行为。针对邓某某的行为，法院才对其作了拘留的决定。2007年5月，邓某某因为拍摄电视剧《野蛮公主》第二部，而向申请执行人黄某借款200万元，约定期限一年，利息25%，同时规定了违约金60万元。2008年7月，申请人向广州市仲裁委员会提出仲裁申请，要求邓某某、巨星影业支付上述款项。广州市仲裁委员会于2009年6月作出仲裁决定，裁定邓某某、巨星影业10日内共同连带归还申请人本息250万元及支付违约金60万元。邓某某仍未理会。随后，申请执行人向法院申请要求强制执行。法院受理执行案件后，马上就对邓某某及巨星影业名下的财产进行了查询，结果在各个银行只发现被执行人名下有存款18667.56元。法院只能从银行扣划回该部分存款，发放给申请人。而之前邓某某在番禺买的地早就被其他法院查封了，广州市中级人民法院只能对邓某某和巨星影业名下的南村镇、大石镇的4处房产进行轮候查封。巨星影业的法定代表人也早已经变更为邓某。就在法院执行阶段，邓某某却传出要和19岁的女友在长隆酒店摆结婚酒席。法院立即向邓某某发出了限制高消费令，并要求长隆酒店协助执行。邓某某无奈之下，主动找到申请执行人，要求与对方达成还款计划和和解协议书。在和解协议书中，邓某某明确表示对欠债一事没有异议。邓某某还保证在2011年7月4日之前还10万元、12月31日还50万元、次年年底还140万元、继续还清余款等。申请执行人主动向法院提出，同意邓某某在长隆酒店摆酒席。然而，轰轰烈烈地摆完酒席后，约定还款的日期早已过去，邓某某却未按协议归还一分钱。更让申请执行人气愤的是，就在不久前，邓某某又高调宣布将投资1800万元拍摄新剧。法院再次限令邓某某还钱，但他同样置之不理。法院对其作出拘留决定书，并开始对其实行查控、呈报拘留等行动，于是就出现了上述邓某某机场被拘留的一幕。被拘留后，邓某某当即表示想办法还钱，还可以马上先还10万元，余下的再与债权人商量。邓某某一再向法官讨价还价，并提出不要宣传此事。在拘留所清点、登记个人物品时，邓某某的包里有两张最近的刷卡消费小票，一张2万元，一张1万多元。另外，还有多张水疗会所、俱乐部的VIP卡。❶

【法律问题】

什么是间接执行措施？

---

❶ 选编自丁兆增．民事诉讼法案例与法条教程［M］．厦门：厦门大学出版社，2019：190-191。

【法理分析与参考意见】

所谓间接执行措施，指的是辅助与配合基本执行措施而实施的执行措施，它具有辅助性、保障性、间接性的特点。辅助性体现为间接执行措施主要是对执行债务人施加一定物质的或心理的压力，从而辅助性地促使债务人履行债务；保障性，指的是间接执行措施是为了通过惩罚惩戒的方式保障债务人履行债务、债权人的权益得到保障；而间接性，指的是这些措施都不是直接针对执行标的物采取，而是通过对债务人的其他财产利益或人身自由加以限制间接性地督促债务人履行债务。在我国，间接执行措施主要包括以下几种：

一、财产申报

根据《民事诉讼法》第 248 条的规定，被执行人未按执行通知履行法律文书确定的义务，应当报告当前以及收到执行通知之日前一年的财产情况。被执行人拒绝报告或者虚假报告的，人民法院可以根据情节轻重对被执行人或者其法定代理人、有关单位的主要负责人或者直接责任人员予以罚款拘留。建立财产申报制度的主要目的是为了随时掌握被执行人的财产状况，确保权利人的合法权益得以实现。

二、迟延履行金迟延履行债务利息

《民事诉讼法》第 260 条规定，被执行人未按判决、裁定和其他法律文书指定的期间履行给付金钱义务的，应当加倍支付迟延履行期间的债务利息。被执行人未按判决、裁定和其他法律文书指定的期间履行其他义务的，应当支付迟延履行金。

三、限制高消费

2015 年 7 月 22 日修改后施行的《最高人民法院关于限制被执行人高消费的若干规定》第 3 条规定，被执行人为自然人的，被采取限制消费措施后，不得有以下高消费及非生活和工作必需的消费行为：（1）乘坐交通工具时，选择飞机、列车软卧轮船二等以上舱位；（2）在星级以上宾馆酒店、夜总会、高尔夫球场等场所进行高消费；（3）购买不动产或者新建、扩建、高档装修房屋；（4）租赁高档写字楼、宾馆、公寓等场所办公；（5）购买非经营必需车辆；（6）旅游、度假；（7）子女就读高收费私立学校；（8）支付高额保费购买保险理财产品；（9）乘坐 G 字头动车组列车全部座位、其他动车组列车一等以上座位等其他非生活和工作必需的消费行为。被执行人为单位的，被采取限制消费措施后，被执行人及其法定代表人、主要负责人、影响债务履行的直接责任人员、实际控制人不得实施前款规定的行为。因私消费以个人财产实施前款规定行为的，可以向执行法院提出申请。执行法院审查属实的，应予准许。

四、限制出境、征信系统记录、媒体公布

《民事诉讼法》第 262 条规定，被执行人不履行法律文书确定的义务的，人民法院可以对其采取或者通知有关单位协助采取限制出境、在征信系统记录、通过媒体公布不履行义务信息以及法律规定的其他措施。

关于征信系统记录，《最高人民法院关于公布失信被执行人名单信息的若干规定》第1条规定，被执行人具有履行能力而不履行生效法律文书确定的义务，并具有下列情形之一的，人民法院应当将其纳入失信被执行人名单，依法对其进行信用惩戒：（1）以伪造证据暴力、威胁等方法妨碍抗拒执行的；（2）以虚假诉讼、虚假仲裁或者以隐匿转移财产等方法规避执行的；（3）违反财产报告制度的；（4）违反限制高消费令的；（5）被执行人无正当理由拒不履行执行和解协议的；（6）其他有履行能力而拒不履行生效法律文书确定义务的。

关于通过媒体公布不履行义务信息，《适用民事诉讼法解释》第518条规定被执行人不履行法律文书确定的义务的，人民法院除对被执行人予以处罚外，还可以根据情节将其纳入失信被执行人名单，将被执行人不履行或者不完全履行义务的信息向其所在单位、征信机构以及其他相关机构通报。

五、罚款、拘留、追究刑事责任

《民事诉讼法》第116条规定，被执行人与他人恶意串通，通过诉讼、仲裁、调解等方式逃避履行法律文书确定的义务的，人民法院应当根据情节轻重予以罚款、拘留；构成犯罪的，依法追究刑事责任。第114条规定，有义务协助调查、执行的单位有下列行为之一的，人民法院除责令其履行协助义务外，并可以予以罚款：（1）有关单位拒绝或者妨碍人民法院调查取证的；（2）有关单位接到人民法院协助执行通知书后，拒不协助查询、扣押、冻结、划拨、变价财产的；（3）有关单位接到人民法院协助执行通知书后，拒不协助扣留被执行人的收入、办理有关财产权证照转移手续、转交有关票证、证照或者其他财产的；（4）其他拒绝协助执行的。人民法院对有前款规定的行为之一的单位，可以对其主要负责人或者直接责任人员予以罚款；对仍不履行协助义务的，可以予以拘留；并可以向监察机关或者有关机关提出予以纪律处分的司法建议。

本案中，素有"炒作大王"之称的邓某某，这次又把自己狠狠地炒了一把。不过，这次的炒作邓某某却不愿意引起社会公众的关注。原因是邓某某此次有一个特殊的身份——"老赖"。限制邓某某高消费是执行措施之一，随着飞机、酒店娱乐等高消费场所的普及，再加上信息网络和信用体系的发展，特别是全国法院系统对执行联动机制的推行，2015年7月22日修改后施行的《最高人民法院关于限制被执行人高消费的若干规定》第3条规定，限制高消费令成为法院执行工作的重要举措。

【法律索引】

1.《中华人民共和国民事诉讼法》第 260 条、第 262 条。

2.《最高人民法院关于适用〈中华人民共和国民事诉讼法〉的解释》(2021 年 1 月施行)第 496—500 条。

【阅读与参考文献】

[1] 田平安.民事诉讼法.执行程序篇 [M].厦门:厦门大学出版社,2007.

[2] 王琳,王仁波.民事诉讼法案例教程 [M].北京:中国民主法制出版社,2016.

[3] 宋朝武.民事诉讼法 [M].北京:中国政法大学出版社,2012.

[4] 舒瑶芝.民事诉讼法原理与案例教程 [M].北京:清华大学出版社,2016.

【思考题】

1.比较对金钱债权的执行和对非金钱债权的执行二者的不同。

2.对第三人到期债权的执行,应当注意哪些步骤?

3.什么是间接执行措施?我国的间接执行措施包括哪些种类?

第十九章　执行的中止和终结

本章学习任务

学习民事执行中的中止和终结、不予执行等相关问题。在执行过程中，由于某种情况的发生，使执行程序暂时不能进行，或无法进行或者无须继续进行，这种状态称为执行阻却。通过本章学习重点掌握：

1. 执行中止
2. 执行终结
3. 不予执行

【案例一】执行中止的情形

王某诉李某民间借款纠纷案

1997年2月中旬，李某因急需用钱，向同事王某借款5000元。当时双方约定，李某在3月底前还清借款。到期后，李某未履行自己的诺言，一拖再拖，不予还款。1997年9月20日，王某诉至人民法院，要求李某归还借款。在诉讼中，双方自愿达成调解协议：李某于1998年8月31日前将全部欠款5000元还给王某。调解书生效后，李某仍未能如期还款，王某向法院申请强制执行。在执行过程中，李某因事故被火烧伤，住院治疗，花费较大，家中生活又十分困难，没有能力立即偿付王某的5000元借款。法院考虑到李某的实际情况，裁定中止本案的执行。❶

【法律问题】

1. 执行中止包括哪些情形？
2. 本案中人民法院裁定中止执行是否妥当？

---

❶ 选编自谭兵. 民事诉论法学（教学参考书）[M]. 北京：法律出版社，2000：269.

【法理分析与参考意见】

根据《民事诉讼法》第263条和《最高人民法院关于人民法院执行工作若干问题的规定（试行）》第102条、第103条规定，人民法院应当裁定中止执行的情形有：（1）申请人表示可以延期执行的；（2）案外人对执行标的提出确有理由的异议的；（3）作为一方当事人的公民死亡，需要等待继承人继承权利或者承担义务的；（4）作为一方当事人的法人或者其他组织终止，尚未确定权利义务承受人的；（5）人民法院已经受理以被执行人为债务人的破产申请的；（6）被执行人确无财产可供执行的；（7）执行的标的物是其他法院或仲裁机构正在审理的案件争议标的物，需要等待该案件审理完毕确定权属的；（8）一方当事人申请执行仲裁裁决，另一方当事人申请撤销仲裁裁决的；（9）仲裁裁决的被申请执行人依据《民事诉讼法》第244条第2款的规定向人民法院提出不予执行请求，并提供适当担保的；（10）按照审判监督程序提审或再审的案件，执行机构根据上级法院或法院作出的中止执行裁定书中止执行；（11）人民法院认为应当中止执行的其他情形。

本案中，李某因事故住院治疗致使家中生活十分困难，无力立即偿还所欠王某的借款，符合上述第（6）种情形，因此法院作出中止执行的裁定是完全正确的。另外，从执行中基本人权保障的角度来说，也是与之相符的。《民事诉讼法》第250条规定，在对被执行人的收入进行执行时"应当保留被执行人及其所扶养家属的生活费用"；第251条中规定，在对被执行人的财产进行执行时"应当保留被执行人其所扶养家属的生活必需品"，这些都体现了执行中基本人权保障的精神。本案中法院裁定中止执行也符合这些条款的精神，合乎法理和法律规定，是完全正确的。

【法律索引】

1. 《中华人民共和国民事诉讼法》第244条、第250条、第251条。

2. 《最高人民法院关于人民法院执行工作若干问题的规定》第102条、第103条。

【案例二】恢复执行

孙某与赵某借贷纠纷案

2000年2月28日某区法院缺席判决：在原告孙某与被告赵某借贷纠纷案件中被告赵某在判决生效之日起10日内支付孙某借款本金5万元，利息16196元。案件受理费 2495 元由赵某负担。同年 8 月，某区法院受理了孙某强制执行的申请。执行中在找不到被执行人赵某的下落，其又无其他债权、财产可供执行，孙某也提供不出执行线索的情况下，法院中止了本案的执行。

2003 年 5 月 19 日，孙某提供赵某有 90 型楼房一套，并提供了房产证，某区法院据此恢复执行。同年 8 月 26 日，某区法院对房屋进行调查后，采取了查封措施，但因该住房为赵某妻子秦某及其子女居住，且无其他住房，暂时不能进行变现处理。申请人孙某提供线索，赵某与其妻秦某已经离婚。经查 2003 年 9 月 19 日，赵妻秦某起诉与被执行人赵某离婚，经法院调解，赵某与秦某离婚；夫妻共同财产 90 型楼房一套归秦某所有，赵某自愿放弃房屋补偿款，秦某所借债务 38000 元由秦谋偿还，赵某所借债务 60000 元由赵某偿还。❶

【法律问题】

1. 中止执行的情形消失后，恢复执行应如何启动？
2. 本案恢复执行后能否继续对秦某居住的楼房进行执行？

【法理分析与参考意见】

一、中止执行只是强制执行工作的暂时停止，而不是完全终结执行

在必要时，执行申请人可以请求恢复执行，执行机构也可以依职权恢复执行。就执行中止的恢复来说，其原因在于执行中止的原因消灭，此时执行机构应当恢复执行，维护债权人的合法权益。但在实践中，债权人对执行中止的情形最为关注，因此，当执行中止的情形消灭时，一般都是由债权人向执行机构申请恢复执行。对此《最高人民法院关于人民法院执行工作若干问题的规定（试行）》第 104 条作了明确规定："中止执行的情形消失后，执行法院可以根据当事人的申请或依职权恢复执行。恢复执行应当书面通知当事人。"在本案中，无论执行申请人孙某是否向法院提起恢复执行的申请，在其将赵某拥有一套房产的情况提供给法院，法院查证属实后都应当恢复执行。

二、不可以继续进行执行

本案中的执行根据是孙某诉赵某一案的判决书，而秦某不是该判决书所确定的债务人，自然不能依据本案的判决书对其财产进行执行。现在该幢 90 型楼房已根据生效的离婚调解协议归秦某所有，秦某的取得合法有效，应受法律保护，故在没有取得对秦某进行执行的生效法律文书之前是不能对该房屋进行强制执行的。那

❶ 选编自叶青. 民事诉讼法：案例与图表 [M]. 北京：法律出版社，2015：250-251.

么孙某的权益如何得到维护？对于实践中常见的"离婚避债"引起的社会不公如何规制？《民法典婚姻家庭篇司法解释（一）》第35条规定，当事人的离婚协议或者人民法院的判决书裁定书、调解书已经对夫妻财产分割问题作出处理的，债权人仍有权就夫妻共同债务向男女双方主张权利。据此，在本案中，孙某可以另行对秦某提起诉讼，要求其对赵某所借债务承担连带偿还责任，在取得对秦某的判决后再对其财产（含该幢90型楼房）进行执行。

【法律索引】

1.《中华人民共和国民事诉讼法》第261条。

2.《最高人民法院关于人民法院执行工作若干问题的规定（试行）》第104条。

【案例三】执行终结的情形

某机电公司与某开关厂购销合同终结执行案

1997年9月至1998年11月，北京某机电公司与北京某开关厂签订了若干份购销合同。合同约定由机电公司向开关厂提供电器产品，开关厂履行给付货款的义务。在此期间，机电公司供给开关厂电器产品共计价值人民币179083元，而开关厂仅付机电公司部分货款，尚欠149369元。机电公司索要无果，遂向北京市某区人民法院提起诉讼。经法院调解，双方当事人自愿达成调解协议：1999年12月25日前，开关厂给付机电公司货款149369元，逾期给付的，按中国人民银行关于延期付款的规定处理。

调解书生效后，开关厂在约定的给付期限内未自觉履行给付义务。2000年1月21日，机电公司向人民法院申请执行，执行标的额为173507元，其中货款本金149369元，迟延履行金24138元。同日法院立案执行，向被执行人送达了执行通知，并作了相关询问。被执行人开关厂称已于1999年12月底将其所有的一辆价值17万余元的大宇轿车交至机电公司用以抵债，但双方尚未就此车折抵欠款数额达成协议。法院即令机电公司将该车交至法院，但机电公司却以该车被撞，正在修理厂修理为由推脱未交。其后又称此车已在旧车交易市场作了评估，作价9.5万元，并已与开关厂就此达成协议。而法院查明，双方就此车折抵欠款数额问题并未达成协议，开关厂对此车评估和作价并不知晓和认可。法院责令机电公司于某日将大宇轿车交于法院或提交有关该车折抵欠款数额的书面协议。但机电公司既未提交相关

车辆或书面协议，也未说明情况。鉴于此，执行法院裁定终结执行。❶

【法律问题】

1. 终结执行包括哪些情况？

2. 本案中的情况是否属于终结执行？

【法理分析与参考意见】

根据《民事诉讼法》第264条和《最高人民法院关于人民法院执行工作若干问题的规定（试行）》第105条规定，人民法院应当裁定终结执行的情形有：（1）申请人撤销申请的；（2）据以执行的法律文书被撤销的；（3）作为被执行人的公民死亡，无遗产可供执行，又无义务承担人的；（4）追索赡养费扶养费、抚育费案件的权利人死亡的；（5）作为被执行人的公民因生活困难无力偿还借款，无收入来源，又丧失劳动能力的；（6）在执行中，被执行人被人民法院裁定宣告破产的；（7）人民法院认为应当终结执行的其他情形。从前六种情形的规定中可以看出，应当裁定执行终结的情形一般都是导致执行程序无法继续进行，或者无须继续进行，因此对第（7）种的兜底条款所规定的情形也应作如此理解，即只有当出现的情形使执行无法继续进行或无须继续进行时，法院才应裁定终结执行，因为执行终结是为解决无法或无须继续进行执行的问题而设立的一项制度。

本案中人民法院裁定终结执行的做法是不符合法律规定的。在本案中，人民法院裁定终结执行的缘由是机电公司没有按照法院的要求在指定的日期将车交给法院或提交有关该车折抵欠款数额的书面协议，简言之就是申请人不配合法院的执行工作。但这并不是法定可以终结执行的情形。虽然有上述第（7）种的规定，也不能据此就认为法院有权随意认定可以终结的情形。法律赋予法院的裁量权也是有限制的。根据立法的一般原则，当进行列举式规定时，往往都是采取具体情形加兜底条款的方式，因为从理论上来说列举是无法穷尽的。在列举式立法时，对最后的兜底条款一般应作与前述具体情形属性相当的理解，不得任意缩减。因此，在关于裁定执行终结的问题上，人民法院认为的情形在属性上应与前六种具有相当性，即足以使执行程序无法或无须继续。在本案中，申请执行人不配合法院的执行工作是否导致了执行无法或无须继续进行了？答案是否定的。首先，申请执行人不配合法院的执行，不按法院要求行事不能推定为申请人撤销申请，因为法律对此推定无明确规定；其次，据以执行的法律文书也没有被撤销；最后，被执行人不是没有财产可

---

❶ 选编自郑钢. 最新执行案例评析［M］. 北京：人民法院出版社，2001：292-293.

供执行。因此，执行并非无法继续进行，而且也有必要进行下去，因为申请执行人的权利并没有得到实现，而又有继续执行的可能。以申请执行人不配合执行工作而拒绝对其权利予以司法救济，这其实是在和当事人赌气，是一种非理性的感情用事。对于申请执行人拒不遵从法院的指令，可以依据对妨害民事诉讼行为的强制措施予以处罚。依法对申请执行人的权利予以保护和依法对其违法行为予以制裁并不矛盾，而对当事人的违法行为以不合法的方式来处理是不可取的做法。

【法律索引】

1.《中华人民共和国民事诉讼法》第 264 条、第 265 条。

2.《最高人民法院关于人民法院执行工作若干问题的规定（试行）》第105条。

【案例四】执行终结案件的恢复执行

A 银行与甲公司申请恢复执行案

2006 年 1 月，甲公司因生产所需向人银行借款 3700 万元，并对其中的 2710 万元提供了抵押担保，90 万元提供了保证担保。后甲公司经营不善无法按期归还。2007 年 1 月，A 银行就抵押担保债权依法提起诉讼。经法院判决执行甲公司资产 A 银行受偿 1422 万元。因甲公司无其他财产可供执行，法院于 2007 年 12 月裁定终结本次执行程序，至此，甲公司尚结欠 A 银行贷款本金 2400 余万元。

2011 年 6 月底，A 银行在联合法院进行案件排查时得悉，甲公司在 1999 年增资扩股过程中，乙公司作为股东向甲公司出资 500 余万元后又将资本金全部抽逃。甲公司的其他债权人已向法院提起诉讼，要求乙公司对抽逃出资行为依法承担赔偿责任，法院审理后已于 2011 年 6 月终审判决乙公司在抽逃出资范围内承担赔偿责任。❶

【法律问题】

当 A 银行发现乙公司在抽逃出资范围内对甲公司的债务承担清偿责任时，可否申请恢复执行？

【法理分析与参考意见】

我国《民事诉讼法》第 264 条对终结执行的情形作了具体规定。由于终结执行

---

❶ 选编自叶青 . 民事诉讼法：案例与图表 [M]. 北京：法律出版社，2015：254-255.

后，执行程序将不再恢复，也就意味着对于生效法律文书中载明的权利不再提供国家强制力的救济（因为没有救济的必要性、可能性），因此对于终结执行的情形应当严格按照法律规定来把握。

本案主要涉及执行终结的案件能否恢复执行这一问题。从理论上来说，终结执行是指在强制执行程序中，因发生特殊情形，导致执行程序没有必要进行下去，或者没有进行下去的可能，从而结束执行程序的制度。终结执行的效力主要表现在终结执行后不再恢复执行，具体包括权利人不得以任何理由申请恢复执行，执行机构也不得依职权决定恢复执行。

本案中并不存在终结执行的情形。法院作出的终结本次执行只是司法实践中普遍存在的一种做法，即经过采取执行措施，发现被执行人确无可供执行的财产，执行程序在一定期间内无法继续进行时，裁定终结本次执行程序。当申请执行人发现被执行人有财产可供执行的，可向原执行法院再次提出执行申请。实践中的这种做法并无明确的法律依据，而且与相关法律规定不符，《最高人民法院关于人民法院执行工作若干问题的规定（试行）》第102条规定，在被执行人确无财产可供执行时，法院应当依照《民事诉讼法》的相关规定裁定中止执行。因此，本案中的情形从性质上来说是属于中止执行的情形，而不是终结执行的情形。当中止执行的情形消灭后，法院可以依据当事人的申请或者依职权恢复强制执行。《民事诉讼法》第254条也规定，在人民法院采取本法规定的执行措施后，被执行人仍不能偿还债务的，应当继续履行义务。债权人发现被执行人有其他财产的，可以随时请求人民法院执行。根据该条规定，被执行人的偿债责任是无期限的，其只要有履行能力就应当履行义务，直至义务履行完毕。而申请执行人只要发现被执行人有财产，可随时请求法院执行。

【法律索引】

1.《中华人民共和国民事诉讼法》第261条、第264条。

2.《最高人民法院关于人民法院执行工作若干问题的规定（试行）》第102条。

【案例五】不予执行

南昌市某担保公司与王某借款合同执行案[●]

2012年1月1日，南昌市某担保公司（以下简称担保公司）与王某签订借款合同，担保公司为借款人，借款50万元，王某为债权人，李某为借款合同的担保人。借款期限为2012年1月1日至3月31日。合同约定争议解决方式为向担保公司所在地人民法院起诉。合同签订后，王某直接将50万元借款汇入担保公司法定代表人张某的账户。借款期限届满时借款人未能归还50万元借款，于是担保公司与王某又于2012年4月1日签订了一份借款50万元的借款合同，该份借款合同将争议解决方式变更为向南昌市仲裁委员会申请仲裁，借款期限变更为2012年4月1日至6月30日，其余条款与2012年元月1日签订的借款合同完全一样，李某仍然为借款合同的担保人。借款期限届满后，担保公司未能还款，而法定代表人张某则因涉嫌集资诈骗被刑事拘留。债权人王某遂以担保人李某为被申请人向南昌市仲裁委员会申请仲裁。仲裁委员会经审理后认为，2012年4月1日签订的借款合同是对1月1日签订的借款合同的续签，王某直接将50万元借款汇入担保公司法定代表人张某的账户，视为对担保公司支付借款。由此裁定担保人李某应当对50万元债务承担担保责任，即由李某偿还这50万元借款。仲裁裁决生效后，王某向南昌市中院申请强制执行。李某不服，认为这50万元是法定代表人张某以担保公司的名义借的，但实际上根本没有进到公司账上，而被张某个人使用。

考虑到以下三个方面的问题：一是2012年4月1日签订的借款合同与1月1日签订的借款合同是两个独立的合同，南昌市仲裁委员会无权根据4月1日签定的借款合同中的仲裁条款来裁决1月1日签订的借款合同中的事项；二是公司的法定代表人具有多重身份，不能将法定代表人的行为一律看作是公司的行为；三是本案中公司从未收到过50万元借款，李某是公司的担保人，不应当对这50万元承担保证责任。南昌市中级人民法院最终对该案件作出了不予执行裁定。

【法律问题】

1. 不予执行的法定事由包括哪些？
2. 不予执行的法律后果是什么？

[●] 资料来源：http://www.ilaw360.com/ziyuan/lvshianli/2013-04-28/82997.html，访问日期：2020年12月30日。

【法理分析与参考意见】

不予执行，是指民事执行机构在执行仲裁裁决、公证债权文书或者其他非诉讼裁判文书的过程中，依当事人申请或者依职权裁定停止执行行为并结束民事执行程序的一种执行制度。

一、不予执行的法定事由

根据我国《民事诉讼法》和《适用民事诉讼法解释》的相关规定，不予执行可能发生在四种情况下：

（一）不予执行仲裁裁决

国内裁决的不予执行。按照《民事诉讼法》第244条的规定，被申请人提出证据证明仲裁裁决有下列情形之一的，经人民法院组成合议庭审查核实，裁定不予执行：（1）当事人在合同中没有订有仲裁条款或者事后没有达成书面仲裁协议的；（2）裁决的事项不属于仲裁协议的范围或者仲裁机构无权仲裁的；（3）仲裁庭的组成或者仲裁的程序违反法定程序的；（4）裁决所根据的证据是伪造的；（5）对方当事人向仲裁机构隐瞒了足以影响公正裁决的证据的；（6）仲裁员在仲裁该案时有贪污受贿、徇私舞弊、枉法裁决行为的。此外，人民法院认定执行该裁决违背社会公共利益的，裁定不予执行。

涉外仲裁裁决的不予执行。根据《民事诉讼法》第281条的规定，对中华人民共和国涉外仲裁机构作出的裁决，被申请人提出证据证明仲裁裁决有下列情形之一的，经人民法院组成合议庭审在核实，裁定不予执行：（1）当事人在合同中没有订有仲裁条款或者事后没有达成书面仲裁协议的；（2）被申请人没有得到指定仲裁员或者进行仲裁程序的通知，或者由于其他不属于被申请人负责的原因未能陈述意见的；（3）仲裁庭的组成或者仲裁的程序与仲裁规则不符的；（4）裁决的事项不属于仲裁协议的范围或者仲裁机构无权仲裁的，人民法院认定执行该裁决违背社会公共利益的，裁定不予执行。

仲裁裁决的部分不予执行。根据《适用民事诉讼法解释》第483条的规定，仲裁机构裁决的事项，部分有以下情形的，人民法院应当裁定对该部分不予执行：（1）裁决的事项不属于仲裁协议的范围或者仲裁机构无权仲裁的；（2）仲裁庭的组成或者仲裁的程序违反法定程序的。应当不予执行部分与其他部分不可分的，人民法院应当裁定不予执行仲裁裁决。

（二）不予执行公证债权文书

根据《民事诉讼法》第245条和《适用民事诉讼法解释》第480条的规定，有下列情形之一的，可以裁定不予执行：（1）公证债权文书属于不得赋予强制执行效力的债权文书的；（2）被执行人一方未亲自或者未委托代理人到场公证等严重违反法律规定的公证程序的；（3）公证债权文书的内容与事实不符或者违反法律强制性规定的；（4）公证债权文书未载明被执行人不履行义务或者不完全履行义务时同意接受强制执行的。此外，人民法院认定执行该公证债权文书违背社会公共利益的，裁定不予执行。

（三）不予执行行政决定

根据《最高人民法院关于执行〈中华人民共和国行政诉讼法〉若干问题的解释》第 95 条规定，被申请执行的具体行政行为有法定不予执行情形的，人民法院应当裁定不准予执行。

（四）不予执行外国法院裁判文书

外国法院裁判文书的执行问题，主要涉及以下三种情况：

（1）根据《民事诉讼法》第 283 条的规定，根据中华人民共和国缔结或者参加的国际条约，或者按照互惠原则，人民法院和外国法院可以相互请求，代为送达文书、调查取证以及进行其他诉讼行为。外国法院请求协助的事项有损于中华人民共和国的主权安全或者社会公共利益的，人民法院不予执行。

（2）根据《民事诉讼法》第 289 条的规定，人民法院对申请或者请求承认和执行的外国法院作出的发生法律效力的判决、裁定，依照中华人民共和国缔结或者参加的国际条约，或者按照互惠原则进行审查后，认为不违反中华人民共和国法律的基本原则或者国家主权、安全、社会公共利益的，裁定承认其效力，需要执行的，发出执行令，依照本法的有关规定执行。违反中华人民共和国法律的基本原则或者国家主权、安全、社会公共利益的，不予承认和执行。

（3）根据《适用民事诉讼法司法解释》第 533 条的规定，中华人民共和国法院和外国法院都有管辖权的案件，一方当事人向外国法院起诉，而另一方当事人向中华人民共和国法院起诉的，人民法院可予受理。判决后，外国法院申请或者当事人请求人民法院承认和执行外国法院对本案作出的判决、裁定的，不予准许；但双方共同缔结或者参加的国际条约另有规定的除外。

综上所述，不予执行针对的对象包括仲裁裁决、公证债权文书、行政决定、外国法院裁判文书四种，但其中并不包括法院裁判文书。这意味着，对于法院的裁判文书，法院没有不予执行的权力，被执行人如对执行有异议，可按照法律规定的执行异议的途径进行处理。

二、不予执行的法律后果

民事执行程序开始之后，被执行人有权依照法律规定提出证据证明仲裁裁决具有法律规定的不予执行的情形，或者民事执行机构认为公证债权文书确有错误的，民事执行机构有权裁定不予执行，从而结束执行程序。不予执行的裁定作出之后，据以执行的仲裁裁决或公证文书就失去了执行力，当事人不得再次请求对该仲裁裁决或公证债权文书予以执行。根据《民事诉讼法》第 244 条和《适用民事诉讼法解释》第 478 条的规定，人民法院裁定不予执行仲裁裁决后，当事人对该裁定提出执行异议或者复议的，人民法院不予受理；当事人可以就该民事纠纷达成书面仲裁协议申请仲裁，也可以向人民法院起诉。

就本案中的情况而言，由于案件中存在典型的无权仲裁情况，符合《民事诉讼法》第 244 条第 1 款第 1 项的规定，故而法院确定不予执行仲裁裁决是合法合理的。在法院裁定不予执行之后当事人双方可以选择就该民事纠纷达成书面仲裁协议申请仲裁，也可以直接向人民法院起诉以解决纠纷。

【法律索引】

1.《中华人民共和国民事诉讼法》第 244 条、第 245 条、第 281 条、第 283 条、第 289 条。

2.《最高人民法院关于适用〈中华人民共和国民事诉讼法〉的解释》（2021 年 1 月施行）第 477 条、第 478 条、第 480 条、第 533 条。

【阅读与参考文献】

[1] 田平安 . 民事诉讼法 . 执行程序篇 [M] . 厦门：厦门大学出版社，2007.

[2] 王琳，王仁波 . 民事诉讼法案例教程 [M] . 北京：中国民主法制出版社，2016.

[3] 叶青 . 民事诉讼法：案例与图表 [M] . 北京：法律出版社，2015.

[4] 常怡 . 民事诉讼法 [M] . 北京：中国政法大学出版社，2008.

【思考题】

1. 执行中止与执行终结有什么区别？

2. 不予执行仲裁裁决有哪些情况？